人民法院案例选

CHINA LAW REPORT

2017年 第2辑 总第108辑

最高人民法院中国应用法学研究所 / 编

人民法院出版社

图书在版编目（CIP）数据

人民法院案例选．总第 108 辑/最高人民法院中国应用法学研究所编．—北京:人民法院出版社,2017.5

ISBN 978－7－5109－1765－3

Ⅰ.①人… Ⅱ.①最… Ⅲ.①案例－汇编－中国 Ⅳ.①D920.5

中国版本图书馆 CIP 数据核字(2017)第 059598 号

人民法院案例选 2017 年第 2 辑(总第 108 辑)

最高人民法院中国应用法学研究所 编

责任编辑	兰丽专
出版发行	人民法院出版社
地　　址	北京市东城区东交民巷 27 号(100745)
电　　话	(010)67550626(责任编辑) 67550558(发行部查询) 65223677(读者服务部)
客服 QQ	2092078039
网　　址	http://www.courtbook.com.cn
E－mail	courtpress@sohu.com
印　　刷	保定彩虹印刷有限公司
经　　销	新华书店

开　　本	787×1092 毫米 1/16
字　　数	319 千字
印　　张	17.75
版　　次	2017 年 5 月第 1 版 2017 年 10 月第 2 次印刷
书　　号	ISBN 978－7－5109－1765－3
定　　价	32.00 元

《人民法院案例选》
编审委员会

《人民法院案例选》
学术委员会

《人民法院案例选》编辑委员会

高度重视案例编选工作
充分发挥案例指导作用（代序）

最高人民法院常务副院长　沈德咏

案例是人民法院审理案件后形成的司法产品，作为案例载体的裁判文书蕴含了法官对法律的感悟理解和对纠纷的评判结论，是法官司法智慧的结晶。优秀的裁判文书，不仅有助于更好地实现具体纠纷的案结事了，而且能够起到宣传法制、教育公民和指导审判的重要作用。把优秀的裁判文书从浩如烟海的案例中挑选出来，使之充分发挥功能作用，对于建设公正高效权威的社会主义司法制度具有重要意义。多年来，法学理论界和法律实务界对案例的研究特别是指导性案例的研究越来越重视且日趋深入，案例研究作品层出不穷。各级人民法院也高度重视案例的编选工作，很多法院还建立了定期发布典型案例的平面、网络载体和相关制度，用以指导本辖区内的审判工作。理论界和实务界对案例的研究和探索，为建立中国特色的案例指导制度，进行了有益的尝试，积累了丰富的经验。

最高人民法院中国应用法学研究所编辑的《人民法院案例选》，已成为我国改革开放以来出版时间最长、出版册数最多、影响最为广泛的案例著作。为了保证《人民法院案例选》的权威性和指导性，中国应用法学研究所根据审判工作的发展和广大法官的要求，不断规范《人民法院案例选》的编选工作。2005 年，最高人民法院下发了《关于加强应用法学研究的通知》（法〔2005〕64 号）；同年，最高人民法院办公厅发布了《关于加强〈人民法院案例选〉编辑工作的通知》(法办〔2005〕275号)；2007年年初，中国应用法学研究所还出台了《〈人民法院案例选〉编辑工作规则》；2012年，中国应用法学研究所下发了《关于印发〈人民法院案例选〉案例编写体例与报送规范的通知》，2016年，中国应用法学研究所下发了《关于规范〈人民法院案例选〉编写体例及报送规范的通知》。这些规范性文件，对《人民法院案例选》的编辑组织、栏目设置、编写体例和编选方法等提出了明确要求，推动了案例编选的科学化、规范化、组织化和编辑队伍的专门化。为了进一步做好案例编选工作，更好地发挥案例的指导作用，下一步我们应当在以下几个方面作出进一步的努力：

一、加强案例编选工作，完善编选制度建设

人民法院每年要审结数百万案件，并不是每一个案件都具有典型性，也并非每一份裁判文书都具有指导作用，亦不可能把每份裁判文书都加以研究公布。需要编选的只是少数具有参考、启发、规范作用即指导作用的典型案例。但是，如何把有指导意义的少数案例挑选出来，并把它们编写、整理和使用好，则需要运用组织和系统的力量。从国外有关做法看，都是通过相关机构和制度来保证案例的科学编选和正确使用的。例如，美国联邦最高法院在1817年就设置了判例汇编员这一职位，并由专门的机构负责判例汇编工作，其判例中的判决要旨就是由判例汇编办公室总结的；日本的最高法院和高等法院设有判例委员会，负责编选出版判例集，并具有自己的组织制度即《判例委员会规程》；德国也有一套规范的判例编撰制度。中国和西方国家的国情不同，司法制度不同，我国不实行任何形式的判例制度。但是，基于司法实践的需要，把具有指导作用的案例选好编好用好，则需要必要的人力物力支持和机制与制度保障。目前，许多法院已经建立了相应的案例编选和发布机制。我们要认真总结这些做法和经验，把科学的机制与制度规范化，使之切实发挥作用，以减少案例编选中的重复和无效劳动，确保案例编选的高质量。当务之急是要培养一支高素质的案例编选队伍，并通过这项工作培养法官的案例意识，提高法官的司法能力；要建立指导性案例编选的激励机制，吸引办案法官及时发现指导性案例，有意识地培育指导性案例，积极主动地挑选和编写指导性案例。因为办案法官最了解案件，对裁判结果的形成及其理由有深刻的体会，对案件的司法智慧和法律贡献有敏锐的把握，因而具有发现和编写案例的天然优势，同时，通过对案例的编写和总结会潜移默化地提高办案法官的司法本领。要特别注意编选新类型案例。新类型案件的特殊性和指导性不同于一般案件，有的是以前从未发生过的新案件，有的是法律适用中出现新问题的案件，有的是预示和反映某类案件将大量发生的苗头案件，有的是与不断发展变化的经济社会形势密切相关的敏感案件等。新类型案件往往是社会新问题和新矛盾在司法领域的表现形式，审慎稳妥、公正高效地处理好新类型案件，不仅有利于说服和服务具体案件的当事人，而且有利于服务所关涉的整个社会群体的利益，因而最容易为社会所普遍关注。要把及时处理好和总结好新类型案件作为满足人民群众对司法新要求、新期待的重要方式对待，高度重视充分发挥新类型案件在指导审判实践、推动法制发展进步中的积极作用，与时俱进、开拓创新，最大限度地发挥案例的社会功能。

二、科学确定编选标准和要求，提高入选案例的权威性和指导性

要研究建立指导性案例的编选标准和编选体例，确保这项工作有章可循和规范运行。目前，案例的编选和发布非常活跃，但各级法院通过不同形式和载体编选发布的案例，很大一部分指导作用不强、权威性不够，难以发挥对审判实践的指导作用。因此，要根据指导审判工作、服务法制宣传、繁荣法学理论的需要，认真研究案例的编选标准和编写体例。在案例的编选标准方面，应当选择那些在裁判方法和司法理念上能为法官提供参考指导价值的案例，包括科学解释法律、创造性地解决疑难问题、发展了法律方法和裁判理论、实现了法律对社会的治理功能、

法律效果与社会效果高度统一的案例。在案例的编写体例和要求方面，应当坚持全面、客观、真实、准确和便于研究使用的原则。近年来，《人民法院案例选》等案例编写越来越多地采用了裁判要旨、要点提示等做法，受到了法官和专家学者的肯定与欢迎，这些做法应当注意总结推广。此外，在案例的编选体例方面，要有一套科学的、规范的选择案例、编写案例和发布案例的操作程序，既要注意对案例进行分析和归纳，又要注意反映裁判文书的全貌，使人民法院编发的案例，不同于社会上编发的各种案例分析读物。

三、加强对案例的多视角研究，深度开发案例的应用价值

目前，理论界和实务界对案例的研究虽然不断深入，高质量的案例研究作品越来越多，但总体上看，案例的开发与研究尚处于研究方法比较单一、研究内容比较浅显的“初级阶段”。各级法院的案例研究与应用工作参差不齐，需要总结、规范、提高和升华。尤其需要从有利于全体法律职业共同体应用的角度，从服务法学研究、法学教育、立法活动、司法实践的需要出发，借鉴法治建设比较完善的国家的相关经验，充分运用法院在案例研究与开发方面的天然优势，创新案例开发的方式，加大案例开发的力度，提高案例开发的水平，全方位地发挥案例对审判工作的指导作用，对法学理论创新的启发作用，对完善国家立法的促进作用，对起草司法解释的支持作用，对宣传法制的教育作用，对化解纠纷的示范作用等。因此，我们要从多个方面多个视角挖掘案例开发和使用的深度，既可以按照案由、罪名、条文、主体、情节等多方面进行分类和研究，以方便法律职业共同体和社会公众对案例的学习与使用；也可以按照案例的普法价值、历史价值、理论价值、实践价值和综合价值等进行分类和研究。还可以视情况不同而采取不同的编辑体例等。对于指导性案例的案例指引、裁判要旨、要点提示等，还可以单独编辑整理成集，以丰富司法理论与服务司法实践。

四、认真总结案例工作经验，加快案例指导制度建设

人民法院的案例工作应当与时俱进，不能长期在无序和低层次上徘徊，要立足于建设公正高效权威社会主义司法制度的大目标，及时总结经验，构建中国特色社会主义案例指导制度。各级人民法院都要重视案例工作，善于运用案例指导审判工作。从目前来看，虽然法官编选案例的积极性很高，在审判实践中参考使用案例的情形越来越多，但从总体上看，法官主动发现和使用案例的意识还不够自觉，在如何寻找和使用案例方面还存在很多困惑。因此，急需建立一套科学的、操作性强的案例指导制度，来指导全国法院特别是基层法院的广大法官正确使用案例。在这方面，中国应用法学研究所应当发挥好自己的优势，在构建中国特色社会主义案例指导制度方面发挥独特作用。还要研究如何通过专门的案例培训工作培养法官的案例意识，提高法官查找和使用案例的职业本领，规范法官查找和使用案例的方法。更要研究案例指导制度在统一法官裁判思维中的重要作用，研究法官的裁判思维与人民群众的法律意识有机衔接起来的方式方法，从而最大限度地实现建立案例指导制度的目的。

总之，希望各级人民法院和广大法官，把开发和使用案例作为践行司法为民、公正司法工作主线，实现“让人民群众在每一个司法案件中都感受到公平正义”目标的有效方式，充分利用审理案件、编选和研究指导性案例的独特条件，以求真务实和改革创新的精神做好案例编选工作。要把《人民法院案例选》作为案例编选和构建指导性案例的重要平台，关心和支持《人民法院案例选》的编辑和出版工作，努力营造学习和研究的氛围，培养一批精通案例研究与使用的学者型、专家型法官，把案例作为法学理论的重要渊源，让实践创新与理论创新形成良性的互动，使人民法院真正成为马克思主义法学理论发展创新的重要阵地，不断为构建中国特色的社会主义案例指导制度作出应有的贡献。

出版说明

《人民法院案例选》是最高人民法院最早创办的案例研究连续出版物，也是我国改革开放以后出版时间最早、延续时间最长、出版册数最多的案例研究书籍。创办二十多年来，《人民法院案例选》坚持“反映审判面貌，总结审判经验，研究审判理论，服务审判工作”的编选方针，突出“真实、全面、及时、说理”的编辑特色，从一个侧面记载了人民法院审判工作发展的轨迹，反映人民法院审判活动的面貌，展示了人民法院审判工作的成就，受到了学术界与实务界的普遍关注和喜爱，在全国法院、社会各界乃至国际上都产生了广泛的影响、取得了良好的声誉、得到了广泛的认可，成为法研所乃至最高人民法院的品牌性刊物。

随着法律界对案例分析和案例指导需求的增长，关于案例分析的书刊越来越多，竞争也越来越激烈。同时，也出现了很多问题。一是虽然平台增多，但缺乏集中性、系统性；二是虽然数量增大，但缺乏精选性、经济性；三是虽然来源多元化，但缺乏权威性，给法律工作者使用案例增加了难度。因此，《人民法院案例选》将作出符合读者期待的变化，改为月刊。

改版后的《人民法院案例选》将继续秉承“反映审判面貌、司法水平和指导审判工作并重”的编辑方针，形成“全面、及时、权威、开放”的编辑特色。考虑到最高人民法院发布、评析、编辑案例的权威性和说服力，改版后的《人民法院案例选》将全面收集最高人民法院以各种载体发布的各类典型案例，按照读者最普遍的阅读习惯重新编辑，按月集中展现在读者面前，形成“指导性案例”“公报案例”“审判指导与参考”“典型案例发布”等栏目。同时，《人民法院案例选》继续保留经典的“专题策划”“案例精析”栏目，展现各地法院的优秀案例和司法智慧。

此外，为增强互动性和可读性，《人民法院案例选》增设了“域外撷英”“过把瘾”“专家关注”等栏目。为发挥《人民法院案例选》培育思想、褒奖学术的理念，特推出“案香浮动”栏目，刊登某位法官的三至五个优秀裁判案例，挖掘其中裁判精髓，充分展现专家型法官的个人风采、人生经历、著述思想及对司法事业的热爱与贡献。

为进一步适应案例工作发展的新形势、新要求，提高案例的质量、编写与报送效率，《人民法院案例选》对案例编写报送体例做了部分修改和完善，具体要求请参阅“中国应用法学网”刊载的《〈人民法院案例选〉案例编写体例与报送规范》。

由于水平所限，本书在编辑过程中存在的不当之处，敬祈读者批评、指正。

编　者

二〇一七年一月

目录 / CONTENTS

人民法院案例选
2017 年第 2 辑・总第 108 辑

一、指导性案例

二、公报案例

三、审判指导与参考

四、典型案例发布

五、案例精析

刑 事

民 事

商 事

知识产权

行政及国家赔偿

六、域外撷英

一、指导性案例

编者按　2011 年以来，为指导人民法院的审判工作，最高人民法院先后分 16 批发布了 87 个指导性案例。这些指导性案例反映了司法实践中出现的问题，涵盖各个审判领域。本辑刊登的是第 13 批指导性案例。

指导案例61号

马乐利用未公开信息交易案

（最高人民法院审判委员会讨论通过　2016年6月30日发布）

关键词：刑事　利用未公开信息交易罪　援引法定刑　情节特别严重

【裁判要点】

《刑法》第一百八十条第四款规定的利用未公开信息交易罪援引法定刑的情形，应当是对第一款内幕交易、泄露内幕信息罪全部法定刑的引用，即利用未公开信息交易罪应有"情节严重""情节特别严重"两种情形和两个量刑档次。

【相关法条】

《中华人民共和国刑法》第一百八十条　证券、期货交易内幕信息的知情人员或者非法获取证券、期货交易内幕信息的人员，在涉及证券的发行，证券、期货交易或者其他对证券、期货交易价格有重大影响的信息尚未公开前，买入或者卖出该证券，或者从事与该内幕信息有关的期货交易，或者泄露该信息，或者明示、暗示他人从事上述交易活动，情节严重的，处五年以下有期徒刑或者拘役，并处或者单处违法所得一倍以上五倍以下罚金；情节特别严重的，处五年以上十年以下有期徒刑，并处违法所得一倍以上五倍以下罚金。

单位犯前款罪的，对单位判处罚金，并对其直接负责的主管人员和其他直接责任人员，处五年以下有期徒刑或者拘役。

内幕信息、知情人员的范围，依照法律、行政法规的规定确定。

证券交易所、期货交易所、证券公司、期货经纪公司、基金管理公司、商业银行、保险公司等金融机构的从业人员以及有关监管部门或者行业协会的工作人员，利用因职务便利获取的内幕信息以外的其他未公开的信息，违反规定，从事与该信息相关的证券、期货交易活动，或者明示、暗示他人从事相关交易活动，情节严重的，依照第一款的规定处罚。

【基本案情】

2011 年 3 月 9 日至 2013 年 5 月 30 日期间，被告人马乐担任博时基金管理有限公司旗下的博时精选股票证券投资经理，全权负责投资基金投资股票市场，掌握了博时精选股票证券投资基金交易的标的股票、交易时间和交易数量等未公开信息。马乐在任职期间利用其掌控的上述未公开信息，从事与该信息相关的证券交易活动，操作自己控制的“金某”“严某甲”“严某乙”三个股票账户，通过临时购买的不记名神州行电话卡下单，先于（1～5 个交易日）、同期或稍晚于（1～2 个交易日）其管理的“博时精选”基金账户买卖相同股票 76 只，累计成交金额 105000 万余元，非法获利 18833374. 74 元。2013 年 7 月 17 日，马乐主动到深圳市公安局投案，且到案之后能如实供述其所犯罪行，属自首；马乐认罪态度良好，违法所得能从扣押、冻结的财产中全额返还，判处的罚金亦能全额缴纳。

【裁判结果】

广东省深圳市中级人民法院（2014）深中法刑二初字第 27 号刑事判决认为：被告人马乐的行为已构成利用未公开信息交易罪。但《刑法》中并未对利用未公开信息交易罪规定“情节特别严重”的情形，因此，只能认定马乐的行为属于“情节严重”。马乐自首，依法可以从轻处罚；马乐认罪态度良好，违法所得能全额返还，罚金亦能全额缴纳，确有悔罪表现；另经深圳市福田区司法局社区矫正和安置帮教科调查评估，对马乐宣告缓刑对其所居住的社区没有重大不良影响，符合适用缓刑的条件。遂以利用未公开信息交易罪判处马乐有期徒刑三年，缓刑五年，并处罚金人民币 1884 万元；违法所得人民币 18833374. 74 元依法予以追缴，上缴国库。

宣判后，深圳市人民检察院提出抗诉认为：被告人马乐的行为应认定为犯罪情节特别严重，依照“情节特别严重”的量刑档次处罚。一审判决适用法律错误，量刑明显不当，应当依法改判。

广东省高级人民法院（2014）粤高法刑二终字第137号刑事裁定认为：《刑法》第一百八十条第四款规定，利用未公开信息交易，情节严重的，依照第一款的规定处罚，该条款并未对利用未公开信息交易罪规定有“情节特别严重”情形；而根据第一百八十条第一款的规定，情节严重的，处五年以下有期徒刑或者拘役，并处或者单处违法所得一倍以上五倍以下罚金，故马乐利用未公开信息交易，属于犯罪情节严重，应在该量刑幅度内判处刑罚。原审判决量刑适当，抗诉机关的抗诉理由不成立，不予采纳。遂裁定驳回抗诉，维持原判。

二审裁定生效后，广东省人民检察院提请最高人民检察院按照审判监督程序向最高人民法院提出抗诉。最高人民检察院抗诉提出，《刑法》第一百八十条第四款属于援引法定刑的情形，应当引用第一款处罚的全部规定；利用未公开信息交易罪与内幕交易、泄露内幕信息罪的违法与责任程度相当，法定刑亦应相当；马乐的行为应当认定为犯罪情节特别严重，对其适用缓刑明显不当。本案终审裁定以《刑法》第一百八十条第四款未对利用未公开信息交易罪规定有“情节特别严重”为由，降格评价马乐的犯罪行为，属于适用法律确有错误，导致量刑不当，应当依法纠正。

最高人民法院依法组成合议庭对该案直接进行再审，并公开开庭审理了本案。再审查明的事实与原审基本相同，原审认定被告人马乐非法获利数额为18833374.74元存在计算错误，实际为19120246.98元，依法应当予以更正。最高人民法院（2015）刑抗字第1号刑事判决认为，原审被告人马乐的行为已构成利用未公开信息交易罪。马乐利用未公开信息交易股票76只，累计成交额105000万余元，非法获利1912万余元，属于情节特别严重。鉴于马乐具有主动从境外回国投案自首法定从轻、减轻处罚情节；在未受控制的情况下，将股票兑成现金存在涉案三个账户中并主动向中国证券监督管理委员会说明情况，退还了全部违法所得，认罪悔罪态度好，赃款未挥霍，原判罚金刑得已全部履行等酌定从轻、减轻处罚情节，对马乐可予减轻处罚。第一审判决、第二审裁定认定事实清楚，证据确实、充分，定罪准确，但因对法律条文理解错误，导致量刑不当，应予纠正。依照《刑法》第一百八十条第四款、第一款、第六十七条第一款、第五十二条、第五十三条、第六十四条及《最高人民法院关于适用〈中华人民共和国刑事诉讼法〉的解释》第三百八十九条第（三）项的规定，判决如下：一、维持广东省高级人民法院（2014）粤高法刑二终字第137号刑事裁定和深圳市中级人民法院（2014）深中法刑二初字第27号刑事判决中对原审被告人马乐的定罪部分；二、撤销广东省高级人民法院

(2014)粤高法刑二终字第137号刑事裁定和深圳市中级人民法院(2014)深中法刑二初字第27号刑事判决中对原审被告人马乐的量刑及追缴违法所得部分;三、原审被告人马乐犯利用未公开信息交易罪,判处有期徒刑三年,并处罚金人民币1913万元;四、违法所得人民币19120246.98元依法予以追缴,上缴国库。

【裁判理由】

法院生效裁判认为:本案事实清楚,定罪准确,争议的焦点在于如何正确理解刑法第一百八十条第四款对于第一款的援引以及如何把握利用未公开信息交易罪"情节特别严重"的认定标准。

一、对《刑法》第一百八十条第四款援引第一款量刑情节的理解和把握

《刑法》第一百八十条第一款对内幕交易、泄露内幕信息罪规定为:"证券、期货交易内幕信息的知情人员或者非法获取证券、期货交易内幕信息的人员,在涉及证券的发行,证券、期货交易或者其他对证券、期货交易价格有重大影响的信息尚未公开前,买入或者卖出该证券,或者从事与该内幕信息有关的期货交易,或者泄露该信息,或者明示、暗示他人从事上述交易活动,情节严重的,处五年以下有期徒刑或者拘役,并处或者单处违法所得一倍以上五倍以下罚金;情节特别严重的,处五年以上十年以下有期徒刑,并处违法所得一倍以上五倍以下罚金。"第四款对利用未公开信息交易罪规定为:"证券交易所、期货交易所、证券公司、期货经纪公司、基金管理公司、商业银行、保险公司等金融机构的从业人员以及有关监管部门或者行业协会的工作人员,利用因职务便利获取的内幕信息以外的其他未公开的信息,违反规定,从事与该信息相关的证券、期货交易活动,或者明示、暗示他人从事相关交易活动,情节严重的,依照第一款的规定处罚。"

对于第四款中"情节严重的,依照第一款的规定处罚"应如何理解,在司法实践中存在不同的认识。一种观点认为,第四款中只规定了"情节严重"的情形,而未规定"情节特别严重"的情形,因此,这里的"情节严重的,依照第一款的规定处罚"只能是依照第一款中"情节严重"的量刑档次予以处罚;另一种观点认为,第四款中的"情节严重"只是入罪条款,即达到了情节严重以上的情形,依据第一款的规定处罚。至于具体处罚,应看符合第一款中的"情节严重"还是"情节特别严重"的情形,分别情况依法判处。情

节严重的，“处五年以下有期徒刑”；情节特别严重的，“处五年以上十年以下有期徒刑”。

最高人民法院认为：《刑法》第一百八十条第四款援引法定刑的情形，应当是对第一款全部法定刑的引用，即利用未公开信息交易罪应有“情节严重”“情节特别严重”两种情形和两个量刑档次。这样理解的具体理由如下：

（一）符合《刑法》的立法目的

由于我国基金、证券、期货等领域中，利用未公开信息交易行为比较多发，行为人以公众投入的巨额资金为后盾，以提前买入或者提前卖出的手段获得巨额非法利益，将风险与损失转嫁到其他投资者，不仅对其任职单位的财产利益造成损害，而且严重破坏了公开、公正、公平的证券市场原则，严重损害客户投资者或处于信息弱势的散户利益，严重损害金融行业信誉，影响投资者对金融机构的信任，进而对资产管理和基金、证券、期货市场的健康发展产生严重影响。为此，《刑法修正案（七）》新增利用未公开信息交易罪，并将该罪与内幕交易、泄露内幕信息罪规定在同一法条中，说明两罪的违法与责任程度相当。利用未公开信息交易罪也应当适用“情节特别严重”。

（二）符合法条的文意

首先，《刑法》第一百八十条第四款中的“情节严重”是入罪条款。《最高人民检察院、公安部关于公安机关管辖的刑事案件立案追诉标准的规定（二）》，对利用未公开信息交易罪规定了追诉的情节标准，说明该罪需达到“情节严重”才能被追诉。利用未公开信息交易罪属情节犯，立法要明确其情节犯属性，就必须借助“情节严重”的表述，以避免“情节不严重”的行为入罪。其次，该款中“情节严重”并不兼具量刑条款的性质。《刑法》条文中大量存在“情节严重”兼具定罪条款及量刑条款性质的情形，但无一例外均在其后列明了具体的法定刑。《刑法》第一百八十条第四款中“情节严重”之后，并未列明具体的法定刑，而是参照内幕交易、泄露内幕信息罪的法定刑。因此，本款中的“情节严重”仅具有定罪条款的性质，而不具有量刑条款的性质。

（三）符合援引法定刑立法技术的理解

援引法定刑是指对某一犯罪并不规定独立的法定刑，而是援引其他犯罪的法定刑作为该犯罪的法定刑。《刑法》第一百八十条第四款援引法定刑的目的是为了避免法条文字表述重复，并不属于法律规定不明确的情形。

综上，《刑法》第一百八十条第四款虽然没有明确表述“情节特别严重”，但是根据本条款设立的立法目的、法条文意及立法技术，应当包含“情节特别严重”的情形和量刑档次。

二、利用未公开信息交易罪“情节特别严重”的认定标准

目前，虽然没有关于利用未公开信息交易罪“情节特别严重”认定标准的专门规定，但鉴于《刑法》规定利用未公开信息交易罪是参照内幕交易、泄露内幕信息罪的规定处罚，《最高人民法院、最高人民检察院关于办理内幕交易、泄露内幕信息刑事案件具体应用法律若干问题的解释》（以下简称《办理内幕交易、泄露内幕信息刑事案件解释》）将成交额250万元以上、获利75万元以上等情形认定为内幕交易、泄露内幕信息罪“情节特别严重”的标准，利用未公开信息交易罪也应当遵循相同的标准。马乐利用未公开信息进行交易活动，累计成交额达105000万余元，非法获利达1912万余元，已远远超过上述标准，且在案发时属全国查获的该类犯罪数额最大者，参照《办理内幕交易、泄露内幕信息刑事案件解释》，马乐的犯罪情节应当属于“情节特别严重”。

（**生效裁判审判人员** 罗智勇　董朝阳　李剑弢
责任编辑 杨　奕）

指导案例62号

王新明合同诈骗案

（最高人民法院审判委员会讨论通过　2016年6月30日发布）

关键词：刑事　合同诈骗　数额犯　既遂　未遂

【裁判要点】

在数额犯中，犯罪既遂部分与未遂部分分别对应不同法定刑幅度的，应当先决定对未遂部分是否从轻、减轻处罚，确定未遂部分对应的法定刑幅度，再与既遂部分对应的法定刑幅度进行比较，选择适用处罚较重的法定刑幅度，并酌情从重处罚；二者在同一量刑幅度的，以犯罪既遂酌情从重处罚。

【相关法条】

《中华人民共和国刑法》第二十三条　已经着手实行犯罪，由于犯罪分子意志以外的原因而未得逞的，是犯罪未遂。

对于未遂犯，可以比照既遂犯从轻或者减轻处罚。

【基本案情】

2012年7月29日，被告人王新明使用伪造的户口本、身份证，冒充房主即王新明之父的身份，在北京市石景山区链家房地产经纪有限公司古城公园店，以出售该区古城路一处房屋为由，与被害人徐某签订房屋买卖合同，约定购房款为100万元，并当场收取徐某定金1万元。同年8月12日，王新明又收取徐某支付的购房首付款29万元，并约定余款过户后给付。后双方在办理房产过户手续时，王新明的虚假身份被石景山区住建委工作人员发现，余款未取得。2013 年 4 月 23 日，王新明被公安机关查处。次日，王新明的亲属将赃款退还被害人徐某，被害人徐某对王新明表示谅解。

【裁判结果】

北京市石景山区人民法院经审理于 2013 年 8 月 23 日作出（2013）石刑初字第 239 号刑事判决：被告人王新明的行为已构成合同诈骗罪，数额巨大，同时鉴于其如实供述犯罪事实，在亲属帮助下退赔全部赃款，取得了被害人的谅解，依法对其从轻处罚。公诉机关北京市石景山区人民检察院指控罪名成立，但认为数额特别巨大且系犯罪未遂有误，予以更正。遂认定被告人王新明犯合同诈骗罪，判处有期徒刑六年，并处罚金人民币 6000 元。宣判后，公诉机关提出抗诉，认为犯罪数额应为 100 万元，数额特别巨大，而原判未评价 70 万元未遂，仅依据既遂 30 万元认定犯罪数额巨大，系适用法律错误。北京市人民检察院第一分院的支持抗诉意见与此一致。王新明以原判量刑过重为由提出上诉，在法院审理过程中又申请撤回上诉。北京市第一中级人民法院于 2013 年 12 月 2 日作出（2013）一中刑终字第 4134 号刑事裁定：准许上诉人王新明撤回上诉，维持原判。

【裁判理由】

法院生效裁判认为：王新明以非法占有为目的，冒用他人名义签订合同，其行为已构成合同诈骗罪。一审判决事实清楚，证据确实、充分，定性准确，审判程序合法，但未评价未遂 70 万元的犯罪事实不当，予以纠正。根据《刑法》及司法解释的有关规定，考虑王新明合同诈骗既遂 30 万元，未遂 70 万元但可对该部分减轻处罚，王新明如实供述犯罪事实，退赔全部赃款取得被害人的谅解等因素，原判量刑在法定刑幅度之内，且抗诉机关亦未对量刑提出异议，故应予维持。北京市石景山区人民检察院的抗诉意见及北京市人民检察院第一分院的支持抗诉意见，酌予采纳。鉴于二审期间王新明申请撤诉，撤回上诉的申请符合法律规定，故二审法院裁定依法准许撤回上诉，维持原判。

本案争议焦点是，在数额犯中犯罪既遂与未遂并存时如何量刑。《最高人民法院、最高人民检察院关于办理诈骗刑事案件具体应用法律若干问题的解释》第六条规定：“诈骗既有既遂，又有未遂，分别达到不同量刑幅度的，依照处罚较重的规定处罚；达到同一量刑幅度的，以诈骗罪既遂处罚。”因此，对于数额犯中犯罪行为既遂与未遂并存且均构成犯罪的情况，在确定全案适用的法定刑幅度时，先就未遂部分进行是否减轻处罚的评价，确定未遂部分所对应的法定刑幅度，再与既遂部分对应的法定刑幅度比较，确定全案适用的法定刑幅度。如果既遂部分对应的法定刑幅度较重或者二者相同的，应当以既遂部分对应的法定刑幅度确定全案适用的法定刑幅度，将包括未遂部分在内的其他情节作为确定量刑起点的调节要素进而确定基准刑。如果未遂部分对应的法定刑幅度较重的，应当以未遂部分对应的法定刑幅度确定全案适用的法定刑幅度，将包括既遂部分在内的其他情节，连同未遂部分的未遂情节一并作为量刑起点的调节要素进而确定基准刑。

本案中，王新明的合同诈骗犯罪行为既遂部分为30万元，根据司法解释及北京市的具体执行标准，对应的法定刑幅度为有期徒刑三年以上十年以下；未遂部分为70万元，结合本案的具体情况，应当对该未遂部分减一档处罚，未遂部分法定刑幅度应为有期徒刑三年以上十年以下，与既遂部分30万元对应的法定刑幅度相同。因此，以合同诈骗既遂30万元的基本犯罪事实确定对王新明适用的法定刑幅度为有期徒刑三年以上十年以下，将未遂部分70万元的犯罪事实，连同其如实供述犯罪事实、退赔全部赃款、取得被害人谅解等一并作为量刑情节，故对王新明从轻处罚，判处有期徒刑六年，并处罚金人民币6万元。

（**生效裁判审判人员** 高 嵩 吕 晶 王 岩
责任编辑 杨 奕）

指导案例63号

徐加富强制医疗案

（最高人民法院审判委员会讨论通过 2016年6月30日发布）

关键词：刑事诉讼 强制医疗 有继续危害社会可能

【裁判要点】

审理强制医疗案件，对被申请人或者被告人是否“有继续危害社会可能”，应当综合被申请人或者被告人所患精神病的种类、症状，案件审理时其病情是否已经好转，以及其家属或者监护人有无严加看管和自行送医治疗的意愿和能力等情况予以判定。必要时，可以委托相关机构或者专家进行评估。

【相关法条】

《中华人民共和国刑法》第十八条第一款 精神病人在不能辨认或者不能控制自己行为的时候造成危害结果，经法定程序鉴定确认的，不负刑事责任，但是应当责令他的家属或者监护人严加看管和医疗；在必要的时候，由政府强制医疗。

《中华人民共和国刑事诉讼法》第二百八十四条 实施暴力行为，危害公共安全或者严重危害公民人身安全，经法定程序鉴定依法不负刑事责任的精神病人，有继续危害社会可能的，可以予以强制医疗。

【基本案情】

被申请人徐加富在2007年下半年开始出现精神异常，表现为凭空闻声，认为别人在议论他，有人要杀他，紧张害怕，夜晚不睡，随时携带刀自卫，外出躲避。因未接受治疗，病情加重。2012 年 11 月 18 日 4 时许，被申请人在其经常居住地听到有人开车来杀他，遂携带刀和榔头欲外出撞车自杀。其居住地的门卫张友发得知其出去要撞车自杀，未给其开门。被申请人见被害人手持一部手机，便认为被害人要叫人来对其加害。被申请人当即用携带的刀刺杀被害人身体，用榔头击打其的头部，致其当场死亡。经法医学鉴定，被害人系头部受到钝器打击，造成严重颅脑损伤死亡。

2012 年 12 月 10 日，被申请人被公安机关送往成都市第四人民医院住院治疗。2012 年 12 月 17 日，成都精卫司法鉴定所接受成都市公安局武侯区分局的委托，对被申请人进行精神疾病及刑事责任能力鉴定，同月 26 日该所出具成精司鉴所（2012）病鉴字第 105 号鉴定意见书，载明：（1）被鉴定人徐加富目前患有精神分裂症，幻觉妄想型；（2）被鉴定人徐加富 2012 年 11 月 18 日 4 时作案时无刑事责任能力。2013 年 1 月成都市第四人民医院对被申请人的病情作出证明，证实徐加富需要继续治疗。

【裁判结果】

四川省武侯区人民法院于 2013 年 1 月 24 日作出（2013）武侯刑强初字第 1 号强制医疗决定：对被申请人徐加富实施强制医疗。

【裁判理由】

法院生效裁判认为：本案被申请人徐加富实施了故意杀人的暴力行为后，经鉴定属于依法不负刑事责任的精神病人，其妄想他人欲对其加害而必须携带刀等防卫工具外出的行为，在其病症未能减轻并需继续治疗的情况下，认定其置于社会有继续危害社会的可能。成都市武侯区人民检察院提出对被申请人强制医疗的申请成立，予以支持。诉讼代理人提出了被申请人是否有继续危害社会的可能应由医疗机构作出评估，本案没有医疗机构的评估报告，对被申请人的强制医疗的证据不充分的辩护意见。法院认为，在强制医疗中如何认定被申请人是否有继续危害社会的可能，需要根据以往被申请人的行为及本案的证据进行综合判断，而医疗机构对其评估也只是对其病情痊愈的评估，法律没有赋予医疗机构对患者是否有继续危害社会可能性方面的评估权利。本案被申请人的病症是被害幻觉妄想症，经常假想要被他人杀害，外出害怕被害必带刀等防卫工具。如果不加约束治疗，被申请人不可能不外出，其外出必携带刀的行为，具有危害社会的可能，故诉讼代理人的意见不予采纳。

（**生效裁判审判人员** 税长冰 蒋海宜 戴克果
责任编辑 杨 奕）

指导案例64号

刘超捷诉中国移动通信集团江苏有限公司徐州分公司电信服务合同纠纷案

（最高人民法院审判委员会讨论通过　2016年6月30日发布）

关键词：民事　电信服务合同　告知义务　有效期限　违约

【裁判要点】

1. 经营者在格式合同中未明确规定对某项商品或服务的限制条件，且未能证明在订立合同时已将该限制条件明确告知消费者并获得消费者同意的，该限制条件对消费者不产生效力。

2. 电信服务企业在订立合同时未向消费者告知某项服务设定了有效期限限制，在合同履行中又以该项服务超过有效期限为由限制或停止对消费者服务的，构成违约，应当承担违约责任。

【相关法条】

《中华人民共和国合同法》第三十九条　采用格式条款订立合同的，提供格式条款的一方应当遵循公平原则确定当事人之间的权利和义务，并采取合理的方式提请对方注意免除或者限制其责任的条款，按照对方的要求，对该条款予以说明。

格式条款是当事人为了重复使用而预先拟定，并在订立合同时未与对方协商的条款。

【基本案情】

2009年11月24日，原告刘超捷在被告中国移动通信集团江苏有限公司徐州分公司（以下简称移动徐州分公司）营业厅申请办理“神州行标准卡”，手机号码为1590520××××，付费方式为预付费。原告当场预付话费50元，并参与移动徐州分公司充50元送50元的活动。在业务受理单所附《中国移动通信客户入网服务协议》中，双方对各自的权利和义务进行了约定，其中第四项特殊情况的承担中的第1条为：在下列情况下，乙方有权暂停或限制甲方的移动通信服务，由此给甲方造成的损失，乙方不承担责任：（1）甲方银行账户被查封、冻结或余额不足等非乙方原因造成的结算时扣划不成功的；（2）甲方预付费使用完毕而未及时补交款项（包括预付费账户余额不足以扣划下一笔预付费用）的。

2010年7月5日，原告在中国移动官方网站网上营业厅通过银联卡网上充值50元。2010年11月7日，原告在使用该手机号码时发现该手机号码已被停机，原告到被告的营业厅查询，得知被告于2010年10月23日因话费有效期到期而暂停移动通信服务，此时账户余额为11.7元。原告认为被告单方终止服务构成合同违约，遂诉至法院。

【裁判结果】

江苏省徐州市泉山区人民法院于2011年6月16日作出（2011）泉商初字第240号民事判决：被告中国移动通信集团江苏有限公司徐州分公司于本判决生效之日起10日内取消对原告刘超捷的手机号码为1590520××××的话费有效期的限制，恢复该号码的移动通信服务。一审宣判后，被告提出上诉，二审期间申请撤回上诉，一审判决已经发生法律效力。

【裁判理由】

法院生效裁判认为：电信用户的知情权是电信用户在接受电信服务时的一项基本权利，用户在办理电信业务时，电信业务的经营者必须向其明确说明该电信业务的内容，包括业务功能、费用收取办法及交费时间、障碍申告等。如果用户在不知悉该电信业务的真实情况下进行消费，就会剥夺用户对电信业务的选择权，达不到真正追求的电信消费目的。

依据《合同法》第三十九条的规定，采用格式条款订立合同的，提供格式条款的一方应当遵循公平原则确定当事人之间的权利和义务，并采取合理的方式提请对方注意免除或者限制其责任的条款，按照对方的要求，对该条款予以说明。电信业务的经营者作为提供电信服务合同格式条款的一方，应当遵循公平原则确定与电信用户的权利义务内容，权利义务的内容必须符合维护电信用户和电信业务经营者的合法权益、促进电信业的健康发展的立法目的，并有效告知对方注意免除或者限制其责任的条款并向其释明。业务受理单、入网服务协议是电信服务合同的主要内容，确定了原被告双方的权利义务内容，入网服务协议第四项约定有权暂停或限制移动通信服务的情形，第五项约定有权解除协议、收回号码、终止提供服务的情形，均没有因有效期到期而中止、解除、终止合同的约定。而话费有效期限制直接影响到原告手机号码的正常使用，一旦有效期到期，将导致停机、号码被收回的后果，因此，被告对此负有明确如实告知的义务，且在订立电信服务合同之前就应如实告知原告。如果在订立合同之前未告知，即使在缴费阶段告知，亦剥夺了当事人的选择权，有违公平和诚实信用原则。被告主张“通过单联发票、宣传册和短信的方式向原告告知了有效期”，但未能提供有效的证据予以证明。综上，本案被告既未在电信服务合同中约定有效期内容，亦未提供有效证据证实已将有效期限制明确告知原告，被告暂停服务、收回号码的行为构成违约，应当承担继续履行等违约责任，故对原告主张“取消被告对原告的话费有效期的限制，继续履行合同”的诉讼请求依法予以支持。

（**生效裁判审判人员**　王　平　赵增尧　李　丽
责任编辑　杨　奕）

二、公报案例

编者按 2013 年第 1 期至 2017 年第 1 期的《最高人民法院公报》，分别刊发了 90 篇案例和 91 篇裁判文书（合计 181 篇）。我们在上述案例和裁判文书的基础上，遵照公报原载的案例、裁判文书选登两类栏目，按刑事案例、民事案例、商事海商案例、知识产权案例、行政诉讼与国家赔偿案例等领域，编写、整理了近几个年度的全部案例和裁判文书，方便读者学习相关裁判规则和收藏使用。

杭州翔盛纺织有限公司诉余姚市圣凯五金厂票据损害责任纠纷案

【裁判摘要】

票据经公示催告程序被人民法院作出除权判决之后，原合法持票人可以公示催告申请人不当申请公示催告致其票据权利丧失为由，向人民法院提起诉讼，请求公示催告的不当申请人承担损害赔偿责任。

【基本案情】

原告翔盛公司与案外人恒远公司有买卖合同关系。2012 年 10 月 8 日，恒远公司以票面金额 20 万元，号码为 40200051/22971609 的银行承兑汇票支付原告货款。该汇票票面记载为：出票人余姚市标华电器有限公司，收款人湖北标华电器科技有限公司，付款行宁波余姚农村合作银行营业部，出票金额 20 万元，出票日期为 2012 年 9 月 20 日，到期日为 2013 年 3 月 20 日。该汇票背面记载的被背书人依次为：绍兴县寺桥纺织有限公司、绍兴县宾驰纺织品有限公司、杭州澳兴纺塑有限公司、浙江恒远化纤集团有限公司、杭州翔盛纺织有限公司、杭州博利尔化工有限公司、江苏华昌化工股份有限公司、张家港保税区汇康国际贸易有限公司、河津市龙门炭黑有限公司、陕西三一工程设备有限公司。上述背书均未记载日期。2013 年 1 月 11 日，浙江省余姚市人民法院受理了圣凯五金厂以遗失该汇票为由的公示催告申请，并于 2013 年 3 月 19 日作出（2013）甬余催字第 4 号除权判决，判决公告于同日发出。后陕西三一工程设备有限公司委托招商银行股份有限公司咸阳支行收款，付款行告知该票据已经由浙江省余姚市人民法院作出除权判决，并由被告圣凯五金厂作为公示催告申请人收取了票款。该公司遂将上述汇票返还给其前手，其前手又返还给再前手，直至返还至原告。原告请求法院判令被告圣凯五金厂支付承兑汇票损失20万元，并支付自2013年3月21日起至判决确定的履行日止按中国人民银行同期同类贷款基准利率计算的利息损失。

【裁判结果】

浙江省余姚市人民法院依照《民法通则》第一百零六条、第一百三十四条第一款第（七）项，《票据法》第三十一条第一款、第一百零六条的规定，于2015年3月9日判决如下：一、被告余姚市圣凯五金厂（普通合伙）支付原告杭州翔盛纺织有限公司承兑汇票（票号：40200051/22971609）损失20万元，并支付自2014年11月24日起至判决确定的履行日止按中国人民银行同期同类贷款基准利率计算的利息损失；二、驳回原告杭州翔盛纺织有限公司的其余诉讼请求。

一审判决后，双方均未上诉，该判决已经发生法律效力。

【裁判理由】

浙江省余姚市人民法院一审认为：首先，以背书转让的汇票，背书应当连续，持票人以背书的连续证明其汇票权利。本案中，原告翔盛公司提供的银行承兑汇票背书连续，且能够证明其从前手合法取得该汇票；另，因该汇票后手以票据被判决除权、银行拒付为由依次将该汇票退给原告，故原告是该汇票最后的合法持有人。

其次，除权判决是依公示催告程序作出，利害关系人或真正的权利人提起票据诉讼时，其权利义务关系不应受除权判决约束。涉案汇票均未记载背书时间，在被告圣凯五金厂未能提供相反证据的情况下，原告翔盛公司取得汇票时间可以认定为其向恒远公司出具收款收据的日期即2012年10月8日，原告在公示催告前取得该票据，系合法持票人。被告圣凯五金厂没有在案涉票据背书栏内签章，未向法院提供有效证据证明其合法取得票据，亦未向法院提交票据遗失的相关证据。相反，原告提交的诉争票据必要记载事项齐全、背书连续，且已在公示催告期间前合法持有该票据，故在无相反证据证明原告取得票据存在恶意或重大过失的情况下应认定原告享有票据权利。因此，法院对被告主张的自己是票据最后合法持有人的抗辩意见不予采纳。被告并非票据的最后合法持有人，却依除权判决获得票据款项，客观上造成了原告的损失。对该损失，作为最后的合法持有人的原告理应获得赔偿，故原告要求被告赔偿承兑汇票损失20万元的诉请合理合法，法院予以支持，对于原告的利息请求，因原告未提供有效证据证明其后手何时向其退票并支付款项的证据，故应从起诉之日计算。被告的抗辩意见于法无据，不予采纳。

（改写人 赵 霞
责任编辑 杜 伟）

蒋海燕、曾英诉覃维邱、苏燕弟生命权纠纷案

【裁判摘要】

民法鼓励民事主体积极开展合法、正当的社会交往。行为人在正常社会交往活动中实施的行为本身不具有危害性，因意外因素造成他人的权益受到损害的，如果行为人无过错，且其行为与损害结果之间无任何因果关系，行为人依法不承担赔偿责任。

【基本案情】

被告覃维邱和死者曾某某的爷爷曾开合均在佛山市南海区丹灶镇某村租地种菜并居住在菜地工棚。2015 年 1 月 15 日上午，被告苏燕弟到菜地捡菜时，将几个当地人俗称的大蕉给了覃维邱的孙子覃光典。覃维邱夫妇看到覃光典在吃大蕉，询问苏燕弟并确认大蕉是苏燕弟给的，覃维邱夫妇并没有提出异议，其后苏燕弟离开。上午 11 时许，曾某某来到覃维邱的菜地找覃光典一起玩耍，两人每人吃了一根大蕉。下午大约 14 时，覃光典和曾某某在菜地边的小路上玩耍，在菜地里装菜的覃维邱突然听到覃光典大叫，覃维邱夫妇跑到覃光典和曾某某身边，发现曾某某倒地压住覃光典的脚，不省人事，两手发抖，面色发青，口吐白沫，地上掉落一根没有吃完的大蕉。覃维邱呼叫在附近菜地干活的曾开合。曾开合夫妇跑到曾某某身边，发现其倒地不醒，在知道是吃了大蕉后，以为死者中毒，遂拨打了 110 报警及 120 急救。后曾开合和覃维邱以及另一名老乡送曾某某到心石龙卫生站进行救治。卫生站接诊医生及随后赶到的佛山市南海区第八人民医院医护人员对曾某某进行抢救，期间从曾某某喉咙挖出一块直径约 5 公分表面带血的大蕉，后于 15 时 20 分宣布曾某某死亡，死亡原

因是异物吸入窒息。

两原告是死者曾某某的父母，曾某某于2009年11月8日在佛山市南海区西樵镇出生，跟随父母和爷爷奶奶居住在心石龙村菜棚，并就读于佛山市南海区丹灶镇心石龙幼儿园。两原告均在丹灶镇附近的工厂工作，事发当天两原告去上班，曾某某交由爷爷奶奶照看。

两原告诉诸法院，请求判决：（1）两被告共同赔偿死亡赔偿金651974元、丧葬费29672.5元、误工费1万元、交通费3000元、住宿费3000元及精神损害抚慰金5万元，共计737646.5元；（2）两被告承担本案诉讼费。

【裁判结果】

广东省佛山市南海区人民法院根据《民事诉讼法》第六十四条的规定，于2015年4月15日判决如下：驳回原告蒋海燕、曾英的诉讼请求。

蒋海燕、曾英不服一审判决，提起上诉。二审诉讼期间，蒋海燕、曾英变更上诉请求为仅要求覃维邱赔偿737646.5元。广东省佛山市中级人民法院依照《民事诉讼法》第一百七十条第一款第（一）项的规定，于2015年8月27日判决如下：驳回上诉，维持原判。

【裁判理由】

广东省佛山市南海区人民法院一审认为：（1）被告苏燕弟的大蕉无毒，符合食用的安全要求。苏燕弟只是将大蕉分给了被告覃维邱的孙子覃光典并且得到了覃维邱夫妇的同意，苏燕弟没有将大蕉交给曾某某，事发时苏燕弟亦不在现场。苏燕弟不可能预见大蕉最终会交到曾某某手上，更不可能预见曾某某在进食大蕉时因噎窒息。苏燕弟并无过错，其行为与曾某某窒息死亡的事实之间亦不存在因果关系。（2）大蕉是苏燕弟征得覃维邱夫妇的同意而交给覃光典，其后大蕉是由覃维邱管有。曾某某前来与覃光典玩耍时进食大蕉，没有证据显示大蕉是覃维邱、覃光典交给曾某某或是其自行取食。但无论何种情况，覃光典或覃维邱均并非故意侵害曾某某。而且，曾某某已经5岁并就读幼儿园，根据普通人的认知，曾某某的年龄及就学经历足以让其习得对常见食物独自进食的能力。虽然覃维邱当时在场，但其对曾某某不负有法定的监护职责，其对曾某某独自进食大蕉的行为未加看管，也是基于普通人对事实的合理判断及善意信赖。另外，在发现曾某某倒地不醒后，覃维邱及时通知曾某某的家人并协助送曾某某前往就医，已实施了合理的救助行为。因此，覃维邱在事件中没有过错。(3)无论苏燕弟将大蕉分给覃光典或者覃维邱、覃光典将大蕉分给曾某某，这都是邻里朋友之间善意的分享行为。这种分享食物的行为本身并不会造成死亡的结果。曾某某是由于在进食过程中一时咬食过多、吞咽过急的偶发因素致窒息死亡，是无法预见而令人惋惜的意外事件。覃维邱、苏燕弟的行为与曾某某死亡的损害后果之间只存在事实的联结，并不存在法律上的因果关系。两被告没有追求或放任损害结果的发生，没有法律上的过错或道德上的不当，原告的主张缺乏法律依据，不予支持。

广东省佛山市中级人民法院二审认为：《侵权责任法》第六条第一款规定："行为人因过错侵害他人民事权益，应当承担侵权责任。"本条是过错责任原则的规定。过错责任是指造成损害并不必然承担赔偿责任，必须看行为人是否有过错，有过错有责任，无过错无责任。据此，确定被上诉人覃维邱在本案中的行为是否存在过错是本案的争议焦点。一般而言，过错包括故意和过失，故意是指行为人以损害他人为目的而实施加害行为，或者明知自己的行为会造成损害仍实施加害行为；行为人因疏忽或者懈怠未尽合理注意义务的，属过失。根据本案查明的事实，覃维邱无故意加害曾某某的目的和行为，且本案也无证据证明覃维邱在明知曾某某有不能独立进食芭蕉的特殊体质的情况下，仍放任曾某某独立进食芭蕉，故覃维邱不存在故意侵权行为。因此，判断覃维邱的行为是否因疏忽或者懈怠未尽合理注意义务是其承担责任与否的关键。法院认为，覃维邱对于曾某某进食芭蕉窒息死亡不存在过失，理由如下：

首先，事发时，曾某某是已满五周岁的学龄前儿童，从一般生活经验来看，其已具备独立进食包括芭蕉在内的常见食物的能力，比曾某某年幼的覃维邱的孙子覃光典事发当天也独立进食芭蕉，覃维邱对于曾某某独立进食芭蕉的注意标准与其处理自己同样事务的标准一致；其次，对于并非曾某某临时监护人的覃维邱，不能苛求其一直照看曾某某，并且事发当日早上，曾某某已经与覃光典一起进食过芭蕉，当时并没有异常，而事发时为当日下午，才发现曾某某进食芭蕉窒息，对此后果无法预见，事后其也尽力协助救治，不能据此认为覃维邱存在疏忽或者懈怠。最后，从民法的基本价值立场出发，民法应是鼓励民事主体积极地展开社会交往，如果将小孩之间分享无明显安全隐患食物的行为定性为过失，无疑限制人之行为自由，与过错责任原则的立法宗旨不符。综上，原审判决认定事实清楚，适用法律正确，应予维持。

（改写人　赵　霞

责任编辑　杜　伟）

李明柏诉南京金陵置业发展有限公司商品房预售合同纠纷案

【裁判摘要】

1. 对于政府机关及其他职能部门出具的证明材料，人民法院应当对其真实性、合法性以及关联性进行判断，如上述证据不能反映案件的客观真实情况，则不能作为人民法院认定案件事实的根据。

2. 因出卖人所售房屋存在质量问题，致购房人无法对房屋正常使用、收益，双方当事人对由此造成的实际损失如何计算未作明确约定的，人民法院可以房屋同期租金作为标准计算购房人的实际损失。

【基本案情】

2007 年 6 月 7 日，原告李明柏（乙方）与被告金陵置业公司（甲方）签订《美仕别墅商品房买卖契约》，约定：乙方向甲方购买位于江宁区将军大道 8 号美仕别墅辣椒街区一处房屋，建筑面积 276 平方米，同年 6 月 24 日，金陵置业公司向李明柏交付了房屋（实际建筑面积为 280.22 平方米）。2008 年，李明柏向金陵置业公司报告该房屋存在质量问题。2010 年 3 月 18 日，锋固建筑公司针对该房屋出具了结构加固设计图、工程报价单，并于 2010 年 3 月 29 日进场施工，施工期为 8 天。施工结束后，双方仍存在争议，李明柏诉至法院，要求金陵置业公司对房屋楼板进行修复以达到安全使用的合格标准并赔偿损失 50 万元。该案审理中，双方进行协商，约定对房屋加固后的楼板是否达到安全使用的合格标准进行鉴定；鉴定机构为南京建研建设工程鉴定有限公司（以下简称建研公司）；双方均不得以不是法院委托鉴定推翻鉴定结论。此后，由金陵置业公司委托建研公司进行了鉴定，2011 年 3 月 28 日，建研公司作出（2011）建鉴字第 5144 号鉴定报告，结论为：该建筑一层客厅楼面板承载力满足相关规范要求。另外，就租金标准，一审法院曾向南京市江宁区物价局价格认证中心咨询，2010 年，与讼争房屋同地段同类型的精装修房屋（建筑面积为 240 ~250 平方米）月租金价格为 7000 元至 8000 元，毛坯房的租金价格为 2000 元（建筑面积为 280. 22 平方米）。2007 年至 2010 年，房屋租金上涨的幅度为 8% ~10%。法院对该案审理后认为，金陵置业公司交付的房屋存在质量问题，致使李明柏不能居住使用该房屋，故金陵置业公司应当赔偿因此给李明柏造成的租金损失，该损失应当截止李明柏知道房屋可以安全居住为止，故判决支持了李明柏就该房屋在 2010 年 4 月之前的租金损失（自 2008 年 7 月起算，扣除 2008 年 12 月至 2009 年 3 月装修期）。

原告李明柏再次起诉，要求金陵置业公司赔偿其 2010 年 4 月 21 日至 2011 年 9 月 21 日的损失 357000 元（按 21000 元/月计算），并赔偿其向物业公司支付的 2008 年 7 月至 2011 年 9 月 21 日的所有费用 29638 元。

审理中，关于租金损失计算的截止时间，金陵置业公司未举证证明其向李明柏寄送（2011）建鉴字第 5144 号鉴定报告的情况，从前一案件的审理情况来看，双方曾于 2011 年 7 月 22 日对该鉴定报告进行质证，李明柏认为在 2011 年 7 月 22 日之后还应当给其合理的准备时间，故其可主张租金损失至 2011 年 9 月 21 日；对于租金标准，李明柏提供租赁协议、租金发票等证据，证明 2011 年 10 月起，其房屋出租的月租金为 21000 元，金陵置业公司则认为租金标准应当按照法院询价结果确定。此外，李明柏还向金陵置业公司主张其支付的物业服务费 20522. 46 元以及逾期付款违约金、诉讼费等共计 29638 元，金陵置业公司认为该部分损失与本案无关，该费用不属于其应当承担的经济损失。

【裁判结果】

江苏省南京市江宁区人民法院依据《合同法》第一百零七条、第一百一十三条第一款，《民事诉讼法》第六十四条第一款之规定，于 2013 年 6 月 13 日判决如下：被告金陵置业公司赔偿原告李明柏损失 138660 元及物业费 18181. 2 元，合计 156841. 2 元。

李明柏与金陵置业公司均不服，提起上诉。上诉人李明柏在二审中提供了新证据，原审判决赔偿的物业费数额应变更为 20103. 2 元，与租金损失 138660 元合计应为 158763. 2 元。南京市中级人民法院依据《民事诉讼法》第一百七十条第一款第（二）项的规定，遂于2013年11月8日判决如下：一、撤销南京市江宁区人民法院（2012）江宁开民初字第808号民事判决；二、金陵置业公司于本判决发生法律效力之日起10日内一次性赔偿李明柏损失共158763.2元。

李明柏仍不服，申请再审，江苏省高级人民法院认为李明柏的再审申请符合《民事诉讼法》第二百条第（一）项、第（二）项规定的情形，于2014年10月8日作出裁定：指令南京市中级人民法院再审本案。江苏省南京市中级人民法院于2014年12月18日裁定如下：撤销南京市中级人民法院（2013）宁民终字第2605号民事判决及南京市江宁区人民法院（2012）江宁开民初字第808号民事判决，并将本案发回南京市江宁区人民法院重审。

南京市江宁区人民法院再审一审依照《合同法》第四十四条第一款、第六十条第一款、第一百零七条、第一百一十三条，《民事诉讼法》第六十四条第一款、第二百零七条之规定，于2015年4月23日判决如下：一、原审被告金陵置业公司于本判决发生法律效力之日起10日内赔偿原告李明柏损失290662.2元（其中租金损失270559元，物业费损失20103.2元），扣除原审生效后金陵置业公司已赔付李明柏的160322.12元，原审被告金陵置业公司还应赔偿原审原告李明柏损失130340.08元。二、驳回原审原告李明柏的其他诉讼请求。

李明柏、金陵置业公司均不服再审一审判决，提起上诉。南京市中级人民法院于2015年9月25日判决如下：驳回上诉，维持原判。

【裁判理由】

江苏省南京市江宁区人民法院一审认为：原告李明柏与被告金陵置业公司签订的商品房买卖合同合法有效。金陵置业公司交付的房屋存在质量问题导致李明柏不能居住使用，故李明柏有权向金陵置业公司主张由此给其造成的损失，因李明柏在2011年7月22日已经知道该房屋可以安全居住，故该租金损失计算截止时间应当为2011年7月22日，关于李明柏提出的还应当再给其一定的合理准备时间的主张，无正当依据，不予支持。即李明柏可主张2010年4月22日至2011年7月22日间的租金损失。关于租金计算标准，法院根据此前南京市江宁区物价局价格认证中心给出的意见确定，其中2010年5月至2010年12月为72000元（9000元/月×8个月），2011年1月1日至2011年7月22日为66660元（9900元/月×6个月零22天），合计138660元。对于李明柏提出的第二项诉讼请求，虽金陵置业公司已于2007年6月将房屋交付给了李明柏，但因金陵置业公司的房屋质量存在问题，导致李明柏无法正常居住使用该房屋，故2008年7月至11月以及2009年4月至2011年7月22日发生的物业服务费，李明柏可视为因金陵置业公司违约给其造成的损失，现李明柏仅提供2009年1月1日开始的物业费发票。故2009年4月之前部分，李明柏未提供证据，不予支持，之后的部分，费用共计为18181.2元，应当由金陵置业公司赔偿，至于李明柏主张的逾期付款违约金以及诉讼费，不应当由金陵置业公司负担。

南京市中级人民法院二审认为：上诉人李明柏与上诉人金陵置业公司的商品房预售合同合法有效，双方均应按约履行。因房屋质量问题导致李明柏无法对涉案房屋使用、收益，金陵置业公司应该赔偿李明柏的相关损失。关于租金损失的计算标准问题，原审法院根据此前南京市江宁区物价局价格认证中心给出的意见确定租金损失，较为合理。李明柏要求按其2011年12月以后出租的价格计算2010年5月至2011年7月的租金损失，对此不予支持。关于损失计算截止时间问题，根据原审查明的事实，双方曾于2011年7月22日对鉴定报告进行质证，此时李明柏才看到建研公司的鉴定报告，原审法院认定的损失截止时间为7月22日，较为合乎情理。因鉴定报告表明房屋已可居住，故李明柏对此的上诉意见，法院不予采纳。关于物业费是否应当作为损失进行赔偿问题，因金陵置业公司交付的房屋质量不符合合同约定，金陵置业公司应当赔偿李明柏物业费的损失。李明柏在二审中提交的新证据可以证明2008年7~11月期间其缴纳的物业费为1922元（4612元÷12×5），该费用在其原审主张的时间范围内，法院予以支持。

江苏省高级人民法院在申请再审审查期间，向南京市住建局调取了2010年至2012年间江宁区将军大道8号玛斯兰德辣椒街区多幢别墅的出租单价，调查结果表明，该街区别墅出租单价综合均价为：2010年度每平方米每月租金61.36元，2011年度每平方米每月租金67.82元。根据该标准，涉案房屋2010年月租金价格为17194.3元，2011年月租金价格为19004.52元。另查明，双方签订的《商品房买卖契约》第12条约定，该房屋在保修期内因质量问题造成乙方（李明柏）经济损失的，甲方（金陵置业公司）负责修理、更换，并承担乙方由此造成的实际的、直接的损失。但对损失如何计算问题，双方在合同中没有明确约定。

江苏省高级人民法院经审查认为：人民法院应当以证据能够证明的案件事实为依据依法作出裁判，无论是当事人提供的证据，还是人民法院依职权调取的证据，均应客观真实地反映案件事实，并经双方当事人质证后，才能作为定案的依据。对于政府机关及其他职能部门出具的询价意见、咨询意见等证据材料，人民法院应当对其真实性、合法性以及与待证事实的关联性进行判断，如上述证据不能反映案件的客观真实情况，则不能作为人民法院认定案件事实的根据。本案中，金陵置业公司违反合同约定，交付的房屋存在质量问题致李明柏不能正常居住，应承担违约责任。李明柏请求以同期房屋租金为标准计算其因房屋质量问题而造成的实际损失，人民法院应予支持。关于租金损失的计算标准问题，原审法院以南京市江宁区物价局价格认证中心咨询的意见作为涉案房屋的租金标准，即2010年涉案房屋租金认定为9000元/月，2011年认定为9900元/月。根据市场一般行情，决定房屋租赁价格的因素主要包括房屋面积、户型、地理位置、装潢档次、周边环境等因素，物价局价格认证中心出具的询价意见仅是认定房屋租赁价格的参考和证据材料，而不应成为认定涉案房屋租金标准的直接依据。根据法院查明的事实，物价局价格认证中心出具的房屋租金标准远低于美仕别墅区位的同类房屋实际市场租赁价格，故该询价标准不符合当时涉案房屋租赁市场价格的实际情形。因此，原审法院仅以向物价局的询价标准来认定涉案房屋租金损失显失公平，在计算涉案房屋租金实际损失时，应当综合房屋市场租赁价格真实情况据实予以认定。而李明柏提交的同地段房屋租赁协议虽证明涉案小区有业主出租房屋租金可达到每月21000元以上，但该租金价格仅系个别业主根据自己房屋的区位及装修情况，结合租房人的实际需求，协商达成的价格，并不具有普遍性。

南京市江宁区人民法院再审一审认为：原审原告李明柏与原审被告金陵置业公司签订的商品房预售合同合法有效，双方均应按约履行。因房屋质量问题，致李明柏无法对涉案房屋使用、收益，金陵置业公司应该赔偿李明柏的相关租金及物业费损失。比较物价部门的询价意见和上级法院调取的同区域别墅租金清册，差距悬殊，后者所体现的租金单价更能反映案涉房屋当时的真实租赁价格，应予以采用。

南京市中级人民法院再审二审认为：江苏省高级人民法院向南京市住建局调取的同区域别墅租金清册载明的价格，系综合多方因素得出的平均租金价格，更具有普遍性，再审一审法院在双方均不申请对案涉房屋装修前后出租价格进行评估的基础上，结合案涉房屋的具体情况，参考该租金清册所确定的租金价格并无不当。

（改写人　赵　霞
责任编辑　杜　伟）

三、审判指导与参考

编者按 最高人民法院各业务庭编辑出版的案例参考、案例指导书籍，如《刑事审判参考》《民事审判指导与参考》《商事审判指导》《最高人民法院知识产权审判案例指导》《中国行政审判案例》等，对典型案件中有关法律适用问题进行了阐释，对于全国法院具有指导和借鉴意义。我们按刑事案例、民事案例、商事海商案例、知识产权案例、行政诉讼与国家赔偿案例等领域，编写、整理了各业务庭审判指导与参考中的主要典型案例，方便读者学习相关裁判规则和收藏使用。

M村村委会诉北海公司委托合同纠纷案

——涉及农村集体所有土地的委托代建合同中对外销售利润分配条款的效力认定问题

【基本案情】

2007年6月1日，M村村委会与北海公司签订《项目建设委托合同》，约定M村村委会将本村新村住宅小区“锦绣家园”建设项目委托给北海公司代为建设。合同约定：M村村委会负责提供具有合法手续的开发建设住宅用地，承担案涉地块范围内的地上物补偿安置工作，北海公司实施建设；M村村委会支付北海公司代建费为工程总造价5%；村民集资购房均价以双方预算测算定成本价加小区配套费及前期费用等为准；第5条约定：代建工程超出村民报名集资房数量部分及底商，价格双方另议，由北海公司全权代理对外销售，销售纯利润按比例分成（甲方以土地评估价为投资入股比例，乙方以工程实际投资总造价为投资入股比例）。

合同签订后，北海公司进行施工，该工程于2010年10月竣工，共建住宅楼680套，底商、商铺、车库若干套。施工期间，M村村委会先后五次向北海公司发出通知，授权其销售所建住宅、车库及商用房，并规定了销售价格，北海公司进行了销售，已售出住宅670套（出售给村民500套、对外销售170套），底商、商铺、车库也已经售出一部分。售房款现由北海公司掌握。

2008年2月，河北省人民政府所作的《关于某某市2007年度实施第二批次城市建设用地的批复》，将案涉土地列入征收建设用地范围，但该土地至今尚未办理相关征收手续。

2013年，M村村委会向一审法院起诉称，案涉土地属于村民集体所有M村民之外的人无权购买宅基地上所建房屋，北海公司无权将房屋对外销售。请求：（1）北海公司返还所有尚未销售的房屋。（2）北海公司返还已经销售的房屋的销售收入扣除开发成本（其中已含5%代建费）后的差额部分共计3500万元以及相应利息。案件审理过程中，根据双方当事人的申请，一审法院委托中介机构对“锦绣家园”工程造价进行司法鉴定和财务审计，鉴定意见为工程总造价共11000万元，审计结果为北海公司已收到售房款13000万元。

【裁判结果】

一审法院判决：对外销售的利润中70%归M村村委会所有，30%归北海公司所有。

北海公司和M村村委会均不服一审判决，提起上诉。二审法院判决：《项目建设委托合同》第5条约定应为无效。北海公司对于未售出的房屋以及已售出而不能进行利润分配的盈余款项均应返还M村村委会。

北海公司不服二审判决，申请再审。最高人民法院裁定驳回北海公司的再审申请。

【裁判理由】

本案争议的焦点问题是：村委会与开发商签订的《项目建设委托合同》中约定的对外销售利润分配条款，在土地性质尚未从集体所有土地变更为国有土地之前，效力应该如何认定。

最高人民法院经审查认为：涉及农村集体所有土地的委托代建合同中的对外销售利润分配条款具有合资、合作开发房地产的性质，当事人主张利润分配等合同权利的，应提供政府部门关于土地利用规划、建设用地计划等审批文件或者证明。虽提供了上述文件或证明，但在一审法庭辩论结束之前土地性质仍未变更为国有土地的，该利润分配条款按无效处理。

【案例注解】

案涉利润分配条款应认定无效，理由解析如下：

（一）集体土地上所建房屋不能向本村村民以外的人销售

根据房屋性质的不同，集体土地上所建设房屋，大体可以划分为两种类型：第一类是宅基地上的农民住宅；第二类是乡镇政府、村委会单独或者与开发商合作在集体土地上建设的房屋，俗称“小产权房”。对于“小产权房”，根据其合法与否，又可分为两种情况：第一种是建设单位依法办理了用地、规划及建设等审批手续后合法建成的房屋，例如，乡镇政府、村委会利用空心村改造、新农村建设等整理集体建设用地的机会，在集体土地上建设的农民新居、回迁房、老年公寓等房屋。第二种是建设单位未依法办理用地、规划及建设等审批手续而违法建造的房屋，例如，擅自占用耕地、河道等开发建设的房屋，或者将集体土地出让、转让、出租给房地产开发商建设的房屋。此类房屋性质上属于违章建筑，可能产生依法拆除或者没收违章建筑物的法律后果。

对于农民住宅和第一种“小产权房”的对外销售，虽然现行法律、行政法规无禁止性规定，但国务院及其有关部门发布的文件则明确禁止，如1999年《国务院办公厅关于加强土地转让管理严禁炒卖土地的通知》（国办发〔1999〕39号）明确要求：“农民的住宅不得向城市居民出售，也不得批准城市居民占用农民集体土地建住宅，有关部门不得为违法建造和购买的住宅发放土地使用证和房产证。”2007年《国务院办公厅关于严格执行有关农村集体建设用地法律和政策的通知》（国办发〔2007〕71号）又强调：“农村住宅用地只能分配给本村村民，城镇居民不得到农村购买宅基地、农民住宅或‘小产权房’。单位和个人不得非法租用、占用农民集体所有土地搞房地产开发。”2008年《中共中央、国务院关于切实加强农业基础建设进一步促进农业发展农民增收的若干意见》（中发〔2008〕1号）则重申：“城镇居民不得到农村购买宅基地、农民住宅或‘小产权房’开展城镇建设用地增加与农村建设用地减少挂钩的试点，必须严格控制在国家批准范围之内。”从不动产登记实务来看，建设部2008年发布的《房屋登记办法》第八十七条规定：“申请农村村民住房所有权转移登记，受让人不属于房屋所在地农村集体经济组织成员的，除法律、法规另有规定外，房屋登记机构应当不予办理。”这意味着不仅国家政策对农民住宅及“小产权房”的对外销售明令禁止，而且实践中也无法办理过户登记。

本案中，案涉“锦绣花园”项目实为新农村建设过程中M村村委会在集体所有土地上所建的本村村民住宅小区，在土地性质尚未改变的情形下，不能向村民以外的人销售。《项目建设委托合同》第5条约定的利润分配条款所指向的是对外销售的利润，既然对外销售已被禁止，更谈不上利润分配问题。

（二）利润分配条款具有合资、合作开发房地产性质，应符合《土地管理法》相关规定

从整体看，《项目建设委托合同》为委托代建合同，但其中的利润分配条款涉及对外销售和利润分配，分配比例依据土地评估价和工程实际投资总造价

确定，实为一方出地、一方出资，以营利为目的，具有合资、合作开发房地产性质。

对于房地产开发，《土地管理法》有明确规定。《土地管理法》第四十三条第一款规定："任何单位和个人进行建设，需要使用土地的，必须依法申请使用国有土地；但是，兴办乡镇企业和村民建设住宅经依法批准使用本集体经济组织农民集体所有的土地的，或者乡（镇）村公共设施和公益事业建设经依法批准使用农民集体所有的土地的除外"，即除了但书规定的例外情形外，进行房地产开发只能使用国有土地。本案中，案涉土地虽然已经取得了列入征收建设用地范围的政府批复，但尚未进行征地补偿，尚未完成征收手续，案涉土地仍未变更为国有土地，仍不可进行房地产开发，故若认定利润分配条款有效，会直接导致判决结果与《土地管理法》相关规定相抵触。

（三）虽已取得政府征用批复，但仍未变更为国有土地

从意思自治和维护交易秩序的角度讲，合同作为当事人的一致意思表示，对其效力应予以尊重，尽量认定有效。在因不满足法定条件而应认定无效的情形下，应考虑诉讼期间法定条件成就的可能性，参照现有司法解释的规定，可把认定无效的时间节点确定为一审法庭辩论结束之前。如果在此之前满足法定条件的，仍可认定有效。本案中，经过一审、二审，进入再审审查程序后，案涉土地仍未变更为国有土地，故利润分配条款应为无效。

（四）M村村委会未尽合同义务，北海公司可另行主张权利

利润分配条款无效，不影响《项目建设委托合同》其他条款的效力。根据《项目建设委托合同》的约定，M村村委会负责办理用地手续，提供具备开发条件的土地，此为其合同义务。并且M村村委会作为集体土地的管理者，对案涉土地的变性、征收、建设等程序和要求应知或明知，故其在与北海公司签订了合同、北海公司完成工程建设、又多次委托北海公司进行销售后又主张利润分配条款无效，确属不诚信行为。北海公司可以追究其违约责任，还可依据《合同法》第五十八条规定要求信赖利益赔偿，但不可因此影响利润分配条款本身的效力认定。也就是说，单从本案来看，M村村委会似乎从其不诚信行为中受益，但在北海公司另行主张权利后，应可基本实现双方的利益平衡。

（改写人　赵　霞

责任编辑　杜　伟）

董烨诉曹宏合同纠纷案

——人民法院不能将其已依法立案审查的再审申请案件报请移送上级人民法院审理

【基本案情】

董烨与曹宏因合同纠纷一案，起诉至一审法院。一审法院经审理后作出判决。董烨不服该一审判决，上诉至二审法院。二审法院经审理后作出二审判决。董烨不服该二审判决，向二审法院提起再审申请，二审法院针对董烨提出的再审申请，依法立案进行审查。

二审法院对董烨的再审申请，经该院审判委员会讨论研究，决定将该再审审查案件报请移送其上级法院，即最高人民法院对该案进行立案审查，同时告知董烨向最高人民法院申请再审。收到二审法院的口头告知后，董烨依据二审法院的要求，向最高人民法院提起再审申请，并提交了再审申请书。该再审申请书未载明提起再审申请时间。经审查，自董烨向最高人民法院提起申请之日，已经超过二审判决发生效力后6个月。

最高人民法院在接到二审法院的报请移送后，对于董烨的再审申请进行了立案，并启动了再审审查程序。

【裁判结果】

最高人民法院根据《民事诉讼法》第一百九十九条之规定，裁定如下：终结审查董烨向最高人民法院提出的再审申请。

【裁判理由】

最高人民法院认为：一方面，《民事诉讼法》第一百九十九条规定，当事人对已经发生法律效力的判决、裁定，认为有错误的，可以向上一级人民法院申请再审；当事人一方人数众多或者当事人双方为公民的案件，也可以向原审人民法院申请再审。鉴于董烨已经向二审法院申请再审，且该院已经对该再审申请立案进行审查。而本案再审申请人与被申请人均为自然人，故董烨向二审法院申请再审符合法律规定，二审法院对董烨的再审申请立案审查并无不当。另一方面，《民事诉讼法》第三十八条规定，上级人民法院有权审理下级人民法院管辖的第一审民事案件；确有必要将本院管辖的第一审民事案件交下级人民法院审理的，应当报请其上级人民法院批准。下级人民法院对它所管辖的第一审民事案件，认为需要由上级人民法院审理的，可以报请上级人民法院审理。根据该条规定，下级人民法院能够报请移送管辖的案件仅限于一审民事案件，对于其已经立案受理的二审案件以及再审审查案件，《民事诉讼法》并未规定可以移送管辖。就此而言，二审法院在已对董烨的再审申请立案审查的情况下，将该案移送最高人民法院审查，依据不足。二审法院应继续进行审查。综上，在二审法院已立案对董烨的再审申请进行审查的情况下，董烨不能再向最高人民法院申请再审，二审法院亦不能报请移送最高人民法院对该案进行再审审查。

对于二审法院的报请移送，上级法院应根据《民事诉讼法》第一百九十九条之规定，裁定终结审查当事人提出的再审申请。二审法院并应同时要求原再审审查法院继续对当事人的再审申请进行审查。

【案例注解】

对于当事人不服生效二审判决，依据《民事诉讼法》第一百九十九条规定向二审法院申请再审，二审法院在立案审查后，能否将该案件报请移送其上级法院审查，现行法律及司法解释中无明确规定。本案终结对董烨再审申请的审查，理由解析如下：

1. 在当事人依据二审法院的要求，重新向最高人民法院提交再审申请的情况下，该再审申请也已经超过《民事诉讼法》第二百零五条关于“当事人申请再审，应当在判决、裁定发生法律效力后六个月内提出；有本法第二百条第（一）项、第（三）项、第（十二）项、第（十三）项规定情形的，自知道或者应当知道之日起六个月内提出”所规定6个月申请期限，故如果最高人民法院对董烨的再审申请进行立案审查，则可能出现当事人的申请已经超过再审申请期限的情况，对此人民法院则可以径行驳回当事人的再审申请。但如此处理，无异于剥夺了当事人申请再审的诉讼权利。

2.《民事诉讼法》第一百九十九条规定：“当事人对已经发生法律效力的判决、裁定，认为有错误的、可以向上一级人民法院申请再审；当事人一方人数众多或者当事人双方为公民的案件，也可以向原审人民法院申请再审。”鉴于本案再审申请人与被申请人一方均为自然人，故董烨向二审法院申请再审符合法律规定，二审法院对董烨的再审申请立案审查并无不当。因此，二审法院并无移送上级法院进行审查的必要。

3.《民事诉讼法》第三十八条规定：“上级人民法院有权审理下级人民法院管辖的第一审民事案件；确有必要将本院管辖的第一审民事案件交下级人民法院审理的，应当报请其上级人民法院批准。下级人民法院对它所管辖的第一审民事案件，认为需要由上级人民法院审理的，可以报请上级人民法院审理。”根据该条规定，能够移送管辖的案件仅限于一审民事案件，对于二审案件以及再审审查案件，《民事诉讼法》并未规定可以移送管辖。因此，二审法院在已经对董烨的再审申请立案审查的情况下，将该案移送最高人民法院审查，依据不足。

4. 根据《民事诉讼法》关于民事案件审理次数规则的规定，即“2+2”模式，当事人只能就一审或者二审生效的裁判申请再审一次；再次申请再审的，人民法院应当不予受理。2013年1月1日起施行的《民事诉讼法》规定，任何一起民事案件依法可以经过四次审理，即一审、二审、申请再审、基于检察建议或者抗诉而启动的再审，并在实行有限审理或者有限再审制度的基础上，实行诉讼终结。这是2012年《民事诉讼法》修改的一次重大制度改变。这种制度设计可以有效遏制过去长期缠诉、无限再审、重复申诉的现象。故对于董烨所涉及的案件纠纷，其根据上述法律规定，只能有一次向人民法院申请再审的机会。从本案已经查明的事实来看，董烨在二审判决生效后已经向二审法院申请再审，且该院也已经立案对本案进行了再审审查，故从程序上讲，董烨所享有的向人民法院申请再审的权利已经行使了。在二审法院已经立案审查的情况下，其根据二审法院的要求，再次向最高人民法院申请再审，违反了上述法律规定的再审审查只有一次机会的规定。因此，最高人民法院不应对该案立案审查；已经立案审查的，则应终结审查。

5. 根据《民事诉讼法》第一百九十九条和《最高人民法院关于适用〈中华人民共和国民事诉讼法〉的解释》（以下简称《民事诉讼法解释》）的体系解

释，本案应终结审查。《民事诉讼法》第一百九十九条规定，当事人对已经发生法律效力的判决、裁定，认为有错误的，可以向上一级人民法院申请再审；当事人一方人数众多或者当事人双方为公民的案件，也可以向原审人民法院申请再审。鉴于本案纠纷当事人董烨与曹宏均为自然人，故董烨向二审法院申请再审，二审法院对董烨的再审申请立案审查并无不当。在二审法院已立案对董烨的再审申请进行审查的情况下，则该再审申请存在两种可能的处理结果：一是裁定驳回其再审申请；二是裁定再审。依据《民事诉讼法》的规定，对于已经立案再审审查的案件，除了此两种结果之外，二审法院不应也不可能再有其他处理方式。《民事诉讼法解释》第三百八十三条第一款第（一）项规定，当事人再审申请被驳回后再次提出申请的，人民法院不予受理。《民事诉讼法解释》第四百零二条第（六）项规定，有《民事诉讼法解释》第三百八十三条第一款规定情形的，人民法院应裁定终结审查。根据上述规定，针对二审法院对董烨再审申请的第一种可能处理结果即已经裁定驳回了再审申请，则最高人民法院不应受理已经受理的，则应裁定终结审查。《民事诉讼法解释》第四百零二条第（五）项规定，原审或者上一级人民法院已经裁定再审的，人民法院应裁定终结审查。故针对二审法院对董烨再审申请的第二种可能处理结果即人民法院已经裁定再审的，根据《民事诉讼法解释》第四百零二条第（五）项规定，最高人民法院亦应裁定终结审查。故在董烨已经向二审法院申请再审的情况下，即使二审法院尚没有裁定结论，但是鉴于二审法院可能存在的逻辑处理结果，则对于董烨再向最高人民法院提出的再审申请，最高人民法院均应裁定终结审查。

需要强调的是，造成本案当事人重复申请再审的原因在于二审法院，对此，最高人民法院在终结对董烨提起再审申请一案的再审审查的同时，还要求二审法院对该案继续进行审查，并向当事人进行说明，要求当事人继续向二审法院申请再审。

（**改写人** 赵 霞
责任编辑 杜 伟）

中国银行诉某汽修厂合作建房合同纠纷案

——以划拨土地使用权与他方签订的合作建房合同应如何认定其效力

【基本案情】

1993 年 4 月 22 日，某汽修厂（以下简称汽修厂）与中国银行（以下简称中行）签订一份《合作建房合同》。合同主要内容为：双方一致同意在汽修厂所在地修建一幢 12 层的综合办公楼，由汽修厂出土地、中行出资金。建成后双方按 5∶5 分成，其中北侧往上 12 层属中行所有，南侧往上 12 层属汽修厂所有。综合楼的资金投入由中行承担。该楼建成后，属中行所有权部分，由汽修厂负责办理产权转让手续，转让费用由汽修厂承担等。

该合同经签约各方确认后，汽修厂向规划局出具一份《关于申请我厂十二层生产办公综合楼改造有关问题的请示报告》（以下简称《请示报告》），申请对该厂第二期改造工程的生产办公楼不纳入土地批租。规划局同意该厂申请。其后，该厂以自己名义办理了综合办公楼报建手续。后汽修厂更名为修造公司。

1997 年底，综合办公楼完工并实际交付中行使用。2001 年 9 月 7 日，双方为办理产权转让事宜，签署《协议书》，约定：双方各指派一人共同办理综合办公楼产权证、土地使用权证及为中行办理相关房屋产权、土地使用权转让手续，但因修造公司资金困难，暂由中行垫付办证及相关转让费用等。协议生效后，双方未依约办理相关权证转让手续。

2001 年 11 月，修造公司开始国有企业改制，委托评估公司对其全部资产和负债评估，确定的固定资产中包括 12 层综合办公楼价值。同时还出具一份《房屋建设清查说明》，要求评估时在公司原有土地面积中扣除中行 12 层大楼占地面积和车库通道面积。评估公司出具的“325 号评估报告”，将 12 层综合办公楼中属于修造公司所有的房屋及占用土地作价计入固定资产，而属于中行方所有的房产及占用土地未列入评估财产范围。

同年12月7日，修造公司整体改制，将其国有经营性净资产16311100元作为对改制后新公司汽修公司的国有出资额，占注册资本的74.14%，原公司的全部债权债务由新公司承担。之后，改制后的汽修公司单方办理了全部12层综合办公楼的《房屋所有权证》。直到2004年12月28日，汽修公司再次单方办理了含全部12层综合办公楼占地面积的《国有土地使用权证》，性质为国有划拨工业用地。该宗土地未办理出让审批手续。

中行提起诉讼，请求确认《合作建房合同》有效，并确认其对12层办公楼享有所有权；汽修公司提起反诉，请求确认《合作建房合同》无效，并确认其对12层综合办公楼享有产权及占地使用权。

【裁判结果】

一审法院判决:《合作建房合同》有效；中行对其占有和使用的综合办公楼享有房屋所有权，该楼剩余面积的房屋所有权由中南汽修公司享有。

一审宣判后，双方上诉。二审法院判决：中行从其占有房屋中腾退。中行对于其投资及损失部分，可另行主张权利。

中行申请再审，再审法院判决:《合作建房合同》及《协议书》有效，驳回中行及汽修公司的其他诉讼请求。

【裁判理由】

《合作建房合同》的内容符合共同投资、共担风险、共享利益的法律特征，但双方是在划拨土地上合作建房，建成后双方分配房屋用作办公用房，划拨土地没有变性，涉案房屋也未用于销售谋取利益。故涉案合作建房行为不能等同于普通的合作开发房地产行为，《合作建房合同》的性质是一般的合作建房合同。合同是双方真实意思表示，没有违反法律、行政法规的相关内容，合同履行过程中双方也不存在未经批准擅自变更土地性质谋取非法利益等行为。中行依据《合作建房合同》投资建设、占有涉案房屋的履约行为为合法占有，受物权法保护，足以对抗对方提出的腾迁请求。但其请求确认其对占有房屋的所有权，因还未得到有批准权的人民政府的批准，条件尚不具备，人民法院还不能支持。

【案例注解】

本案争议的焦点是，涉案《合作建房合同》性质、效力及法律后果。一、二审判决对焦点问题形成两种截然不同观点，适用法律也各有依据。对于再审判决的观点，解析如下：

1. 关于《合作建房合同》性质。从签约主体看，汽修厂和中行分别为国有企业和国有金融机构，均非房地产开发企业，不具备房地产开发经营资格。从合同内容看，约定由汽修厂出地，中行出资金，合作建设12层综合办公楼，建成后双方5∶5分配综合办公楼为各自办公使用。讼争土地性质为工业用途的划拨土地，综合办公楼建成后，汽修厂为中行办理产权转让手续。从合同目的来看，汽修厂是为实现企业办公楼改造，办理了立项、报建、规划等手续，采取融资合作方式建房，并约定建成后按5∶5比例分配办公用房。从履行情况看，涉案12层综合办公楼建成后，双方于1997年底依约分配办公楼，中行占有使用至今，已达18年余。至此，订约目的基本实现。

综上，《合作建房合同》约定汽修厂出地、中行出资，双方合作改造汽修厂老旧综合办公楼并按5∶5分配重建新房的主要内容，体现了合作建房双方共同出资、共担风险、共享利益的法律特点，但合作建房目的是为改造汽修厂老旧办公楼，部分由划拨用地使用权人自用及部分交由中行使用，而非擅自变更为开发项目，通过售房等开发行为获益，故合同性质应认定为在国有划拨土地上的合作建房合同。一审认定合同性质为名为合作建房合同实为房屋买卖合同不妥，合作建房主要收益分成方式包括：分房和售房利润分成，本案中行投资收益方式为分房，符合合作建房常见的投资分配形式。

2. 关于合作建房合同的效力。《合作建房合同》约定：综合楼建成后，属中行所有权的部分，由汽修厂负责为中行办理产权转让手续；2001年9月7日《协议书》又约定：双方各指派一人共同办理综合办公楼房屋产权证、土地使用权证及为中行办理相关房屋产权、土地使用权转让手续；汽修厂呈报规划局的《请示报告》称，"请市规划局体谅企业的实际困难。对我厂第二期改造工程厂门前的生产办公楼不纳入批租。"

从以上内容看，《合作建房合同》具体约定中，有关中行约定取得的讼争标的物土地使用权和分配房屋所有权证的性质如何，即所占划拨土地以后是否变性为出让土地；如不变性，应否向有权政府部门申请增加中行为改造后的综合办公楼划拨用地及地上附着物使用权人；如变性，如何将综合办公楼改造项目纳入开发项目立项及纳入年度开发规划，双方未作明确、具体约定。2004

年，汽修公司先后办妥了讼争建设项目房屋所有权证和土地使用权证，用地性质仍为划拨。但尚未履行“为中行办理相关房屋产权、土地使用权转让手续”合同义务。可见，双方在《合作建房合同》中的有关约定内容，尽管不甚详尽，但并未违反法律、法规强制性规定。

从合同履行情况看，双方履行了申请综合办公楼项目改造报批、开工建设审批、国有资产管理审核、申领房屋土地权证等行政审批手续；并无规避法律规定，违反城市整体规划或项目规划，偷逃出让金或国家税款等违规行为，也不存在擅自变更讼争建设项目占地的划拨性质，或违背划拨土地用途，擅自将划拨土地用于房地产开发，损害国家利益或社会公共利益等违法行为。时至今日，双方订立的合作建房合同基本履行完毕，中行已实际转移占有分配房屋18 年余，讼争标的物——综合办公楼的房屋产权证、土地使用权证也均已办妥，尚余双方共同为中行分配房产办理相关房屋产权、土地使用权转让手续等合同义务，双方应当继续遵循诚信原则，按照订约目的，严守国家法律规定，为履行后续合同义务作出具体安排并实际履行，不能因为后续合同义务未履行完毕而反推在前订立的民事合同无效。涉案《合作建房合同》有效，双方应遵循诚信原则，依照《合同法》《城乡规划法》《城市房地产管理法》《城镇国有土地使用权出让和转让暂行条例》等法律、法规相关规定，为中行分配房屋办理房产证和土地使用权证。

3. 关于涉案房产在本案应如何处理的问题。《合作建房合同》及办证《协议书》等有效，合同双方当事人应当继续履行“为中行办理相关房屋产权、土地使用权转让手续”的合同义务，如需变更用地性质为出让，尚需履行规划审批及报经有批准权的人民政府批准、与土地管理部门签订出让合同等法定程序；如不改变用地性质，要变更部分划拨用地的使用权人，也需报有批准权的人民政府审批。故中行主张确认其分得房地产的所有权的请求，目前尚不具备办证的法定条件。《物权法》第二百四十一条规定，基于合同关系等产生的占有，有关不动产或者动产的使用、收益、违约责任等，按照合同约定。第二百四十二条规定，占有人因使用占有的不动产或者动产，致使该不动产或者动产受到损害的，恶意占有人应当承担赔偿责任。合法占有为物权状态，受物权法保护。中行对讼争房屋的占有使用已 18 年余，具有合同依据和法律依据，属合法占有，二审判决其腾退，缺乏事实和法律依据。

（改写人　赵　霞

责任编辑　杜　伟）

四、典型案例发布

编者按　近年来，为及时反映全国各级人民法院审判工作的基本情况，总结经验教训，指导审判业务，最高人民法院陆续发布了一系列典型案例。我们按照刑事案例、民事案例、商事海商案例、知识产权案例、行政诉讼与国家赔偿案例等类别，结合案例发布的实际情况，分期分批为广大读者整理登载。本期刊载案例为2016年8月23日最高人民法院公布的关于弘扬社会主义核心价值观的10个典型案例。

某村民委员会诉郑某某等返还原物纠纷案

（一）基本案情

被告郑某某等系北京市房山区某村村民。2009年，北京市房山区某村为推进新农村建设，决定启动整建制搬迁工程。2009年6月22日，经全村户代表大会表决通过《某村整建制搬迁工程实施方案》，并签署了《某村户代表大会决议》。2010年3月，搬迁工程开始动工，被告郑某某系第一期搬迁村民，按照实施方案，被告郑某某家旧宅将被拆除，并可在规划区内分配新房。2011年10月6日，某村村民代表大会通过了《关于新房分配相关事宜的决议》，依据被告郑某某等12人的申请，某村村民委员会为被告郑某某等12人分配了住房。因对村集体后续搬迁分房政策不满，被告郑某某等12人在搬进依据《关于新房分配相关事宜的决议》应分得的房屋后，将某村村内小区未分配12套住房换锁，并占为己有。2013年12月27日，原告北京市房山区某村村民委员会诉至人民法院，请求人民法院依法判令郑某某等12名被告返还村集体房屋。

郑某某等12名被告认为：不同意返还房屋，12名被告确实按照《某村整建制搬迁工程实施方案》分配到了新房，12名被告是第一期，但后来村委会没有严格按照方案执行，在第二期、第三期搬迁过程中存在分房不公的现象。例如，一部分人可以在自己的宅基地上建房，不在搬迁规划区居住，甚至盖平房；一部分人分配新房面积超标；一部分人不交个人负担部分费用也可入住；还有一部分人户口早已迁出本村的，在搬迁过程中将户口迁回也可以分房；部分村干部存在违反实施方案的情况，违规建房，多占面积。

（二）裁判结果

法院生效裁判认为：无权占有不动产或者动产的，权利人可以请求返还原物。本案诉争的位于北京市房山区某村村内小区的房屋属某村整建制搬迁工程中未分配住房，其所有权应归属村集体所有，郑某某等12名被告未经法定程序私自占有，实属不当，某村村民委员会要求返还该房屋的诉讼请求，于法有据，应予以支持。12名被告认为原告北京市房山区某村村民委员会在执行拆迁政策过程中有不公正现象以及部分村干部存在违规多占问题，应通过正当渠道予以反映、解决，本院亦将案件审理过程中村民反映的问题，正式函告北京市房山区霞云岭乡政府，促请乡政府予以调查、核实并争取妥善解决。

法院于2014年12月4日作出判决：被告郑某某等12人于判决生效后10日内将北京市房山区某村村内小区的未分配房屋返还原告北京市房山区某村村民委员会。一审宣判后，双方均未提出上诉，该判决现已经发生法律效力。

（三）典型意义：诚实守法

本案意义在于教育、警示新农村建设中的违法行为人，保障新农村建设的正常进行。在新农村建设中，一些法律意识淡薄且存有侥幸心理的农村村民，无视、漠视法律、法规、规章及村规民约，妄图以违法行为获取非法或不当利益，且行为往往具有集团性，对新农村建设危害极大。本案以判决的方式，昭示了在新农村建设当中应当遵循的契约精神，打击了新农村建设中违法侵占行为和违约失信行为，破除了新农村建设的障碍，维护了新农村建设秩序，保障了新农村建设的顺利推进。

（**责任编辑** 杨 奕）

伊春某旅游酒店有限公司诉张某某劳动争议纠纷案

（一）基本案情

2014年5月28日，被告张某某受聘于原告黑龙江省伊春市某旅游酒店有限公司，从事工程员工作。至2015年9月10日，被告以原告公司未与其签订书面劳动合同及未给其缴纳社会保险为由，离开原告公司。后于2015年9月14日向该市带岭区劳动人事争议仲裁委员会申请仲裁，要求解除与原告公司的劳动合同关系，并要求原告公司支付其各项损失费用66136元。黑龙江省伊春市带岭区劳动人事争议仲裁委员会于2015年11月6日作出带劳人仲字［2015］第4号仲裁裁决：（1）由被申请人（伊春某旅游酒店有限公司）支付申请人（张某某）未签订劳动合同的双倍工资27958.26元（2541.66元×11）；（2）被申请人支付申请人解除劳动关系的经济补偿金3812.49元（2541.66元×1.5）；（3）驳回申请人请求被申请人支付其加班加点的仲裁请求；（4）驳回申请人请求被申请人支付其应当订立无固定期限劳动合同之日至工作截止日二倍工资的仲裁请求；（5）被申请人应该到社会保险经办机构为申请人办理自2014年5月起至2015年9月止的社会保险，在办理过程中，申请人应积极配合被申请人履行相关手续；（6）被申请人应支付申请人离职前半个月未支付工资1300元。原告伊春某旅游酒店有限公司对该仲裁裁决不服，在法定期限内向黑龙江省伊春市带岭区人民法院提起诉讼，要求确认原告无需支付被告各项经济损失。被告当庭明确表示放弃在仲裁机构所提出的其他请求，要求原告方按仲裁裁决书所确认的内容支付被告各项损失。

另查明：被告张某某系带岭林业实验局明月林场在职职工，自1999年起因单位经济环境不景气、生产任务少等原因允许被告等大部分职工自谋生路，期间停发工资，但仍由原单位及被告个人按法律规定的数额分别缴纳社会保险费。2014年6月至2015年9月被告在原告公司工作期间，双方未签订书面劳动合同。

（二）裁判结果

黑龙江省伊春市带岭区人民法院生效裁判认为：原、被告之间形成了事实上的劳动合同关系，但原告公司自用工之日起超过1个月不满1年未与被告签订书面劳动合同，应当按照法律规定向被告支付2倍的工资。原告方认为被告是明月林场在职职工，与原告之间只能形成劳务关系而不能形成劳动合同关系，但按照《最高人民法院关于审理劳动争议案件适用法律若干问题的解释(三)》第八条的规定："企业停薪留职、未达到法定退休年龄的内退人员、下岗待岗人员以及企业经营性停产放长假人员，因与新的用人单位发生用工争议，依法向人民法院提起诉讼的，人民法院应当按劳动关系处理。"因此，原告的此项辩解理由不予支持。被告主张按照仲裁裁决所确定的数额由原告公司支付双倍工资的请求并未超过其一年内的平均工资，因此，该项主张应予支持。被告所主张的2015年9月尚有半个月工资1300元原告公司未予发放的请求原告方予以承认，因此，应予认定。但被告社会保险费企业应当承担部分仍由其原单位明月林场进行缴纳，其不具备再就业企业再行缴纳社会保险费的待遇，因此，被告要求原告公司再行为其缴纳社会保险费的请求不予支持。同时，因原告企业无法为其缴纳社会保险费用，不存在《中华人民共和国劳动合同法》第三十八条所规定的情形，被告自行提出要求与原告公司解除劳动合同关系且未履行告知义务，原告公司无需支付被告经济补偿金。因此，判决如下：一、解除原、被告之间的劳动合同关系；二、由原告支付给被告因未签订书面劳动合同而产生的赔偿金27958.26元；三、由原告支付被告2015年9月剩余工资1300元。

（三）典型意义：诚实守规

本案争议焦点是被告张某某系林业局在职职工，其是否能够另行与另一企业形成劳动合同关系。按照司法解释规定，企业停薪留职、未达到法定退休年龄的内退人员、下岗待岗人员以及企业经营性停产放长假人员，因与新的用人单位发生用工争议，依法向人民法院提起诉讼的，人民法院应当按劳动关系处理。因此，法院依照《民事诉讼法》第六十四条，《最高人民法院关于审理劳动争议案件适用法律若干问题的解释（三）》第八条，《劳动合同法》第三十七条、第八十二条，《劳动合同法实施条例》第七条的规定，作出上述判决。

（**责任编辑** 杨 奕）

丘某良诈骗案

（一）基本案情

2014 年，被告人丘某良与李某相识后，丘某良称在文化教育方面有认识的领导，能办理教师调动等事项，并取得了李某的信任。2014 年 9 月，李某找到丘某良帮忙办理其朋友谢某报刊亭的事情。在办理过程中，丘某良收取了李某转交的谢某的 45000 元。

2014 年 11 月，李某找到丘某良，拜托帮助将自己的朋友谢某的嫂子进入广东省河源市某中学工作，丘某良答应帮其办理。在办理过程中，丘某良以需要相关经费等理由，通过银行转账、现金交付等方式骗取了被害人 85000 元。

2014 年 12 月，李某再次找到丘某良，让丘某良帮助王某进入河源市源城区某小学工作，丘某良答应帮忙办理。在办理过程中，丘某良以找工作需要经费为由骗取了被害人王某 6 万元。

期间，因办理报刊亭的事情长期未果，为应付李某的不断催促，丘某良便于 2015 年 2 月伪造一份《个体工商户营业执照》交给谢某，企图蒙混过去，不料露出马脚。2015 年 3 月 13 日，丘某良被公安机关抓获。

（二）裁判结果

广东省河源市源城区人民法院经审理认为：被告人丘某良无视国家法律，以非法占有为目的，虚构事实，骗取他人财物价值 19 万元，数额巨大，其行为已构成诈骗罪。鉴于被告人丘某良当庭自愿认罪，如实供述自己的罪行，可酌情从轻处罚。遂依法作出一审判决：被告人丘某良犯诈骗罪，判处有期徒刑五年零八个月，并处罚金 5000 元。

宣判后，丘某良未上诉，本案刑事判决已发生法律效力。

（三）典型意义：诚实守信

从审判实践中来看，包括本案在内的不少以找工作、替人办事为名的诈骗案件中发现，犯罪分子的骗术并不高明，而是抓住了被害人急于求成、想走捷径的心理，从而让犯罪分子有机可乘。此类诈骗时有发生，法官告诫广大市民不要轻易相信社会上人员所谓的“有关系”“有门路”，应通过正规的途径去找工作、办事，切勿贪走捷径，谨防上当受骗。

（**责任编辑** 杨　奕）

微信朋友圈销售假冒注册商标的商品案

（一）基本案情

被告人戚某、钱某系夫妻，2013 年 6 月 16 日至 2014 年 7 月 31 日间通过微信软件等途径销售假冒注册商标的商品（手提包、皮带等），后又租用广东省韶关市区某大厦的房间存放待售的假冒注册商标的商品。

2014 年 8 月 1 日 12 时，公安机关将钱某抓获，并在其家中查获假冒注册商标的商品一批。同日 16 时许，戚某到公安机关投案，并带民警到市区某大厦存放假冒注册商标的商品的房间进行检查，在该房内查获假冒注册商标的商品一批。

经鉴定和审计，戚某、钱某销售的商品均为假冒注册商标的商品，销售金额为人民币 77757 元，其库存的假冒注册商标的商品价值人民币 9570 元。

（二）裁判结果

广东省韶关市浈江区人民法院经审理认为：被告人戚某、钱某销售明知是假冒注册商标的商品，数额较大，其行为均已构成销售假冒注册商标的商品罪。戚某在犯罪过程中起主要作用，是主犯，钱某在作案过程中起辅助作用，是从犯。戚某在案发后自动投案，归案后能如实供述自己的犯罪事实，系自首。一审以销售假冒注册商标的商品罪分别判处二人有期徒刑七个月和六个月，均缓刑一年零六个月，并处罚金 15000 元。一审宣判后，二被告人均未提出上诉，现判决已经发生法律效力。

（三）典型意义：诚信经营

本案是一起通过微信朋友圈销售假冒注册商标的商品的典型案例。微信朋友圈原是相对私人的个人空间，然而越来越多的人加入微商，利用微信朋友圈等新平台售假者也越来越多。与传统侵犯知识产权犯罪案件相比，这类犯罪作案手段相对隐蔽，但传播面广及推广速度快，销售假冒注册商标的商品涉及面广，社会影响恶劣。目前，《消费者权益保护法》和《网络交易管理办法》在微信购物方面还没有明文规定，而且微商没有经过工商注册登记，相关法律法规还需要进一步完善。

（责任编辑　杨　奕）

旅游卫视诉爱美德公司等侵犯台标著作权案

（一）基本案情

原告海南海视旅游卫视传媒有限责任公司（以下简称旅游卫视）诉称：被告浙江爱美德旅游用品有限公司（以下简称爱美德公司）未经允许擅自在其生产销售的旅行箱产品上将原告旅游卫视的台标作为商标使用，并在被告北京京东叁佰陆拾度电子商务有限公司（以下简称京东公司）销售，侵犯了原告的著作权，故起诉要求二被告停止侵权并要求被告爱美德公司赔偿损失200万元。被告爱美德公司称，其使用的商标是其独立设计的且使用在先，并未侵犯原告的著作权。

被告爱美德公司为证明其对涉案商标系独立创作完成且使用在旅游卫视启用台标之前，提交了数10份证据。其中多份销售合同和行业协会出具的箱包及证明是本案的关键证据。

被告爱美德公司提交的其与浙江绍兴华阳皮件有限公司等多个单位签订的销售合同上均印有涉案商标，合同的最早签订日期均早于原告旅游卫视启用涉案台标的日期。庭审中，经原告申请鉴定，并未发现上述合同存在问题。但在后续庭审中法院发现，上述多份合同所载的多个联系电话在合同载明的签订日期尚未启用或尚未由七位升位至八位，后启用或升位的电话号码出现在先签订的合同中，明显有悖常理，被告爱美德公司最终亦认可部分合同日期存在倒签的情况。

在上述合同被发现可能存在问题后，被告爱美德公司又提交了全国皮革工业标准化技术委员会及国家皮革制品质量监督检验中心出具的证明，该证明称，2003年被告爱美德公司的箱包产品曾在国家皮革制品质量监督检验中心进行检验，现保存有一只带有涉案图标的箱包样品在国家皮革制品质量监督检验中心仓库。该时间早于旅游卫视启用台标的时间。法院赴上述二单位进行了调查，全国皮革工业标准化技术委员会秘书长赵某及国家皮革制品质量监督检验中心副主任田某均称上述箱包确系2003年检验后存于检验中心仓库。但法院在勘验箱包中发现，该箱包确实多处载有涉案商标，但拉开拉杆看到拉杆上印有的涉案商标标注有“®”，而本案在审理中查明，被告爱美德公司2005年3月才将涉案商标申请注册商标，2008年11月28日才获准注册，该商标以加“®”注册商标的形式出现在被告爱美德公司所称的2003年产品上与法律规定及常理不符。在后续调查中，国家皮革制品质量监督检验中心副主任田某认识到问题的严重性，向法院承认，其所作证言系受全国皮革工业标准化技术委员会秘书长赵某教唆，系不实证言，涉案箱包实为赵某2014年交由其中心放进仓库的，该中心经办人办公室主任到庭予以证实。该中心相关负责人及工作人员亦到庭称，该出具的证明并非代表中心意志，实际可能系全国皮革工业标准化技术委员会秘书长赵某利用工作关系，私自要求该中心工作人员盖章出具的。

（二）裁判结果

北京市大兴区人民法院生效裁判认为：被告爱美德公司提交的为证明其就涉案商标使用在先的数10份证据均不能予以采信，被告爱美德公司侵犯了原告旅游卫视台标的著作权。

法院于2015年4月14日作出民事判决：被告爱美德公司停止侵权并赔偿原告经济损失200万元。同时，大兴区人民法院认定被告爱美德公司提交的上述多份关键证据系虚假证据，全国皮革工业标准化技术委员会出具虚假证言，上述行为情节较为恶劣，严重妨碍民事诉讼，根据《民事诉讼法》的相关规定对上述二单位分别罚款100万元和10万元，并对全国皮革工业标准化技术委员会的直接责任人员该协会秘书长赵某处以1万元罚款。

一审宣判及罚款决定作出后，被告爱美德公司就判决提起上诉，被告爱美德公司、全国皮革工业标准化技术委员会、赵某分别就罚款决定申请了复议。北京知识产权法院于2015年11月4日作出民事判决：驳回上诉，维持原判，同时也就上述罚款决定作出复议决定，维持原决定。

（三）典型意义：诚信诉讼

本案是2012年新《民事诉讼法》实施后，北京地区法院对不诚信当事人作出的首起顶格罚款案件，罚款总额为111万元，也是全国单起案件罚款总额最高的案件。新修改的《民事诉讼法》将对个人的罚款最高金额由1万元提升至10万元，对单位的罚款最高金额由30万元提升至100万元。本案被告爱美德公司提交多份关键虚假证据，且在在先证据被发现系伪造后继续变本加厉提交虚假证据及证言，上述证据如未被发现系伪造，很有可能导致原、被告利益出现重大反转。被告上述行为严重违反诚信精神，干扰法院诉讼秩序，浪费司法资源、损害对方当事人权益，无视法院司法权威，行为极其严重，由此大兴区人民法院对其处以最高金额100万元的罚款。

2015年1月30日公布并实施的《最高人民法院关于适用〈中华人民共和国民事诉讼法〉的解释》第一百一十九条、一百八十九条规定，证人出庭作证应当签署诚信诉讼保证书，签署诚信诉讼保证书后作虚假证言，妨碍人民法院审理案件的，人民法院可以予以罚款、拘留，构成犯罪的，依法追究刑事责任。本案全国皮革工业标准化技术委员作为一个全国性的行业组织，在签订诚信诉讼保证书后为与其有业务往来的被告爱美德公司出具虚假证据及证言，严重干扰司法秩序。故大兴区人民法院依据《民事诉讼法》及其上述解释的规定，对该协会处以10万元罚款。

《民事诉讼法》第一百一十一条第二款规定，对于违反诚信诉讼的单位，可以对其主要负责人或者直接责任人员予以罚款、拘留；构成犯罪的，依法追究刑事责任。本案全国皮革工业标准化技术委员秘书长赵某，作为代表该单位伪造上述证据、出具虚假证言的直接责任人员，应当就其违法行为承担相应的责任。故大兴区法院依据上述法律规定对其处以1万元罚款。

在建设法治社会的今天，不诚信诉讼行为严重影响司法秩序、损害相对方利益，应当依法予以处罚，以维护法治和司法的权威。大兴区人民法院依据《民事诉讼法》及其解释的上述规定，作出以上罚款处罚。

（**责任编辑** 杨 奕）

北京某集团总医院申请执行陈某春医疗服务合同纠纷案

（一）基本案情

2011 年 8 月 29 日，被告陈某春因交通事故受伤进入原告北京某集团总医院住院治疗，于同年 9 月 22 日出院。2011 年 10 月 11 日，被告陈某春因“左下肢肿痛一周”入住原告骨科病房，入院初步诊断为：“左下肢深静脉血栓形成 DYT、左膝关节镜术后。”经治疗后检查，被告陈某春左下肢深静脉血检部分血管再通，关节活动度伸直 0 度，屈曲达 90 度。自 2012 年 3 月 25 日起至同年 7 月 18 日，原告北京某集团总医院先后 20 余次通知其出院，但被告陈某春拒绝出院，仍然占用原告北京某集团总医院骨科病房第 34 床。自 2012 年 7 月 18 日，原告北京某集团总医院为被告陈某春办理了出院手续，日自该日起至今，原告北京某集团总医院未再对被告陈某春进行住院治疗。

根据本案查明的事实，法院认为被告陈某春的行为严重干扰了北京某集团总医院正常医疗秩序，侵害了原告北京某集团总医院的合法权益，影响了其他公民公平地享受医疗服务的权利，并于 2014 年 12 月 10 日作出民事判决：陈某春于本判决生效之日起 7 日内将位于北京市门头沟区黑山大街 × 号的原告北京某集团总医院骨科病房 34 床腾退给原告北京某集团总医院。

后陈某春未自动履行上述生效判决，北京某集团总医院现申请强制执行。

（二）执行情况

执行期间，执行法官先后 6 次到医院做陈某春自动履行的思想工作，但其始终不予配合，其妻扬言闹事、拍照录音。鉴于陈某春拒不履行法律义务，法院于 2015 年 2 月 10 日组织强制执行，将陈某春搬离病床，妥善安排至其居所，并对在执行现场妨碍法院执行的两案外人采取司法拘留措施，确保这起案件的顺利执行。

（三）典型意义：公序良俗

本案充分体现了执行工作的强制性，树立了法院的司法权威，弘扬了正确的社会价值导向。在近年来医患关系紧张的社会背景下，类似于本案的病人霸占病床、拒绝出院的现象并不罕见，已经成为“社会顽疾”。本案的典型意义就在于通过司法执行的途径，在法律途径下破解霸占医院病床的难题，为此类案件的执行提供了操作范本，倡导了在法治体系下解决矛盾纠纷的社会导向。

在该案件的强制执行过程中，本院认真贯彻高效、规范、公开、文明执行的指导思想，遵照最高人民法院党组书记、院长周强关于执行工作应坚持“一性两化”的要求，以维护生效法律文书的效力，维护当事人合法权益和社会公共利益为出发点。一方面，勇于迎难而上，坚决执行，规范执行；另一方面，积极做好风险防控和强制执行方案，确保案件执行的社会效果和法律效果。在执行过程中，用足、用好、用活强制执行措施，坚决依法采取罚款、拘留等强制措施，严厉打击抗拒执行、阻碍执行甚至暴力抗法的行为；通过邀请人大代表、政协委员、人民陪审员到场监督，邀请新闻媒体进行现场报道，增强法院执行工作的参与度和透明度，赢得公众的理解和社会舆论的支持。

本案的顺利执行，也为积极构建社会各方力量参与的解决医患矛盾体系提供了契机和动力，对推进整个社会的法治意识具有积极的作用。

（**责任编辑　杨　奕**）

某小区业主委员会诉邓某某物业服务合同纠纷案

（一）基本案情

2008年4月23日，某小区业主委员会成立，并在所在地镇政府进行备案。2011年6月21日，该小区新一届业主委员会选举产生，并在所在地镇政府备案。2011年，该小区业主委员会开始对小区自行管理，同年制定了《自治管理办法（试行）》，明确了自治管理的范围、内容及收费标准等。邓某系该小区业主，其没有按照业主委员会确定的收费标准及收费时间交纳物业服务费用。该小区业主委员会遂将邓某起诉至法院，要求其交纳拖欠的物业服务费用。

案件审理过程中，邓某辩称：本案为物业服务合同纠纷，有权主张要求业主支付物业管理服务费的应当是与业主建立物业服务合同关系的物业管理企业。原告作为小区的业主委员会，其成立未经过小区业主表决，亦不是合法的物业管理企业，其作为原告起诉被告主体不适格。

（二）裁判结果

北京市怀柔区人民法院生效裁判认为：《物权法》规定，业主可以自行管理建筑物及其附属设施，也可以委托物业服务企业或者其他管理人管理。由此可见，法律赋予业主对所居住的小区的物业管理予以选择的权利，业主有权对所居住小区进行自治管理。本案中，原告某小区业主委员会受业主大会的委托负责该小区的物业服务，并制定了《自治管理办法（试行）》，其与业主之间形成了物业服务法律关系。作为小区业主，被告在接受了相应的物业服务后应该按时交纳物业服务费用。被告以原告主体不适格的辩称意见未被采纳。

法院于2012年10月24日作出判决：被告邓某给付原告某小区业主委员会物业服务费120元。

（三）典型意义：诚实守信

本案中双方争议的焦点是业主委员会是否是本案的适格主体。近几年，由于传统物业公司与业主之间的矛盾激化，业主不满意物业公司的服务不按时交纳物业管理费，物业公司收费率低，无法维持公司正常运营，最终撤出小区管理，或是业主不满物业公司的服务而将其“赶”出小区。这就造成小区无人管理的情况，为维护整洁、安全、和谐的小区环境，就出现了业主委员会自行管理小区的情况。目前，我国并没有一部专门的物业管理法律。在审理物业服务合同纠纷案件时，法院主要依据《物业管理条例》及《物权法》的相关规定。但这些法律对于类似业主委员会自管这种物业模式都没有明确的规定。在立案、审理、执行等各个环节都会遇到问题，也加大案件审理难度。我们认为，根据《物权法》第八十一条的规定，业主可以自行管理建筑物及其附属设施，也可以委托物业服务企业或者其他管理人管理。由此可见，法律赋予业主对所居住的小区的物业管理予以选择的权利，业主有权对所居住小区进行自治管理。出于保护当事人合理诉求的考虑，同时，业主委员会自管小区有利于营造舒适安全的环境，有利于维护小区和谐稳定的角度考虑，我们对现阶段业主委员会自管模式中业主委员会的主体资格予以认定。

（**责任编辑** 杨 奕）

唐某某诉唐某甲等五子女赡养纠纷案

（一）基本案情

原告唐某某出生于1924年8月，现年90岁。被告唐某甲、唐某乙、唐某丙、唐某丁、唐某戊等5人系原告唐某某的子女。原告与妻子郑某某现因年老而无劳动能力，每月仅享有200元老年补贴及50元移民费，合计每月收入250元，无其他收入来源。日常生活、疾病医疗等均需要唐某甲等5子女照顾和赡养，但由于5子女之间就赡养事宜不能达成一致意见，致使原告及妻子郑某某的赡养事宜始终不能得到具体实现。为此，亭口村、天目山镇等部门也多次协调，但都未有结果。故原告唐某某于2015年5月14日向法院起诉，要求唐某甲等5人履行赡养义务，每月支付赡养费1000元，共同承担原告起诉日后的医疗费等开支。

被告唐某甲等5人分别提出如承担赡养义务，需分割父母名下的田地、确定赡养费用管理人等要求。

（二）裁判结果

浙江省临安市人民法院生效裁判认为：赡养老人是中华民族传统美德，也是法律规定的子女应尽的义务。现原告唐某某年事已高，已丧失劳动能力，依法享有要求子女支付赡养费的权利，作为成年子女，不得以任何理由对赡养义务附加任何条件。原告每月虽有250元补贴收入，但综合考虑当地的生活消费性支出及当事人的实际情况，原告要求五被告共同承担赡养费（包括今后的医疗费用）的诉讼请求，符合法律规定，本院予以支持。

法院判决：自2015年5月起，被告唐某甲等5人每人每月各应支付原告唐某某生活费200元。

（三）典型意义：家庭美德

当今农村的经济条件越来越好，政府养老政策也比较健全，但在农村地区，赡养纠纷仍时有发生。一部分原因在于一些农村地区仍有“儿子养老”的老观念存在，认为女儿、女婿为外姓人，可以不承担养老义务。但法律规定子女都有赡养父母的义务，女儿并不会因为出嫁就不需要赡养自己的父母。还有一些子女为赡养义务附加条件，如将赡养和分家产等问题联系在一起，分不到父母财产的子女即不履行赡养义务。但事实上，赡养是法定的义务，子女不能以任何理由来免除其应该尽到的赡养义务。因为本案在农村地区具有一定的典型意义，在审理时，法院特别选定在村文化礼堂进行巡回审判，安排法官当场进行判后释疑。庭审活动吸引了当地数百名村民参加旁听，达到了审理一案、教育一片的效果。

（责任编辑　杨　奕）

邓某某诉某速递公司、某劳务公司一般人格权纠纷案

（一）基本案情

某劳务公司在某同城网站上发布招聘信息，标题为“某速递员 3000 加计件”，任职资格：男。邓某某遂在线投递简历申请该职位，并于 2014 年 9 月 25 日到某速递公司进行了面试。邓某某主张其面试后并在某速递公司酒仙桥营投部试干了两天。邓某某称，根据试干结论，双方达成于同年 10 月 8 日签约的意向，某速递公司酒仙桥营投部主任戴某要求其先做入职体检，因此，花费体检费 120 元。邓某某就此提交 2014 年 9 月 28 日其与戴某的谈话录音以及体检报告予以佐证。邓某某表示因 10 月 8 日未能签约，故其于同年 10 月 16 日给某速递公司人事专员打电话询问戴某的联系方式，后戴某让其联系李某。10 月 19 日邓某某给李某打电话询问不能签合同的原因，李某确认因为邓某某是女性所以某速递公司不批准签合同。邓某某就此提交 2014 年 10 月 19 日其与李某电话通话录像复制件予以证明（诉讼中，邓某某申请对该录像中画面是否经过剪辑修改、录音是否经过剪辑修改进行鉴定，邓某某交纳鉴定费 6450 元）。2015 年 3 月 31 日，邓某某向北京市长安公证处申请保全某劳务公司在其官网上发布快递员招聘单位及条件的网页，花费公证费 1000 元。邓某某称其应聘的快递员一职并不属于不适合妇女的工种或岗位，但某速递公司、某劳务公司仅因为邓某某是女性就表示不予考虑，导致邓某某受到了就业性别歧视。邓某某自从被拒后一直没有找到一份满意的工作，情绪低落、沮丧、失眠，邓某某受歧视、遭排挤的心理阴影难以消除。综上，邓某某请求判令：某速递公司、某劳务公司向邓某某以书面形式赔礼道歉，连带赔偿邓某某入职体检费用人民币 120 元、公证费用人民币 1000 元、精神损害抚慰金人民币 5 万元、鉴定费 6450 元。

某速递公司认为：（1）自己不存在歧视邓某某就业的客观条件，也无歧视邓某某就业的实际行为。广告不是其公司发布的，也从未委托某劳务公司发布此类广告。如果该广告存在就业性别歧视，应当由某劳务公司承担责任。假设邓某某提供的证据都是真实的，但公司员工没有一句是对女性就业的歧视。（2）投递员是法律法规禁止女性从事的负重体力劳动。关于女职工劳动保护，我国法律法规中也有规定，包括《劳动法》《女职工劳动保护特别规定》《女职工禁忌劳动的范围》《邮电女职工劳动保护规定实施细则》中均有规定。

某劳务公司认为：本公司与某速递公司签订了《劳务派遣协议》，由本公司为某速递公司提供劳务派遣服务。关于某同城网站登载的广告，系本公司自行发布的，未向某速递公司通报。如广告有违法情况，本公司愿承担全部法律责任。

（二）裁判结果

北京市顺义区人民法院生效裁判认为：戴某作为某速递公司酒仙桥营投部主任，在招录人员上显然能够代表某速递公司。邓某某在某速递公司面试后，戴某已经代表某速递公司表明其有意愿聘用邓某某，虽然聘用形式是直接聘用还是劳务派遣在2014年9月28日谈话中并未明确，但能够肯定的是某速递公司给予邓某某获得在某速递公司担任快递员的机会。在邓某某未能如期签约的情形下，戴某告知邓某某联系李某，且李某在电话中亦表明邓某某的应聘资料在其处，故法院认定李某能够代表某速递公司。某速递公司在答辩意见中所援引的相关规定并不能证明快递员属于国家规定的不适合妇女的工种或者岗位。对于邓某某询问丧失应聘机会的原因是否因其为女性时，李某作出肯定的答复，能够证明某速递公司拒绝聘用邓某某的原因在于其为女性，侵犯了邓某某平等就业的权利。某速递公司对其侵权行为给邓某某造成的合理损失应予以赔偿。

某劳务公司虽然在其网站上及在某同城网站上发布的涉诉岗位的招聘信息均表明任职资格为男性，但某劳务公司并未因邓某某系女性而拒绝提供就业机会，仍通知邓某某进行面试。本案中，邓某某并未举证证明某劳务公司对其实施了就业性别歧视的行为，故邓某某要求某劳务公司承担责任，法院不予支持。邓某某主张赔偿公证费用，缺乏依据，法院不予支持。

某速递公司不认可邓某某提交的体检报告部分内容的真实性，但未提交反驳证据，法院对其真实性予以采信。邓某某虽未提交体检费票据，但体检系应某速递公司的要求，且邓某某提交了体检报告，邓某某主张的入职体检费用符合一般市场行情，法院予以支持。鉴定费系邓某某为维权产生的合理费用，应由某速递公司予以赔偿。

某速递公司对邓某某实施了就业歧视，给邓某某造成了一定的精神损害，故法院结合某速递公司在此过程中的过错程度及给邓某某造成的损害后果酌情支持邓某某精神损害抚慰金 2000 元。邓某某所提某速递公司书面赔礼道歉的请求，依据不足，不予支持。

北京市顺义区人民法院于 2015 年 10 月 30 日作出民事判决：一、某速递公司于本判决生效之日起 7 日内赔偿邓某某入职体检费用 120 元、精神损害抚慰金 2000 元、鉴定费 6450 元；二、驳回邓某某的其他诉讼请求。宣判后，邓某某及某速递公司向北京市第三中级人民法院提起上诉，北京市第三中级人民法院于 2016 年 2 月 23 日作出民事判决：驳回上诉，维持原判。

（三）典型意义：社会公德

实行男女平等是国家的基本国策。《宪法》《妇女权益保障法》均规定妇女在政治的、经济的、文化的、社会的和家庭的生活等各方面享有同男子平等的权利，而《劳动法》《就业促进法》进一步具体规定劳动者就业，不因民族、种族、性别、宗教信仰不同而受歧视，妇女享有与男子平等的就业权利；在录用职工时，除国家规定的不适合妇女的工种或者岗位外，不得以性别为由拒绝录用妇女或者提高对妇女的录用标准。但现实生活中，考虑到女性特殊的生理性原因，妇女需要生育、哺乳以及有生理期等，招聘单位往往以较为隐蔽的方式（比如，以只接收简历不通知面试或专业不对口等非性别原因掩盖核心的性别原因）拒绝录用女性，使得女性在就业时因性别而遭受歧视。由于应聘者和招聘单位地位不对等、信息不对称使得应聘者很难获取招聘单位实施就业性别歧视的证据，即便掌握了相关证据，出于诉讼成本及效益等方面的考虑，应聘者未必拿起法律武器维护自己的权益。

本案中，应聘者通过搜集证据形成证据链，能够证明某速递公司在已表明愿为其提供担任快递员机会并签约的情形下，又予以反悔，拒绝录用应聘者，构成就业性别歧视。在招聘单位仅仅以性别原因拒绝录用应聘者的情况下，招聘单位就构成了侵权，对由此而给应聘者造成的直接经济损失应予以赔偿，同时招聘单位的拒录行为客观上也给应聘者造成了一定的精神损害，对于应聘者主张的精神损害抚慰金可根据招聘单位的过错程度以及对应聘者造成的损害后果酌情确定。对实施就业性别歧视的单位通过判决使其承担民事责任，不仅是对全体劳动者的保护，营造平等、和谐的就业环境，更是对企图实施就业性别歧视的单位予以威慑，让平等就业的法律法规落到实处，起到规范、引导的良好作用。

（**责任编辑** 杨　奕）

华波与王士波、王希全生命权纠纷执行案

（一）基本案情

2014 年 7 月 6 日晚 6 时，华波与丈夫徐某某在地里看守木耳时，王士波醉酒闹事，徐某某与被告发生了口角，王士波用手中的锄头将华波的丈夫徐某某打倒，徐某某住院 2 天后不治身亡。王士波经法定程序鉴定为分裂性精神病，无刑事责任能力。2014 年 9 月 2 日，黑龙江省伊春市汤旺河区人民法院决定对王士波强制医疗。华波于 2014 年 8 月 25 日到法院提起诉讼，追究王士波及其监护人王希全民事赔偿责任，要求赔偿各项损失共计 152000 元。

（二）裁判结果

公民的生命权受法律保护，王士波系无行为能力人，无故殴打他人致人死亡，其民事赔偿责任应由其监护人王希全承担，故判决被告王士波及监护人王希全赔偿华波各项损失 152000 元。判决生效后王希全逾期未履行。按规定经过多方工作确实无财产可供执行的案件，可以中止执行。经法院研究，本案申请人的情况符合司法救助规定的救助范围，便向申请人释明有关司法救助规定。申请人对法院的建议表示认可，提交了司法救助申请。经过向当地政法委员会以及林业局请示汇报，取得了当地政法委员会和林业局的支持。向华波发放 3 万元的司法救助金，但由于这些救济款除去还外债所剩无几，只能解决眼前问题，华波的今后生活问题还是没有解决。法院又积极与当地民政部门沟通协调，将其纳入为低保户，为其办理了最低生活保障救助金。

（三）典型意义：友善互助

考虑此案的发生确实导致申请人的生活困难，法院不能放任不管。要对申请人受到的心灵创伤给予抚慰，同时体现社会主义公平正义价值观。

（**责任编辑** 杨 奕）

五、案例精析

编者按 各级人民法院坚持“反映审判全貌，总结审判经验，服务审判工作”的编辑方针，突出“真实、全面、及时、说理”编辑特色，报送了一批具有典型性、新类型、重大疑难复杂案例，对指导审判业务、宣传国家法制、预防和化解社会矛盾纠纷，促进法学教育与理论研究作出了积极努力。《人民法院案例选》将继续坚持这一优良传统，并通过中国应用法学研究所责任编辑撰写编后补评等方式，对判决和评析中虽未提及但比较重要的或评析不充分的问题，进行补充评析，以期达到总结经验教训、指导审判业务、促进理论研究的目的。

刑　事

付和翔盗窃案

——协助抓捕因证据不足不起诉的犯罪嫌疑人不构成立功

关键词：协助抓捕　检举、揭发他人犯罪行为　立功　证据不足不起诉

【裁判要旨】

犯罪分子协助司法机关抓捕其他犯罪嫌疑人，但该犯罪嫌疑人后来因证据不足不起诉的，不属于检举、揭发他人犯罪行为，不能认定为立功。

【相关法条】

《中华人民共和国刑法》第六十八条　犯罪分子有揭发他人犯罪行为，查证属实的，或者提供重要线索，从而得以侦破其他案件等立功表现的，可以从轻或者减轻处罚；有重大立功表现的，可以减轻或者免除处罚。

第二百六十四条　盗窃公私财物，数额较大的，或者多次盗窃、入户盗窃、携带凶器盗窃、扒窃的，处三年以下有期徒刑、拘役或者管制，并处或者单处罚金；数额巨大或者有其他严重情节的，处三年以上十年以下有期徒刑，并处罚金；数额特别巨大或者有其他特别严重情节的，处十年以上有期徒刑或者无期徒刑，并处罚金或者没收财产。

【案件索引】

一审：湖南省长沙市天心区人民法院（2015）天刑初字第 128 号（2015 年 3 月 23 日）

【基本案情】

辩护人辩称：被告人协助公安机关抓获其他犯罪嫌疑人，应当认定为有立功表现。

法院经审理查明：2014 年 11 月 12 日 9 时许，被告人付和翔至本市天心区南湖路天龙花园门口时，发现被害人曾某停放于人行横道的 1 台后备箱装有 1440 袋口香糖的黑色立马电动车上留有钥匙，被告人付和翔即将该台电动车盗走。事后，被告人付和翔以 450 元的价格将 685 袋口香糖销赃给周乾凤。被告人付和翔被抓获后，公安民警为了追回被盗赃物，在被告人付和翔的指认下抓获了涉嫌掩饰、隐瞒犯罪所得的犯罪嫌疑人周乾凤。经公安机关侦查并移送审查起诉，长沙市天心区人民检察院经退回补充侦查，该院仍然认为公安机关认定的犯罪事实证据不足，不符合起诉条件，于 2015 年 3 月 6 日对被不起诉人周乾凤作出因证据不足不起诉的决定。

经司法鉴定，被盗黑色立马电动车价值人民币 2744 元，所盗口香糖价值人民币 7970 元。

被告人付和翔于 2014 年 11 月 18 日被抓获，归案后如实供述自己的罪行。案发后，被告人付和翔亲属赔偿被害人曾某人民币 2800 元并取得了被害人的谅解。公安机关追回 685 袋口香糖发还给被害人。

【裁判结果】

湖南省长沙市天心区人民法院于 2015 年 3 月 23 日作出（2015）天刑初字第 128 号刑事判决：被告人付和翔犯盗窃罪，判处有期徒刑七个月，并处罚金人民币 1 万元。一审宣判后，被告人未上诉，公诉机关也未抗诉，该判决已经发生法律效力。

【裁判理由】

法院生效裁判认为：被告人付和翔以非法占有为目的，趁失主不备秘密窃取其数额较大的财物，其行为已构成盗窃罪。长沙市天心区人民检察院指控被告人付和翔犯盗窃罪的事实及罪名成立。被告人付和翔能如实供述自己罪行，可从轻处罚。被告人付和翔的亲属已对被害人给予赔偿，并得到了被害人的谅解，可酌情从轻处罚。被告人付和翔被抓获后，公安民警为了追回被盗赃物，在被告人付和翔的指认下抓获了涉嫌掩饰、隐瞒犯罪所得的犯罪嫌疑人周乾凤，但周乾凤因证据不足不起诉，其行为未被认定为犯罪，故不能认定被告人付和翔有立功情节。

【案例注解】

被告人付和翔按照公安机关的安排，当场指认涉嫌掩饰、隐瞒犯罪所得的犯罪嫌疑人周乾凤，公安机关据此将犯罪嫌疑人周乾凤抓获。这虽然符合《最高人民法院关于处理自首和立功若干具体问题的意见》（以下简称《意见》）第五条规定的“协助司法机关抓捕其他犯罪嫌疑人”。但是，认定被告人是否立功不仅要满足协助司法机关抓捕其他犯罪嫌疑人这一行为条件，还应该满足被协助抓获的犯罪嫌疑人的犯罪行为要经查证属实这一结果条件。这点在《刑法》第六十八条中有明确规定，即犯罪分子有揭发他人犯罪行为，查证属实的。查证属实应当是阶段性的查证属实，不能一概要求依据法院审理阶段的刑事判决。实践中，对立功对象的判决可能会间隔较长时间，若一味强调只有人民法院判决才能确定立功对象的犯罪行为是否查证属实，无疑会错过对立功者在量刑上从宽的机会，不利于保证犯罪人正当权利。具体来说，在侦查阶段的查证属实至少需要立案决定书、逮捕决定书、侦查终结报告、起诉意见书等材料的一项或几项。公诉机关审查起诉阶段的查证属实则需要分情况。同时《意见》第六条规定：“被告人检举揭发或者协助抓获的人的行为构成犯罪，但因法定事由不追究刑事责任、不起诉、终止审理的，不影响对被告人立功表现的认定。”刑事诉讼中的不起诉有法定不起诉、酌定不起诉、存疑不起诉、附条件不起诉四种。在犯罪事实查证属实的前提下，因法定事由不起诉应包括酌定不起诉、附条件不起诉两种，而证据不足不起诉说明犯罪嫌疑人犯罪事实未经查证属实。《意见》适用的前提是被检举揭发或者协助抓获的犯罪嫌疑人犯罪行为查证属实但因法定事由不起诉的情况。本案中，付和翔协助司法机关抓捕周乾凤，但周乾凤因证据不足而被不起诉，犯罪行为并未查证属实。因此，虽然付和翔协助司法机关抓捕其他犯罪嫌疑人，但不应认为其协助抓捕行为构成立功。故辩护人提出的被告人有立功情节的辩护意见本院不予支持。

（**一审法院独任审判员** 刘 煜
编写人 湖南省长沙市天心区人民法院 刘 煜
责任编辑 周维明
审稿人 沈 亮）

密禹故意杀人案

——因赌博纠纷杀人后窃取本人所输赌资行为的定性

关键词：赌博纠纷　故意杀人罪　赌资　盗窃

【裁判要旨】

行为人因赌博纠纷杀人后，窃取本人所输赌资的行为不构成盗窃罪，仅以故意杀人罪定罪处罚。

【相关法条】

《中华人民共和国刑法》第二百三十二条　故意杀人的，处死刑、无期徒刑或者十年以上有期徒刑；情节较轻的，处三年以上十年以下有期徒刑。

第二百六十四条　盗窃公私财物，数额较大的，或者多次盗窃、入户盗窃、携带凶器盗窃、扒窃的，处三年以下有期徒刑、拘役或者管制，并处或者单处罚金；数额巨大或者有其他严重情节的，处三年以上十年以下有期徒刑，并处罚金；数额特别巨大或者有其他特别严重情节的，处十年以上有期徒刑或者无期徒刑，并处罚金或者没收财产。

【案件索引】

一审：天津市第一中级人民法院（2015）一中刑初字第37号（2015年9月17日）

二审：天津市高级人民法院（2015）津高刑一终字第76号（2015年12月21日）

【基本案情】

法院经审理查明：2014 年 7 月份，被告人密禹经人介绍与被害人李某某相识，后密禹多次使用李某某提供的账号和密码进行网络赌博活动，输掉大量钱财。2014 年 12 月 6 日，密禹再次使用李某某提供的账号和密码进行网络赌博，并欠下 13 万元赌债。后李某某多次向密禹催要赌债，并要求密禹于同年 12 月 8 日还款。12 月 8 日上午，密禹与朋友驾驶牌照号为“津 JME5 × ×”的白色雪佛兰迈锐宝轿车前往河北省廊坊市，从其二姨父曹振顺处借得人民币 3 万元后返回本市。当日 14 时 30 分许，密禹独自驾车来到本市西青区李七庄街王兰庄花园李某某家中，密禹欲延期归还赌债，被李某某拒绝。密禹回到车内取出 4 万余元现金，并将车内一把长形尖刀藏在身上，返回李某某家中。密禹将 4 万余元现金交给李某某，李某某将大部分现金放入自己的单肩背包，剩余现金放在桌上。后二人因余款归还期限问题发生争执，李某某用桌上的现金砸密禹，密禹拿出尖刀，朝李某某胸腹部、背腰部等部位捅刺数十刀，致李某某因被刺破心肺、肝脏等，失血性休克死亡。行凶后，密禹将装有现金的背包拿走，逃离现场。后密禹发现背包内有一个钱包及两部手机（OPPO 牌黑色手机、小米牌白色手机），即将背包、钱包、手机及作案凶器尖刀等物品分别丢弃。案发后，李某某亲属报案。公安机关经侦查，于同日 23 时许将密禹抓获归案，涉案赌资 34800 元被收缴。

【裁判结果】

天津市第一中级人民法院于 2015 年 9 月 17 日作出（2015）一中刑初字第 37 号刑事判决：被告人密禹犯故意杀人罪，判处死刑，缓期二年执行，剥夺政治权利终身；对密禹限制减刑。一审宣判后，密禹提出上诉。天津市高级人民法院于 2015 年 12 月 21 日作出（2015）津高刑一终字第 76 号刑事裁定：驳回上诉，维持原判。

【裁判理由】

法院生效裁判认为：密禹因归还赌债的问题与被害人产生矛盾，后持刀捅刺被害人致死，其行为构成故意杀人罪。虽然密禹对已归还给被害人的所输 4

万余元窃走，但密禹对本人所输赌资“非法占有”的主观故意并非十分清晰。该4万余元原本系密禹所有，其作为赌资归还被害人后又窃走，其行为的危害对象仅限于赌博行为中的资金，危害范围也仅限于非法赌博的参与人员之间，危害程度更与社会上窃取他人财物的行为有很大的区别。因此，对密禹窃取自己所输赌资的行为不应认定为盗窃罪。综合本案的案发起因、密禹杀人的手段等具体情节，一审法院判处密禹死刑，缓期二年执行并限制减刑的量刑适当。故二审法院依法驳回上诉。

【案例注解】

本案一审期间，检察院在公诉中认为被告人密禹在杀死被害人后将已经归还的4万余元赌资拿走的行为构成盗窃罪，但一审法院认为罪名不成立。二审法院经审理认为，一审法院的处理是正确的。

虽然《刑法》及司法解释对被告人盗窃自己所输赌资的行为如何定性没有明确规定，但对于抢劫所输赌资的情形如何处理有相关的司法解释。《最高人民法院关于审理抢劫、抢夺刑事案件适用法律若干问题的意见》（以下简称《意见》）第七条规定：“抢劫赌资、犯罪所得的赃款赃物的，以抢劫罪定罪，但行为人仅以其所输赌资或所赢赌债为抢劫对象，一般不以抢劫罪定罪处罚。”

按照《刑法》的规定以及犯罪行为危害程度的对比，抢劫罪与盗窃罪相比，显然抢劫是重罪，盗窃是轻罪。按照“举重以明轻”的朴素法理，抢劫赌资在一定条件下可以不作为抢劫罪处理，那盗窃赌资在相似条件下更可以不作为盗窃罪处理。下面从几个方面进行分析：

一、从犯罪故意和危害程度方面分析

最高人民法院对《意见》第七条的规定解释为：对于仅以所输赌资或所赢赌债为抢劫对象的，行为人主观上对于所输赌资或所赢赌债的性质毕竟不像抢劫罪中对于他人财物的性质那样认识得清晰和明确，其主观故意的内容与抢劫他人财物有所不同，综合考虑其主观故意和客观危害性，一般可不以抢劫罪定罪处罚。[①]

① 最高人民法院刑事审判第一庭编：《现行刑事法律司法解释及其理解与适用》（上册），人民出版社2010年版，第760页。

我们认为，这样的规定是合理的。赌博参与人员实际占有赌资，但其占有的来源并不合法，缺乏法律根据，赌资与其原所有权人（参与赌博的另一方）仍然存在某种联系，当然这种联系不是法律意义上的联系，而是一般民众观念认识上的联系，被告人一般均认为所抢的赌资、赌债是应属于其个人所有的财产。因此，在认定赌博参与人员抢劫其所输赌资的行为时，应当根据案件的具体情况来认定，必须考虑到被告人的特定身份，犯罪对象直接针对被告人所输赌资，被告人主观上对于该类财产性质的认识不同于普通抢劫罪中对于“他人财物”的认识，被告人行为的危害性主要集中于特定的赌博参与人员之间等因素。故基于该类案件中被告人主观故意的内容与非法占有“他人财物”明显不同。因此，一般不应当认定为抢劫罪，即对于该类犯罪中抢劫特定财物的侵犯财产权益的行为一般不给予单独的刑法评价。

将该《意见》中对抢劫行为的认定推之于盗窃行为，亦可以考虑从行为人盗窃所输赌资的主观故意和社会危害程度的角度来认定。本案中，密禹主观上对于 4 万余元赌资“非法占有”的故意并非十分清晰。密禹认为该 4 万余元不是“他人财产”，而是自己的钱。另外，该 4 万余元原本系密禹所有，其作为赌资归还被害人后又窃走，其行为的危害对象仅限于赌博行为中的资金，危害范围也仅限于非法赌博的参与人员之间，危害程度更与社会上窃取他人财物的行为有很大的区别。因此，对密禹窃取自己所输赌资的行为不宜认定为盗窃罪。

二、从犯罪的时空条件和数额条件分析

对于《意见》中所指出的抢劫赌资、赌债一般不以抢劫罪定罪处罚的情形，在司法实践中有两个严格的限定条件：

一是时空条件。抢劫行为应当发生在赌博现场或与赌博行为在时间上、空间上具有紧密的接续性和邻接性，即应当具备“当场性”。

二是数额条件。抢劫的财物应该等于或者没有明显超出自己所输赌资或者所赢赌债的范围，即对数额要求“相当性”。

如前所述，盗窃赌资、赌债可以不作为盗窃罪处罚的情形也应具备这两个条件。本案中，密禹参与的网络赌博并非当场结算输赢、给付金钱，而是采取“先上分、后付钱”的方式。被害人向密禹提供其账户密码并进行上分，密禹则通过账号在网络上下注，如果输光分数则需支付被害人对应的金钱。因此，密禹参与网络赌博所产生的输赢结算是网络与现实交织在一起。案发当天，密禹向被害人偿还赌债的行为是赌博结算的一个环节，仍然处于整个赌博行为的

过程当中。因此，可以认定密禹杀人后将自己所输赌资拿走的行为具备时空上的“当场性”。

密禹杀人后将4万余元钱放入被害人的背包带离现场，后发现背包内还有钱包和手机。密禹供述其仅仅是想拿回自己的4万余元钱，并不想拿走被害人的钱包和手机，故将钱包、手机丢弃。首先，现有证据能够证明密禹供述的真实性和合理性，尚不能认定密禹对被害人钱包、手机具有非法占有的目的。其次，现有证据不能证明钱包内有财物，手机估价鉴定也仅有1900元，均无法达到盗窃罪入罪的数额标准。因此，密禹拿走的4万余元与其所输的赌资在数额上具有“相当性”。

三、从《刑法》的谦抑性来分析

《刑法》的谦抑性，是指《刑法》应依据一定的规则控制处罚范围与处罚程度，即凡是适用其他法律足以抑制某种违法行为、足以保护合法权益时，就不能将其规定为犯罪；凡是适用较轻的制裁方法足以抑制某种犯罪行为、足以保护合法权益时，就不要规定较重的制裁方法。[①] 总体而言，《刑法》的谦抑性体现在两个方面，即非犯罪化和非刑罚化。具体到司法实践中，对于某些符合犯罪构成，但具有特殊情节的行为可以不作为犯罪处理。这也正是《意见》第七条规定所蕴含的“谦抑性”所在。

本案当中，密禹在案发现场已将4万余元现金作为所输赌资交付给被害人。其认为应当偿还赌债，而且现金已经发生交付，所有权已经转移。其盗窃行为单纯从犯罪构成上看，已经完全符合盗窃罪的成立条件。如前所述，密禹窃取赌资的行为毕竟在危害程度和范围上与普通盗窃有很大区别，犯罪对象赌资本身也是非法赌博的产物，属于不受法律保护的财产。因此，从《刑法》谦抑性的角度出发，对于这种具备特殊情节的“犯罪行为”，还是不作为犯罪来处理较为妥当。

（**一审法院合议庭成员**　张　伟　王　彦　王光营
二审法院合议庭成员　李　颖　郝红鹰　王力欣
编写人　天津市高级人民法院　王力欣
责任编辑　周维明
审稿人　沈　亮）

---

① 张明楷：《论刑法的谦抑性》，载《法商研究》1995年4期。

杨小慧等非法获取计算机信息系统数据、非法控制计算机信息系统案

——通过预置软件的方式获取用户手机数据并向用户手机推送商业性电子信息行为的定性

关键词：手机　计算机信息系统　非法获取　非法控制　商业性电子信息

【裁判要旨】

被告人未经用户同意，向用户手机中预置具有获取用户手机位置、网络状态、安装其他应用程序以及上传手机收发短信、通话信息、通信录、GPS 定位信息等功能的软件，并通过操控后台服务器的方式，在用户不知情的情况下向用户推送软件、广告等商业性电子信息，达到“情节严重”标准的，构成非法获取计算机信息系统数据、非法控制计算机信息系统罪。

【相关法条】

《中华人民共和国刑法》第二百八十五条第二款　违反国家规定，侵入前款规定以外的计算机信息系统或者采用其他技术手段，获取该计算机信息系统中存储、处理或者传输的数据，或者对该计算机信息系统实施非法控制，情节严重的，处三年以下有期徒刑或者拘役，并处或者单处罚金；情节特别严重的，处三年以上七年以下有期徒刑，并处罚金。

【案件索引】

一审：北京市朝阳区人民法院（2014）朝刑初字第 01743 号（2015 年

1月29日）

二审：北京市第三中级人民法院（2015）三中刑终字第00288号（2015年6月19日）

【基本案情】

法院经审理查明：2010年7月，被告人杨小慧、陈新、罗真运、张炳等人在广东省深圳市成立深圳市安丰易联信息技术有限公司（以下简称安丰公司，住所位于广东省深圳市福田区，法定代表人陈新）；后杨小慧、罗真运等人又成立深圳市万丰博通信息技术有限公司（以下简称万丰公司，住所位于广东省深圳市福田区，法定代表人罗真运）；2011年5月，杨小慧在北京市成立北京麦德联合信息技术有限公司（以下简称麦德公司，住所位于北京市朝阳区望京新兴产业区利泽中园二区208号3号楼3509A室）。上述三家公司的经营范围包括计算机软件开发、网络技术开发、手机软硬件开发等。被告人马庆沐于2011年底在安丰公司任技术员，后于2012年底到麦德公司任技术员；被告人林伟东于2011年1月至2012年2月在安丰公司任技术员；被告人吴浩于2011年6月至2013年2月在麦德公司任技术员；被告人黄光侠于2012年9月至2013年8月在麦德公司任副总经理。

自2011年底起，被告人杨小慧、陈新、罗真运、张炳经商议后，授意被告人马庆沐、林伟东、吴浩、黄光侠研发“静默插件”，将该插件通过刷机的方式植入大量移动终端；杨小慧、张炳等人安排被告人祝春娟、杜雪梅通过后台服务端操控的方式向植入“静默插件”的移动终端推送软件、广告等商业性电子信息。经鉴定：涉案的“静默插件”具有在用户不知情的情况下，获取用户手机位置、用户手机网络状态、更改用户网络状态、删除用户手机内安装的应用程序、安装其他应用程序、通过手机网络访问互联网、强制关闭用户手机内正在运行的应用程序、获取当前用户手机内运行的应用列表、唤醒用户手机、读写用户存储卡等信息的功能；以及在用户不知情时，上传手机收发短信、通话信息、通信录、GPS定位信息的功能。经对涉案公司网站数据库进行勘查：被告人杨小慧等所经营的公司服务器内含有大量用户移动终端内的信息，其中被获取imsi（即国际移动用户识别码）的移动终端有206806部，被获取手机型号的移动终端有265970部，被获取手机号码的移动终端有44564部，被获取地址信息的移动终端有132168部，被获取软件安装列表的移动终端有196733部，被获取imei（即国际移动设备识别码）的移动终端有265991

部，被获取通讯录的移动终端有 102368 部，被获取的通讯录共 19426523 条。

【裁判结果】

北京市朝阳区人民法院于 2015 年 1 月 29 日作出（2014）朝刑初字第 01743 号刑事判决：被告人杨小慧犯非法获取计算机信息系统数据、非法控制计算机信息系统罪，判处有期徒刑三年六个月，罚金人民币 5 万元；判处被告人陈新、罗真运、张炳有期徒刑三年，罚金人民币 3 万元；判处被告人马庆沐有期徒刑二年，罚金人民币 3 万元；判处被告人黄光侠、吴浩有期徒刑一年六个月，罚金人民币 2 万元；判处被告人林伟东有期徒刑一年五个月，罚金人民币 2 万；判处被告人祝春娟、杜雪梅有期徒刑一年五个月，罚金人民币 1 万元。

一审宣判后，被告人杨小慧、陈新、张炳、罗真运、黄光侠均提出上诉，北京市第三中级人民法院于 2015 年 6 月 19 日作出（2015）三中刑终字第 00288 号刑事裁定：驳回杨小慧等 5 人的上诉，维持原判。

【裁判理由】

法院生效裁判认为：非法获取计算机信息系统数据、非法控制计算机信息系统罪是指行为人违反国家规定，实施了侵入普通计算机信息系统或采用其他技术手段，获取计算机信息系统数据，或者对计算机信息系统实施非法控制，达到情节严重的行为。本案中，被告人杨小慧、陈新、罗真运、张炳，以营利为目的，授意技术人员马庆沐、林伟东、吴浩、黄光侠研发、升级“静默插件”，安排祝春娟、杜雪梅通过后台服务端操控的方式向植入“静默插件”的移动终端推送软件、广告等商业性电子信息，从而非法获取计算机信息系统数据，实现对计算机信息系统的非法控制。上述 10 被告人的行为均已构成非法获取计算机信息系统数据、非法控制计算机信息系统罪。

关于被告人杨小慧及其辩护人、被告人陈新、张炳的辩护人所提本案被告人安装“静默插件”的行为没有违反国家规定，杨小慧、陈新、张炳的行为不构成犯罪的辩护意见。经查：根据《计算机信息系统安全保护条例》（以下简称《计算机保护条例》）的规定，任何组织或者个人，不得利用计算机信息系统从事危害国家利益、集体利益和公民合法利益的活动，不得危害计算机信息系统的安全。违反本条例的规定……构成犯罪的，依法追究刑事责任。根据

《全国人民代表大会常务委员会关于加强网络信息保护的决定》（以下简称《加强网络信息保护决定》）的规定，任何组织和个人未经电子信息接收者同意或者请求，或者电子信息接收者明确表示拒绝的，不得向其固定电话、移动电话或者个人电子邮箱发送商业性电子信息。对有违反本决定行为的……构成犯罪的，依法追究刑事责任。根据《最高人民法院、最高人民检察院关于办理危害计算机信息系统安全刑事案件应用法律若干问题的解释》（以下简称《办理危害计算机系统安全刑事案件的解释》）的规定，"计算机信息系统"是指具备自动处理数据功能的系统，包括计算机、网络设备、通信设备、自动化控制设备等。本案中，被告人杨小慧、陈新、张炳等人以营利为目的，共同商量决定研发"静默插件"，未经手机用户的同意，通过向用户手机（通信设备）预置"静默插件"的方式侵入计算机信息系统，非法获取身份认证信息，并在手机用户不知情的情况下向用户推送软件、广告等商业性电子信息，其行为已违反国家规定，构成非法获取计算机信息系统数据、非法控制计算机信息系统罪。故该辩护意见不予采纳。

关于被告人吴浩的辩护人所提公诉机关指控其所犯罪行"情节特别严重"不能成立，本案应认定为"情节严重"的辩护意见。经查：根据《办理危害计算机系统安全刑事案件的解释》第一条规定，获取网络金融服务以外的身份认证信息五百组以上或非法控制计算机信息系统二十台以上的，应认定为《刑法》第二百八十五第二款规定的"情节严重"；数量达到上述标准五倍以上的，应认定为"情节特别严重"。根据对涉案公司网站数据库进行远程勘验，综合全案证据，能够认定本案非法获取的计算机信息系统数据、非法控制的计算信息系统的数量，已远超出上述"情节特别严重"的标准，本案应认定为"情节特别严重"。故该辩护意见不予采纳。

关于被告人祝春娟的辩护人、被告人杜雪梅及其辩护人所提二被告人的行为不属于非法获取计算机信息系统数据的辩护意见。经查：被告人祝春娟、杜雪梅身为麦德公司的员工，知晓"静默插件"的运营模式，其中祝春娟负责市场推广，杜雪梅负责后台推送，二被告人的行为系整个犯罪活动的重要组成部分，非法获取计算机信息系统数据并不违背二被告人的主观意志，其与非法控制计算机信息系统紧密关联，不可分割。故该辩护意见不予采纳。

关于各被告人在共同犯罪中的地位和作用。本案中，被告人杨小慧等10人的行为属于一个完整的犯罪活动。被告人杨小慧、陈新、罗真运、张炳等四人作为决策者，在共同犯罪中起组织、领导作用，均系主犯，应当对全部犯罪活动承担刑事责任；其中杨小慧作用较大，其余三被告人作用相当。被告人马庆沐、黄光侠、吴浩、林伟东等四人作为技术人员，在杨小慧等人的授意下，参与研发升级“静默插件”，在共同犯罪中处于从属地位，均系从犯；其中马庆沐始终参与犯罪活动，作用较大；黄光侠、吴浩、林伟东在不同时间段参与犯罪活动，三被告人应对各自参与的部分承担刑事责任。被告人祝春娟、杜雪梅在张炳等人的安排下，负责市场推广，进行后台操控，在共同犯罪中起帮助作用，均系从犯。被告人杨小慧、陈新、罗真运、张炳、马庆沐、吴浩、祝春娟、杜雪梅归案后如实供述犯罪事实，其中被告人罗真运、张炳、马庆沐、吴浩、祝春娟、杜雪梅当庭自愿认罪，十被告人均系初犯，综合上述量刑情节，对被告人杨小慧、陈新、罗真运、张炳所犯罪行依法予以从轻处罚；对被告人马庆沐、黄光侠、吴浩、林伟东、祝春娟、杜雪梅所犯罪行依法予以减轻处罚，故作出上述判决。

【案例注解】

本案涉及非法获取计算机信息系统数据、非法控制计算机信息系统罪的司法认定。根据《刑法》第二百八十五条第二款（系《刑法修正案（七）第九条新增规定》）之规定，非法获取计算机信息系统数据、非法控制计算机信息系统罪是指违反国家规定，侵入国家事务、国防科技、尖端科学技术领域以外的计算机信息系统或采用其他技术手段，获取该计算机信息系统中存储、处理或者传输的数据，或者对该计算机信息系统实施非法控制，达到情节严重的行为。2011 年 9 月 1 日施行的《办理危害计算机系统安全刑事案件的解释》明确了“计算机信息系统”“身份认证信息”的内涵和外延，对“情节严重”“情节特别严重”、单位犯罪及共同犯罪作了明确规定。但是关于行为人侵入、控制计算机信息系统，以及获取计算机信息系统数据的具体行为方式，立法和司法解释并未明确列举释明，尤其是随着近年来随着互联网信息技术的快速发展，侵入用户手机等通讯设备进而获取相关手机数据，推送软件、广告等电子信息的行为时有发生，对这类案件的定性日益成为争议焦点和审判难点，亟需在司法实践中加以解决。本案系涉通讯设备终端的新类型网络犯罪案件，具有较强的典型性和指导性。本案重点探讨以下几个问题：

一、用户手机是否属于计算机信息系统

随着信息技术的发展，各类内置有可以编程、安装程序的操作操作系统的数字化设备广泛应用于各个领域，其本质与传统的计算机信息系统和计算机系

统已无差别。任何内置有操作系统的具备自动处理数据功能的设备都可能成为侵入、破坏和传播计算机病毒的对象，有必要将这些设备的安全纳入刑法保护范畴。《办理危害计算机系统安全刑事案件的解释》采用概括加列举的方式，将“计算机信息系统”“计算机系统”界定为具备自动处理数据功能的系统，包括计算机、网络设备、通信设备、自动化控制设备等，其中网络设备是指路由器、交换机等组成的用于连接网络的设备；通信设备包括手机、通信基站等用于提供通信服务的设备；自动化控制设备是指在工业中用于实施自动化控制的设备，如电力系统中的检测设备、制造业中的流水线控制设备等。① 当前，智能手机已成为手机市场的主流，使用日益广泛。智能手机具有独立的操作系统，独立的运行空间，可由用户自行安装软件、游戏、导航等第三方服务商提供的程序，并可以通过移动通讯网络来实现无线网络接入，它具有 PDA 的功能，具有开放性的操作系统，运行速度快，兼具人性化与个性化特点。从功能来看，智能手机与个人计算机已无本质差别，故用户手机属于计算机信息系统。

二、向用户手机预置静默插件的行为是否违反国家规定

根据《刑法》第九十六条的规定，《刑法》所称的违反国家规定，是指违反全国人民代表大会及其常务委员会制定的法律和决定，国务院制定的行政法规、规定的行政措施、发布的决定和命令。根据《计算机保护条例》的规定，任何组织或者个人，不得利用计算机信息系统从事危害国家利益、集体利益和公民合法利益的活动，不得危害计算机信息系统的安全。违反本条例的规定……构成犯罪的，依法追究刑事责任。根据《加强网络信息保护决定》的规定，任何组织和个人未经电子信息接收者同意或者请求，或者电子信息接收者明确表示拒绝的，不得向其固定电话、移动电话或者个人电子邮箱发送商业性电子信息。对有违反本决定行为的……构成犯罪的，依法追究刑事责任。根据上述法律、行政法规的规定，获取手机用户信息或者向手机用户推送商业性电子信息应当以向用户明示为原则，且必须征得用户的同意方可进行。

本案中的“静默插件”，是指在用户不知情的情况下，具备获取用户手机位置、用户手机网络状态、更改用户网络状态、删除用户手机内安装的应用程序、安装其他应用程序、通过手机网络访问互联网、强制关闭用户手机内正在

① 喻海松：《〈关于办理危害计算机信息系统安全刑事案件应用法律若干问题的解释〉的理解与适用》，载《人民司法》2011 年第 19 期。

运行的应用程序、获取当前用户手机内运行的应用列表、唤醒用户手机、读写用户存储卡等信息的功能的软件安装包。“静默插件”是在用户不知情的情况下植入的，它不可能满足用户事先同意的条件，因此，安装、使用“静默插件”的行为违反了上述国家规定。

三、向尚未出售的手机预置静默插件的行为能否认定为非法侵入计算机信息系统

根据《刑法》第二百八十五条第二款的规定，构成非法获取计算机信息系统数据、非法控制计算机信息系统罪的要件是行为人违反国家规定，侵入计算机信息系统或采用其他技术手段，获取该计算机信息系统中的数据，或对该计算机信息系统实施非法控制。非法侵入的常见方式是利用他人网上认证信息进入计算机信息系统，或者在计算机信息系统中植入木马后门程序，获取该计算机信息系统中存储、处理或者传输的信息数据。本案中，杨小慧等人通过“刷机”的方式，即通过一定的方式更改或替换手机中原本存在的一些语言、图片、铃声、软件或操作系统（通俗地讲即给手机重装系统）将自己研发的静默插件植入尚未出售的手机，这一行为能否认定为非法侵入计算机信息系统。手机作为最常用的通讯设备，属于计算机信息系统的范围，本案的特殊之处在于，“静默插件”的植入对象为尚未出售、使用的手机，这是否属于司法解释中规定的“通讯设备”。笔者认为，尚未出售的手机已经完全具备了自动处理数据功能的系统，且随时可以投入使用，并连通互联网，其与正在使用中的手机没有本质区别，属于司法解释中规定的“通讯设备”的范围。就本案而言，被告人事先向用户手机预置“静默插件”的行为是整个犯罪活动不可或缺的一个环节，不应将其限定在某一时段内孤立看待，而应视为非法获取手机数据、非法控制手机的准备行为，能够认定为非法侵入计算机信息系统。

四、涉案手机imei号码、用户通讯录、地理位置等信息是否属于非法获取计算机信息系统数据罪中的“数据”

本案被告人通过静默插件获取了用户手机imei号码（即国际移动设备标识、手机串号，是手机的唯一识别号码）、激活时间、用户所安装的软件数量、插件版本号、手机系统版本号、手机型号、用户通讯录、手机位置信息等数据，那么这些数据是否属于《刑法》第二百八十五条第二款所规定的“计算机信息系统数据”与计算机信息系统安全相关的数据中最为重要的是用于认证用户身份的身份认证信息（如口令、证书等），此类数据通常是网络安全的第一道防线，也是网络盗窃的最主要对象，特别是非法获取电子银行、证券交易、期货交易等网络金融服务的账号、口令等身份认证信息的活动非常猖獗，故应对身份认证信息予以重点保护。为此，《办理危害计算机系统安全刑事案件的解释》界定了“身份认证信息”，是指确认用户在计算机信息系统上操作权限的数据，包括账号、口令、密码、数字证书。从实践来看，数字签名、生物特征等都属于身份认证信息。基于保障计算机信息系统安全之考量，应对“数据”的范围进行当然性解释。具体就本案所涉手机数据来看，用户手机激活时间、用户安装的软件数量、插件版本号、手机系统版本号、手机型号等信息均属于计算机存储、处理的数据，反映了用户的个性化特征，具有一定的统计分析和商业价值，当然属于“数据”的范围。imei 号码是手机的唯一识别号码，具有识别确定手机使用人的功能；手机通讯录和地理位置信息则属于公民个人信息的范畴，涉及用户隐私，事关用户安全，更应受法律严格保护。

五、通过“静默插件”向手机用户推送软件、广告等商业性电子信息的行为能否认定为非法控制计算机信息系统

本案被告人预置“静默插件”的目的是为了向手机用户推送软件、广告等商业性电子信息，进而从网络运营商处谋取利益。那么，该行为能否认定为非法控制计算机信息系统呢？所谓非法控制，比较常见的是行为人利用网站漏洞将木马植入到网站上，在用户访问网站时利用客户端漏洞将木马移植到用户计算机上，或在互联网上传播捆绑有木马的程序或文件，当用户连接到互联网时，这个程序会通知黑客，来报告 IP 地址以及预先设定的端口。黑客在收到这些信息后，利用这个潜伏在其中的程序，可以任意地修改计算机的参数设定、复制视频、窥视整个硬盘中的内容等，从而达到控制计算机的目的。[①] 从“静默插件”的功能来看，其具有更改用户网络状态、删除用户手机内安装的应用程序、安装其他应用程序、通过手机网络访问互联网、强制关闭用户手机内正在运行的应用程序、唤醒用户手机等功能。这意味着在用户完全不知情的情况下，被告人可以通过后台服务器远程遥控用户手机自动下载相关软件。这一行为已实质上侵犯了用户对手机完整的支配权利，属于未经授权即对计算机

① 黄太云：《刑事立法的理解与适用：刑事立法背景、立法原意深度解读》，中国人民公安大学出版社 2014 年版。

信息系统实施控制的情形。因此，在未获允许的情况下，通过“静默插件”向手机用户推送软件、广告等商业性电子信息的行为，应当认定为非法控制计算机信息系统。

六、本案能否认定为犯罪“情节特别严重”

根据《办理危害计算机系统安全刑事案件的解释》第一条的规定，非法获取计算机信息系统数据或者非法控制计算机信息系统，具有下列情形之一的，应当认定为《刑法》第二百八十五条第二款规定的“情节严重”：（1）获取支付结算、证券交易、期货交易等网络金融服务的身份认证信息十组以上的；（2）获取第（1）项以外的身份认证信息500组以上的；（3）非法控制计算机信息系统20台以上的；（4）违法所得5000元以上或者造成经济损失1万元以上的……数量或者数额达到上述第（1）项至第（4）项规定标准五倍以上的，应当认定为“情节特别严重”。

本案中，远程勘验结果显示涉案公司服务器内含有大量用户移动终端内的信息，其中被获取imsi（即国际移动用户识别码）的移动终端有206806部，被获取手机型号的移动终端有265970部，被获取手机号码的移动终端有44564部，被获取地址信息的移动终端有132168部，被获取软件安装列表的移动终端有196733部，被获取imei（即国际移动设备识别码）的移动终端有265991部，被获取通讯录的移动终端有102368部，被获取的通讯录共19426523条，从以上数据可以看出被告人非法控制计算机信息系统数量之大，远远超出了“情节特别严重”所要求的100台的规定。从案发经过和社会危害来看：在整个作案过程中，手机用户均处于不知情的状态，如果不是警方主动介入，用户不会发现自己的手机被控制；杨小慧等人所获取的手机信息涉及个人隐私等公民个人信息，侵犯用户手机的数量达到数十万之众，危害范围广，社会影响大。综合全案证据，本案非法获取的计算机信息系统数据、非法控制的计算信息系统的数量，已远远超出上述“情节特别严重”的标准，故应认定为“情节特别严重”。

随着互联网信息行业的快速发展，涉及手机等移动通讯终端的网络犯罪案件日渐增多。在专业技术壁垒的掩护下，该类犯罪表现出极强的隐蔽性和专业性，往往犯罪行为已持续很久，但手机用户却毫不知情。鉴于这一新型网络犯罪的专业性和隐蔽性，我国亟需出台专门针对手机等通讯设备的网络犯罪立法或司法解释，对该类犯罪的行为模式、认定标准以及处罚方式作出明确的规定，以便于统一该类案件在审判实践中的裁判尺度，有利于规范相关从业者的市场行为，促进我国手机互联网行业的健康发展。

（**一审法院合议庭成员** 吴小军 丁 旭 黄士华
二审法院合议庭成员 冯 桢 李 丹 王庆刚
编写人 北京市高级人民法院 吴小军
北京市朝阳区人民法院 解 帅
责任编辑 周维明
审稿人 沈 亮）

王为杰非法处置查封的财产案

——非法处置查封的财产罪中“非法处置”的认定

关键词：非法处置查封的财产罪　重复评价　情节严重

【裁判要旨】

行为人在明知相关房产已被司法机关查封的情况下，仍予以非法处置，导致判决、裁定难以执行，而且在执行机构对其采取两次拘留后仍不予履行，情节严重的，构成非法处置查封的财产罪。

【相关法条】

《中华人民共和国刑法》第三百一十四条　隐藏、转移、变卖、故意毁损已被司法机关查封、扣押、冻结的财产，情节严重的，处三年以下有期徒刑、拘役或者罚金。

【案件索引】

一审：福建省厦门市思明区人民法院（2015）思刑初字第220号（2015年7月17日）

【基本案情】

福建省厦门市思明区人民检察院指控：2013年3、4月间，被告人王为杰因与陈明发、黄碰粉、庄朝锡债务纠纷先后被诉至厦门市思明区人民法院、厦门市湖里区人民法院。2013年4月3日、4月22日厦门市思明区人民法院、厦门市湖里区人民法院分别作出裁定查封王为杰名下的厦门市思明区洪文七里××号之二××室产权。2013年5月3日，王为杰通过其聘请的律师收悉上述思明区人民法院财产保全裁定书，在明知法院查封上述房产的情况下，与陈进益签订房屋买卖协议，并分两次共收取陈进益购房款共计300万元。此后，王为杰将其中65万元用于归还庄朝锡申请财产保全的债务。厦门市思明区人民检察院认为，被告人王为杰明知房产被法院查封而变卖，情节严重，其行为已触犯《刑法》第三百一十四条之规定，构成非法处置查封、扣押、冻结的财产罪。

被告人王为杰辩称：其是在不知道房产被查封的情况下签订的买卖合同，在知道被查封后收取首付款是为了能够清偿债务。如依据法律当认定其有罪，其自愿认罪。辩护人认为被告人王为杰不构成非法处置查封的财产罪，理由是：(1)王为杰买卖房产的行为发生在房产被查封之前；(2)王为杰与买方陈进益签订的《房屋买卖协议》不能成立变卖的事实，也不会减损房屋的价值，不符合该罪“情节严重”的情形；(3)王为杰无法还清债务在于司法机关将其已归还的款项混淆处理，且王为杰已因该行为被司法机关两次拘留，如若对该行为再定罪量刑则违反禁止重复评价原则。

法院经审理查明：2013年2月18日，被告人王为杰因与陈明发、黄碰粉债务纠纷被诉至本院，经陈明发、黄碰粉申请，本院于2013年4月3日作出裁定查封王为杰名下的厦门市思明区洪文七里××号之二××室产权。2013年9月9日，厦门市中级人民法院判决王为杰偿还陈明发、黄碰粉50万元及相应利息。经陈明发、黄碰粉申请，该案于2013年10月8日进入执行程序。2013年4月1日经厦门市思明区开元街道人民调解委员主持调解，王为杰同意赔偿陈明发、黄碰粉有关陈鑫祥的死亡补偿金70万元，除先行支付的6万元，剩余64万元于2013年10月30日前分期付清。2013年5月2日，陈明发、黄碰粉因王为杰未如期履行义务向本院申请强制执行。2013年5月2日，该案进入执行程序。2013年5月3日，王为杰在明知法院查封上述房产的情况下，与陈进益签订房屋买卖协议并分两次收取陈进益购房款共计300万元，但未向本院报告讼争房产出卖以及收取300万购房款的事实，而是谎称仍居住于讼争房产，且未能按期还款、故意躲避执行，截至2015年4月17日仅支付了453404.56元，所收取的300万购房款已花费殆尽，致使上述判决、裁定难以执行。

【裁判结果】

福建省厦门市思明区人民法院于2015年7月17日作出（2015）思刑初字第220号刑事判决：被告人王为杰犯非法处置查封的财产罪，判处有期徒刑一年二个月，并处罚金人民币1万元。一审宣判后，当事人未上诉，该判决已经发生法律效力。

【裁判理由】

法院生效裁判认为：查封是法律赋予人民法院的一项职权，人民法院一旦依法对当事人的财产采取了查封的强制措施，即具有法律约束力，非经人民法院依法定程序解除，任何组织、个人不得以任何理由处置被人民法院查封的财产。被告人王为杰在明知法院查封上述房产的情况下，与陈进益签订房屋买卖协议并分两次收取陈进益购房款，这一行为设定了新的债务关系，造成被采取查封措施的财产价值的严重贬损。而且王为杰始终未向法院报告讼争房产出卖事实，构成了非法处置。

被告人王为杰所收取的购房款高达300万元，由此产生新的债务关系，严重减损了该房产的现有价值，最终导致判决、裁定难以执行。而且王为杰未向法院报告讼争房产出卖以及收取300万购房款的事实，而是谎称仍居住于讼争房产，在执行机构对其采取两次拘留后仍不予履行。故意躲避执行且未能按期还款，除了支付453404.56元外，所收取的300万购房款已花费殆尽，属情节严重。

综上所述，被告人王为杰在明知相关房产已被司法机关查封的情况下，仍予以非法处置，其行为已侵害了司法机关财产保全措施的正常执行，扰乱了民事诉讼活动。被告人王为杰明知房产被法院查封而变卖，情节严重，其行为已构成非法处置查封的财产罪。辩护人的辩护意见不应采纳，公诉机关指控的该罪名成立，应予支持。

【案例注解】

本案控辩双方争议的焦点主要集中在以下三点：

一、签订房产买卖合同并收取定金的行为能否构成非法处置查封的财产罪中的“处置”

根据《刑法》第三百一十四条的规定，隐藏、转移、变卖、故意毁损已被司法机关查封、扣押、冻结的财产，情节严重的，构成非法处置查封、扣押、冻结财产罪。司法实践中，对本罪准确认定的关键在于对客观要件的理解，从《刑法》法条的字面含义可知，该罪的“处置”包括了隐藏、转移、变卖、故意毁损四种形态。所谓隐藏，是指将已被司法机关查封、扣押、冻结的财产隐蔽、藏匿起来，意图不使司法机关发现的行为。所谓转移，是指将已被司法机关查封、扣押、冻结的财产改换位置，从一处移至另一处，意图使司法机关难于查找、查找不到或者使其失去本应具有的查封价值的行为。所谓变卖，是指违反规定，将已被司法机关查封、扣押、冻结的财产出卖以换取现金或其他等价物的行为。所谓毁损，是指将已被司法机关查封、扣押、冻结的财产进行损伤、损毁，使之失去财物或者证据价值的行为。上述四种行为，司法实践中比较容易发生争议的主要是转移和变卖。

对于“转移”的含义，多数学者持“位移说”，将转移解释为将已被司法机关查封、扣押、冻结的财产改换位置，从一处移至另一处，使司法机关难以查找的行为。“位移说”并不能涵盖司法实践中所有的“转移”行为，可能会放纵犯罪。比如“位移说”无法妥善解释行为人转移被冻结的存款的行为。如果行为人虽然并不使财产发生空间上的位移，却改变了财产所有权主体，也应当认定为本罪中的“转移”。这样，既有利于严密刑事法网，避免刑法中不应有的漏洞。又符合“可能文义”的解释原则。所谓“转移”，在《现代汉语词典》（修订本）中有两个意思：一是改换位置，从一方移到另一方；二是改变。而改变的意义很广泛，签订买卖合同，财产所有权主体的变更当然应该视为是一种改变。

所谓变卖，是指将已被司法机关查封、扣押、冻结的财产以各种形式出卖给他人的行为。对于买卖动产来说，通常只要当事人意思表示一致，交付财产，即可视为买卖成立。但对于买卖不动产和一些特殊的动产（如汽车、船舶等），根据民法原理和法律有关规定，除需要当事人意思表示一致之外，还需要履行法定的手续，才能视为买卖有效成立，即所谓的“要式民事法律行为”。

就本案而言，首先，就被查封的房产签订房产买卖合同并收取定金的行为，显然不会使该房产发生“隐藏”“转移”或者“毁损”的法律后果，那么，被告人就已被司法机关查封、扣押的不动产，与第三人签订房产买卖合同并收取定金的行为，是不是属于《刑法》意义上的“变卖”。针对这一问题，可以归纳为没有办理法定手续，也没有实际完成交付，仅仅签订买卖合同并收取部分金额的行为是否应当认定“变卖”，实践中存在不同的观点，案件审理当中控辩双方也持有不同的观点：控方认为这就是一种变卖行为，而辩方则认为仅就查封房产签订《房屋买卖协议》不能成立变卖的事实。换言之，控方强调的是“变卖”的“行为”，即只要有“行为”，便符合该罪的客观要件。辩方则强调“变卖”的“结果”，即并不否认被告人存在“变卖”的“行为”，但认为因该“行为”无法成立“变卖”的“结果”，故仍不符合该罪的客观要件。双方的争议源于动产与不动产在物权变动的法定要件的区别，即对于动产物权的交易一般以物的实际交付为要件，而对于不动产和一些特殊的动产（如汽车、船舶等）的交易，除需要当事人意思表示一致之外，还需要履行法定的手续，才能视为买卖有效成立，即所谓的“要式民事法律行为”。由于本案被查封的财产为不动产，此时单纯地签订买卖合同并不会发生房产所有权的转移，也就是被告人的“变卖”行为并不会产生“变卖”的法律后果。就双方的争议而言，其实质是刑法理论界普遍存在的“行为无价值论”与“结果无价值论”之争。

在这个意义上，可以认为行为无价值论与结果无价值论在以下四个方面呈现对立。其一，违法性的本质是什么？究竟是法益侵害还是对行为规范、命令规范的违反？在行为并没有侵害法益的危险性时，能否仅根据行为的规范违反性进行处罚？其二，主观要素是否对违法性有影响？在成立犯罪之际，是否应将重点放在行为的故意、动机与目的等主观要素之上。换言之，违法判断的“静的对象”是主观的因素还是客观的因素？或者说，是否应承认主观的违法要素？其三，判断违法性的基准点、重点究竟在哪里，是行为还是结果。换言之，违法判断的“动的对象”是以行为为中心，还是以结果为中心。其四，违法性判断的逻辑是什么，是事前的还是事后的判断，判断的顺序是什么，是沿着行为——结果的顺序思考问题，还是根据结果进行反向判断，在这一点上，行为无价值论重视行为时，强调从行为到结果的“顺向”思维逻辑。结果无价值论则选择“逆向”思考。

就行为无价值论和结果无价值论的分歧而言，我们的基本观点如下：其一，违法性的本质是行为规范的违反。同时，侵害法益也是违法性判断的根据之一，在没有法益侵害或危险时，不能仅根据行为的规范违反性进行处罚。其二，应当承认主观的违法要素。其三，判断违法性的基准点、重点是行为，在既遂犯、结果（加重）犯的场合，判断对象以行为为中心同时考虑结果。其四，违法性判断是事实判断。对行为危险性的判断应从行为出发。对客观的结果归属的判断，应根据结果进行反向判断。

犯罪的本质在于侵害法益，刑法的重要机能也在于保护法益。不管买卖行为本身是否合理，价格是否符合市场行情，只要其事实上改变了财产所有权的主体，使司法机关生效裁判文书的被执行人或执行标的物发生变化，进而导致司法机关的生效裁判文书难以执行的，妨害了人民法院正常的司法活动，因此应当认定为本罪中的“变卖”。本案被告人明知其房产已被司法机关查封，仍与第三人签订房产买卖合同并收取定金的行为，虽然没有办理法定手续，也没有实际完成交付，但实质上已妨害了人民法院正常的司法活动。该行为既是对行为规范的违反，同时也构成了对于非法处置查封的财产罪所保护法益的侵害，应当认定为本罪中的“处置”。至于该“处置”行为最终有无发生“变卖”的法律后果，则应属于是否构成“情节严重”的判断。

此外，这种签约未过户的非常态的交易行为在某些地方是一种“常态”的交易行为。在我国普通民众中，相当多数的人法律意识淡薄，或者是已有不动产、特殊动产未办理登记手续，或者是交易时不办理过户手续。只要给付价款，实际交付标的物，即应视为买卖成立。

二、非法处置查封的财产行为“情节严重”的认定标准

“情节严重”是构成本罪的法定条件之一。所谓“情节严重”，是对犯罪行为社会危害性的一种描述，在我国刑法分则中，以“情节严重”作为入罪标准的罪名并不罕见，但在实际操作中，由于“情节严重”缺乏定量性，且尚未形成一致的解释标准，现行法律并未对此予以明确。

司法实践中，主要结合司法工作实际和具体案情加以判断，但是一方面使得司法机关难以把握准确的入罪标准，影响司法裁判的统一性和权威性；另一方面，基于避免争议和改判风险的担忧，也打击了司法机关在司法实践中适用本罪的积极性，进而导致条文设置的旁落。笔者认为，不妨从以下两个角度来考虑：一是参考已公布司法解释对同一罪名的解释。这主要是针对犯罪构成要件的开放性很强，能将很多犯罪行为涵摄进来认定为同一罪名，而司法解释又未对新出现的犯罪行为的“情节严重”作出解释的情形。二是参考近似罪名的司法解释。每个罪名的犯罪构成要件都是对生活中形形色色具体犯罪行为抽象、提炼后形成的类型，受制于立法技术等原因，不同罪名的犯罪构成要件常常出现部分重叠，形成近似罪名，故要注意准确定罪。近似罪名之间具有一些

共同特征，在遇到某一须判定“情节严重”而又没有司法解释作为依据的罪名时，可以参考近似罪名的司法解释来认定。

之于本罪，“情节严重”是构成本罪的法定条件之一。现行法律和司法解释并未对本罪构成情节严重的条件予以明确。参考近似罪名的司法解释。其最为近似的罪名为拒不执行判决、裁定罪。全国人大常委会对于该罪“情节严重”的含义作了如下解释——“下列情形属于《刑法》第三百一十三条规定的‘有能力执行而拒不执行，情节严重’的情形：（一）被执行人隐藏、转移、故意毁损财产或者无偿转让财产、以明显不合理的低价转让财产，致使判决、裁定无法执行的；（二）担保人或者被执行人隐藏、转移、故意毁损或者转让已向人民法院提供担保的财产，致使判决、裁定无法执行的；（三）协助执行义务人接到人民法院协助执行通知书后，拒不协助执行，致使判决、裁定无法执行的；（四）被执行人、担保人、协助执行义务人与国家机关工作人员通谋，利用国家机关工作人员的职权妨害执行，致使判决、裁定无法执行的；（五）其他有能力执行而拒不执行，情节严重的情形。”

从该解释可见，全国人大常委会在对该罪名“情节严重”进行解释的思路，主要是从犯罪行为、主观方面、行为结果这三个方面加以考虑。需要注意的是，无论是从理论角度还是从实务角度，对“情节严重”的评价虽然是多角度、多方面的，但不是杂乱无序的，各评价要素应当按照一定的位阶排序。换言之，对于非法处置查封的财产行为“情节严重”的认定思路，也可以从犯罪构成出发——从犯罪行为、犯罪客体、犯罪所得、危害结果、主观方面、犯罪次数和违反前置法律次数等角度进行解释。

结合司法工作实际，笔者认为，实施隐藏、转移、变卖、故意毁损已被司法机关查封、扣押、冻结的财产的行为有下列情形之一的，应当认定为《刑法》第三百一十四条规定的“情节严重”而立案追诉：一是因非法处置已被司法机关查封、扣押、冻结的财产未构成犯罪，被依法处理后再次隐藏、转移、变卖、故意毁损已被司法机关查封、扣押、冻结的财产；二是隐藏、转移、变卖、故意毁损财产数量较多、价值较大的；三是非法处置查封、扣押、冻结的财产造成恶劣影响或者社会影响较大的，如引发媒体关注、舆论炒作、集体上访、申请执行人生活严重困难等；四是非法处置查封、扣押、冻结的财产致使执行活动无法进行的，或者严重损害了司法机关的正常执行活动的；五是非法处置查封、扣押、冻结的财产造成国家、集体、个人利益严重损失的；六是非法处置查封、扣押、冻结的财产的行为手段恶劣的；七是非法处置查封、扣押、冻结的财产，有其他情节严重的情形的。

就本案而言，被告人王为杰所收取的购房款高达300万元，因此，产生新的债务关系，严重减损了该房产的现有价值，最终导致判决、裁定难以执行，且是在执行机构对其采取两次拘留后仍不予履行，该行为完全符合我们所列举的“情节严重”的情形。

三、司法拘留与刑事处罚应否适用“禁止重复评价”原则

司法拘留，是在刑事、民事和行政诉讼过程中，法院对严重妨碍诉讼行为的诉讼参与人以及其他人员采用的一种强制性手段，其仅仅是对有妨害诉讼行为人的惩戒，与刑事处罚无任何关系。而所谓“禁止重复评价”原则，实质上是“禁止双重危险”“一事不再理”等诉讼法原则在实体法上的延伸，是指任何人不得为同一犯罪行为受到两次刑事处罚。许多国家都以《宪法》《刑法》的形式确认了这些原则。结合国外的立法规定和目前刑法理论，这一原则在司法运用上存在着观点差异，有观点认为，该原则指的是禁止对与被告人刑事责任有关的要素作多次评价；也有观点认为，是指在定罪量刑时，禁止对同一犯罪构成事实予以二次或二次以上的法律评价；还有观点认为，是指禁止对法条所规定之构成要件要素，在刑罚裁量中再度当作刑罚裁量事实，重加审酌，而作为加重或减轻刑罚之依据。

以上观点虽有差异，但有一点是明确的——该原则只适用于刑事法领域，不能跨法律部门适用。也就是说，对《民事诉讼法》《行政处罚法》等评价过的行为再次作刑事法评价，与“禁止重复评价”原则并无矛盾之处。之于本案，被告人王为杰因其非法处置被查封的财产行为以及其后的拒不履行生效判决的行为两次被司法拘留，系人民法院依据《民事诉讼法》第一百一十一条的规定作出的。该条规定同时明确，人民法院可以根据情节轻重予以拘留，构成犯罪的，还应依法追究相应的刑事责任。因此，两次司法拘留以后再行刑事处罚，不仅不违背“禁止重复评价”原则，而且是对其情节严重程度已构成犯罪的一个恰如其分的评价依据。

（**一审法院合议庭成员**　张锦前　方晋晔　苏丽英
编写人　福建省厦门市思明区人民法院　方晋晔　林　鸿
责任编辑　周维明
审稿人　沈　亮）

江苏省南京市人民检察院申请没收被告人张孝崎违法所得案

——被告人在法院审理期间死亡的，其经查证属实的受贿所得应予没收

关键词：被告人死亡　违法所得　没收

【裁判要旨】

实施受贿犯罪的被告人死亡后，其受贿的赃物尚在的，应当没收原物；其受贿的赃款赃物不能查清去向或已被挥霍的，在案件办理期间被告人自行或被告人亲属受被告人委托到办案机关缴纳的在查实的受贿数额范围内的涉案款，应视为对所缴钱款系违法所得性质的认可，应当予以没收。

【相关法条】

《中华人民共和国刑事诉讼法》第二百八十二条　人民法院经审理，对经查证属于违法所得及其他涉案财产，除依法返还被害人的以外，应当裁定予以没收；对不属于应当追缴的财产的，应当裁定驳回申请，解除查封、扣押、冻结措施。

对于人民法院依照前款规定作出的裁定，犯罪嫌疑人、被告人的近亲属和其他利害关系人或者人民检察院可以提出上诉、抗诉。

【案件索引】

江苏省南京市中级人民法院（2014）宁刑没初字第1号（2015年3月19日）

【基本案情】

江苏省南京市人民检察院申请称：2012 年至 2013 年，被告人张孝崎在担任南京江宁科学园发展有限公司招投标管理办公室主任期间，利用负责工程招标、预决算及合同签订等职务便利，为他人提供帮助，先后多次收受王正根、宫成军等人给予的苏果购物卡、现金等财物，价值共计人民币（下同）907900 元。案发后，南京市江宁区人民检察院先行追缴并扣押财产 907900 元，其中：被告人张孝崎妻子李顺英代为退缴 123000 元；被告人张孝崎对外借款 50 万元；被告人张孝崎集资款 284900 元。随后在江宁区人民检察院扣押了被告人张孝崎涉案赃物 50 年茅台酒一瓶后，从李顺英代为退缴的 123000 元中发还给李顺英茅台酒对价 29900 元。申请机关认为被告人张孝崎涉嫌受贿罪，于 2014 年 1 月 16 日死亡，其利用职务之便收受他人贿赂，违法所得共计 907900 元，且张孝崎家庭财产至少为 240 万元，有可供没收的财产，应当对其违法所得予以追缴。

利害关系人李顺英及其诉讼代理人的意见为：(1) 对于被告人张孝崎的受贿犯罪事实没有异议；(2) 检察机关无确实充分的证据证明赃款去向，本案中张孝崎所得茅台酒已经扣押在案，所得购物卡已被张孝崎消费，无证据证实扣押在案的钱款系违法所得，李顺英作为张孝崎的妻子依法享有财产权利。应予驳回检察机关的申请。

法院经审理查明：

（一）被告人张孝崎受贿事实

2012 年至 2013 年，被告人张孝崎在担任南京江宁科学园发展有限公司招投标管理办公室主任期间，利用负责工程招标、预决算及合同签订等职务便利，为他人提供帮助，先后多次收受王正根、宫成军、花文根、宫和亮等人给予的苏果超市购物卡、现金等财物，价值共计 907900 元。具体犯罪事实略。

（二）被告人张孝崎死亡事实

被告人张孝崎受贿一案，南京市江宁区人民检察院曾于 2014 年 1 月 2 日向南京市江宁区人民法院提起公诉。2014 年 1 月 16 日，在南京市江宁区人民法院审理期间，张孝崎因病死亡。

（三）扣押在案财产事实

案发后，南京市江宁区人民检察院于 2013 年 8 月 30 日先行扣押被告人张孝崎购房合同两本、50 年贵州茅台酒一瓶。同年 9 月 26 日张孝崎妻子李顺英代为退缴123000元，10月15日李顺英及借款人王勇到检察机关退缴借款50万元，11月21日检察机关返还了涉案茅台酒及购房合同，11月27日张孝崎书面委托了所在单位退还集资款284900元，后上述涉案款907900元均被检察机关以涉案款名义扣押。2015年1月28日，南京市江宁区人民检察院再行扣押了50年贵州茅台酒一瓶，并退还李顺英29900元。

至此，南京市江宁区人民检察院扣押在案涉案款878000元以及50年贵州茅台酒一瓶。

【裁判结果】

江苏省南京市中级人民法院依照《刑法》第六十四条、《刑事诉讼法》第二百八十二条的规定，于2015年3月19日作出（2014）宁刑没初字第1号刑事裁定：没收扣押在南京市江宁区人民检察院的被告人张孝崎违法所得人民币878000元及50年贵州茅台酒一瓶。

一审裁定后，利害关系人李顺英未提出上诉。一审裁定已经发生法律效力。

【裁判理由】

法院生效裁判认为：关于利害关系人李顺英及其诉讼代理人提出的“无确实充分的证据证明赃款去向，无证据证实扣押在案的钱款系违法所得，李顺英作为张孝崎的妻子依法享有财产权利”的意见，经查，(1)在案证据证实，扣押在案的50年贵州茅台酒一瓶系被告人张孝崎实施受贿犯罪行为所取得的财物，依法应予没收；(2)被告人张孝崎供述违法所得现金用于购买瑞鸿名邸房产以及出借给他人，所得购物卡等用于消费，与利害关系人李顺英、证人王勇的证言以及书证瑞鸿名邸购房合同、购房发票等相互印证，证实张孝崎违法所得现金、购物卡用于购房、出借以及消费。但具体数额不明，且利害关系人李顺英的证言、证人王勇的证言以及扣押财物清单等证据还证实，案发后，利害关系人李顺英根据被告人张孝崎供述张孝崎银行卡存款及对外借款情况，自行或联系王勇主动到检察机关缴纳涉案款，应视为对所缴纳钱款系张孝崎违法所得性质的认可；(3)书证委托书、银行本票以及扣押财物清单证据证实，案发后张孝崎书面委托所在单位代其退缴案款，亦应视为张孝崎对退缴款项系违法所得性质的认可。被告人张孝崎死亡后，利害关系人李顺英又主张所缴纳款项并非张孝崎违法所得，与查明的事实不符，无合理解释且无证据予以证明，故利害关系人及其诉讼代理人的意见不能成立，不予采纳。

综上，被告人张孝崎身为国家工作人员，利用职务上的便利，实施受贿犯罪共获违法所得人民币878000元、50年贵州茅台酒一瓶，依法应予没收。申请机关江苏省南京市人民检察院提出的没收被告人张孝崎受贿违法所得的申请，事实清楚，证据确实充分，应予支持。

【案例注解】

被告人死亡案件违法所得的没收程序是2012年修改后的《刑事诉讼法》新增的特别程序。本案是南京市法院审理的第一起被告人死亡违法所得没收程序案件，审理案件的难点在于如何送达的程序问题以及如何界定违法所得范畴的实体问题两个方面。

一、公告期间，申请机关已列明的利害关系人未提出申请的，人民法院应当向未提出申请的利害关系人送达申请书，明确其是否放弃申请参加诉讼

根据《刑事诉讼法》的有关规定，被告人的近亲属可以申请参加诉讼，且应当提供其与被告人关系的证明材料。在提出申请的时间上，《最高人民法院关于适用〈中华人民共和国刑事诉讼法〉的解释》（以下简称《刑诉法解释》）虽然作出了应当在公告期内提出的规定，但是同时也作了但书规定。即，在公告期满后申请参加诉讼，能够说明合理理由的，并提供证明申请没收的财产系其所有的证据材料，人民法院应当准许。可见，对于近亲属等利害关系人参加诉讼的申请时间把握是从宽的，是从保障人权、惩罚犯罪的角度出发的。

《刑诉法解释》第五百一十二条第三款规定，人民法院已经掌握被告人的近亲属和其他利害关系人的联系方式的，应当采取电话、传真、邮件等方式直接告知其公告内容，并记录在案。第五百二十三条还规定，人民法院审理申请没收违法所得的案件，本章没有规定的，参照适用本解释的有关规定。

对此，我们经过研究认为，《刑事诉讼法》虽未规定人民法院的告知义务，但《刑诉法解释》明确了人民法院告知公告内容的义务，虽仅就告知内容进行规定，但并未对告知的时间、告知的事项等进行明确规定。同时，

还规定了庭前送达起诉书副本至当事人的义务。为更好地体现保障人权，提高庭审效率，我们认为应该参照送达起诉书副本的有关规定的精神，向已知的利害关系人送达申请书副本，并制作送达笔录，告知案件情况、公告内容、诉讼权利与义务、无正当理由不到庭参加诉讼的后果，并明确利害关系人出庭通知书等送达地址、联系方式等。当然，如果利害关系人放弃参加诉讼，亦可予以明确，并提供作为利害关系人放弃权利的书面材料，在审理时不再通知。

本案中，检察机关在没收违法所得申请书中列明了五名被告人的近亲属，在公告期内，仅有被告人妻子提出了申请，其他近亲属未予申请。但是，我院在公告期内未按照《刑诉法解释》的有关规定告知其他近亲属，结合以上情况，合议庭决定采取向五名近亲属送达没收违法所得申请书的形式，明确告知申请内容、公告内容以及无正当理由拒不到庭的事项，并告知各近亲属如申请参加诉讼，要明确通信地址或者联系方式，以保证诉讼顺利进行。

为此，我们分别向检察机关列明的但未在公告期内提出申请的被告人张孝崎的母亲赵先琴、姐姐张孝芳、哥哥张伟、儿子张蒙分别送达了没收违法所得申请书，四名近亲属均明确表述放弃参加诉讼，并且在送达笔录上签字捺印。

二、如何界定“违法所得”的范畴

本案中，被告人张孝崎实施受贿行为所得的赃款赃物的去向存在两种形式：一是张孝崎违法所得的50年贵州茅台酒一瓶，检察机关先是扣押而后发还，最后在我院审理期间检察机关再行扣押；二是张孝崎违法所得现金、购物卡等的具体去向不明。张孝崎的供述、利害关系人李顺英等人的证言虽证实违法所得现金用于购买瑞鸿名邸房产以及出借给他人，所得购物卡等用于消费，但具体数额不明。

对此，我们一致认定50年贵州茅台酒一瓶属于“违法所得”，应当予以没收，但对于赃款、赃物去向不明的，能否认定扣押在案的财产属于“违法所得”的问题存在不同意见。本院的裁判明确了以下两点：

（一）实施受贿犯罪的被告人死亡后，其受贿的赃物尚在的，应当没收原物

《刑法》第六十四条规定：“犯罪分子违法所得的一切财物，应当予以追缴或者责令退赔；对被害人的合法财产，应当及时返还；违禁品和供犯罪所用的本人财物，应当予以没收。没收的财物和罚金，一律上缴国库，不得挪用和自行处理。”对于追缴和责令退赔的区别，《最高人民法院关

于刑法第六十四条批复》(法[2013]229号)予以专门论述，认为，最高人民法院1999年10月27日发布的《全国法院维护农村稳定刑事审判工作座谈会纪要》中规定:“如赃款赃物尚在的，应一律追缴;已被用掉、毁坏或者挥霍的，应责令退赔。”但在司法实践中，刑事审判部门往往因难以查清赃物持有人，或者难以查清是否属于善意取得，一般笼统判决继续追缴赃物发还被害人;而执行部门反映，如果没有写明向谁追缴，就无法执行。因此，如果部分赃款赃物尚在而其他赃款赃物已经不在的，判决主文可以不作区分，只写责令退赔;如果赃物尚在但已被毁坏，或者不能排除第三方的善意取得的，可以判决责令退赔。

结合本案，张孝崎违法所得50年贵州茅台酒一瓶尚在，申请机关在在申请书中并未载明没收尚在的50年贵州茅台酒一瓶，在案件审理期间，检察机关又再次扣押了50年贵州茅台酒，并当庭出示了有关扣押的证据，我们认为，对于尚在的违法所得赃物依法应当予以没收。

(二)实施受贿犯罪的被告人死亡后，其受贿的赃款查不清去向、受贿的购物卡等已被用掉的，在案件办理期间被告人自行或被告人亲属受被告人委托到办案机关缴纳的涉案款应视为对所缴纳钱款系违法所得性质的认可，应予没收

一种意见认为，对于扣押在案的钱款，由于认定其属于“实施犯罪行为所取得的财物及其孳息”的证据不充分，不应予以没收。被告人委托交款、近亲属交款的行为也不应一概认定为对该钱款的赃款性质的认可。因此，对于违法所得已经挥霍、用掉，或者无法查明去向的，即使被告人有合法财产可供执行，也不能直接没收其合法财产。

另一种意见认为，扣押在案的钱款系在案件办理期间，被告人自行或被告人亲属受被告人委托到办案机关缴纳的涉案款应视为对所缴纳钱款系张孝崎违法所得性质的认可，应予没收。此种意见认为钱款系种类物，不需要查明赃款去向，即使是被告人的合法财产也可以没收，且本案的赃款来源经过证实，扣押在案的款项系被告人及其近亲属书面委托或缴纳至检察机关，应认定对于款项为赃款性质的自认，可以没收。

结合本案，经过研究，我们同意后一种意见。我们认为，案发后利害关系人李顺英根据被告人张孝崎供述张孝崎银行卡存款及对外借款情况，自行或联系王勇主动到检察机关缴纳涉案款，应视为对所缴纳钱款系张孝崎违法所得性质的认可;书证委托书、银行本票以及扣押财物清单证据证实，案发后张孝崎书面委托所在单位代其退缴案款，亦应视为张孝崎对退

缴款项系违法所得性质的认可。被告人张孝崎死亡后，利害关系人李顺英又主张所缴纳款项并非张孝崎违法所得，与查明的事实不符，无合理解释且无证据予以证明，上述扣押在案的财物均应认定为张孝崎实施受贿犯罪行为所取得的财物，依法予以没收。

（**一审法院合议庭成员** 韩 亮 王瑞琼 刘天虹
编写人 江苏省南京市中级人民法院 王瑞琼
责任编辑 周维明
审稿人 沈 亮）

民　事

王素菁诉廖志华房屋买卖合同纠纷案

——房屋户籍对应的学位可作为行为保全对象

关键词：民事诉讼　保全　行为保全　学位

【裁判要旨】

在涉及学区房买卖合同案件中，买受人申请对涉案学区房学位进行行为保全的，经审查申请人的请求权具有正当性，且不采取保全措施可能导致其无法使用学位或遭受其他损害的，法院可以作出禁止使用涉案房屋及该房屋所对应户口的学位的保全裁定。

【相关法条】

《中华人民共和国民事诉讼法》第一百条　人民法院对于可能因当事人一方的行为或者其他原因，使判决难以执行或者造成当事人其他损害的案件，根据对方当事人的申请，可以裁定对其财产进行保全、责令其作出一定行为或者禁止其作出一定行为；当事人没有提出申请的，人民法院在必要时也可以裁定采取保全措施。

人民法院采取保全措施，可以责令申请人提供担保，申请人不提供担保的，裁定驳回申请。

人民法院接受申请后，对情况紧急的，必须在四十八小时内作出裁定；裁定采取保全措施的，应当立即开始执行。

【案件索引】

一审：北京市海淀区人民法院（2016）京0108民初16170号（2016年6月16日）

【基本案情】

原告王素菁诉称：经某中介公司居间，其于2016年4月10日与被告廖志华签订了房屋买卖合同，购买被告出售的位于海淀区万寿路的房屋一套。协议签订当日，原告依约支付定金10万元。4月26日双方完成“网签”。但此后，因该房屋系学区房，房屋价值升值，被告拒绝继续履行合同。故原告王素菁起诉要求：(1)判令原告代被告偿还银行相关欠款，并由银行解除该房屋抵押权；(2)判令被告交付该房屋，并将房屋所有权转移登记至原告名下。原告王素菁同时向法院提出行为保全申请，要求对廖志华名下的涉案房屋所对应的学籍进行冻结，禁止其使用该房屋对应学籍，并提供现金担保。

法院经审理查明：在双方签订的房屋买卖合同补充协议中，被告曾承诺涉案房屋为某小学学区房，且学区名额未被使用。在与被告的沟通询问中，其表示拒绝继续履行合同的理由是原告和中介公司在网签合同中虚构较低的价格逃避税款，可能使其诚信记录出现问题，也给将来的交易带来风险。被告已将其子女户口迁回涉诉房屋，将于2016年6月小学入学登记时使用涉诉房屋对应的学位。

【裁判结果】

北京市海淀区人民法院于2016年6月16日作出（2016）京0108民初16170号民事裁定：禁止使用位于北京市海淀区万寿路街道复兴路的涉诉房屋或该房屋对应户口的学位。本裁定有效期为6个月，自送达之日起生效，送达后立即执行。

【裁判理由】

法院生效裁判认为：经审查，在原被告签订的房屋买卖合同补充协议中，被告曾承诺涉案房屋为某小学学区房，且学区名额未被使用。现被告表示要求解除合同，并计划于2016年6月中下旬使用涉案房屋学区名额登记报名该小学。根据现行规定，由于该学位在6年内只能使用一次，被告一旦使用该学位会给原告带来不可弥补的损失，且时间紧迫。法院认为原告的申请符合《民事诉讼法》第一百条关于行为保全的规定，遂作出禁止使用涉案房屋及该房屋对应的户口的学位的民事裁定。

【案例注解】

本案系北京市首例禁用学位保全案件，涉及不动产房屋买卖时买受人（原告）能否阻止违约的出卖人（被告）为其子女使用房屋对应户口的学位的问题。《民事诉讼法》第一百条第一款规定："人民法院对于可能因当事人一方的行为或者其他原因，使判决难以执行或者造成当事人其他损害的案件，根据对方当事人的申请，可以裁定对其财产进行保全、责令其作出一定行为或者禁止其作出一定行为；当事人没有提出申请的，人民法院在必要时也可以裁定采取保全措施。"该规定不仅维持了过去财产保全制度，还增设了行为保全制度。但是，该规定并没有规定行为保全的具体适用范围，也没有明确行为保全适用时需要考虑的因素。

一、财产保全和行为保全的区别

就禁止使用房屋户口对应的学位而言，诉讼保全到底是财产保全还是行为保全，可能会存在疑问。这里涉及到财产保全和行为保全的区别。

一般来说，财产保全针对的对象是特定的财产或金钱债权，旨在确保未来生效判决能够强制执行；行为保全针对的对象则是其他类型的请求权，尤其是要求被申请人实施一定行为、不实施一定行为或容忍一定行为的请求权，不具有财产内容的请求权一般只能适用行为保全而不能适用财产保全，行为保全旨在避免申请人未来遭受其他不可弥补的损害。因此，财产保全只能适用于给付之诉；而行为保全不仅适用于给付之诉，还适用于确认之诉和形成之诉。[1]

按照海淀区教育局的政策，自住房地址用于登记入学之年起，原则上6年内只提供一个入学学位。在本案中，原告在房屋买卖的《补充合同》中明确

① 参见周翠：《行为保全问题研究》，载《法律科学》2015年第4期。

要求被告承诺房屋学位在六年内并未使用，可见原告购买房屋也希望为其子女使用房屋户口对应的学位。应当说明的是，海淀区教育局划分学区的行为是具体行政行为，学区的划分导致该房屋具有特殊性，即户口落在该房屋的适龄儿童具有进入指定小学就读的资格。按照海淀区教育局的相关规定，户口落在该房屋的适龄儿童应当在规定时间内，在监护人的陪同下，携带户口簿、房产证明等材料到指定小学进行信息审核、办理登记入学手续。从民法的角度来看，参加信息审核、办理登记入学的行为就是使用学位的行为，它是一项事实行为，即按照法律规定发生相应的法律效力的行为。基于这一事实行为，监护人可以和指定小学订立教育合同，让适龄子女在指定小学就读。按照原告、被告订立的《北京市存量房屋买卖合同（经纪成交版）》和《补充合同》，被告负有不为其子女使用房屋户口对应学位的义务，因此，原告有权请求被告不为其子女使用该学位。由于该学位在六年内只能使用一次，故被告一旦为其子女使用该学位会给原告带来不可弥补的损失。据此，就禁止被告为其子女使用学位的请求而言，原告可以申请行为保全来保护自己的合法权益。

海淀区教育局划分学区会导致“学区房”价格上涨、“非学区房”价格降低，这在行政法上属于“反射利益”。原告、被告订立《北京市存量房屋买卖合同（经纪成交版）》和《补充合同》后，房屋价格上升，即属于这种“反射利益”。也就是说，学位本身没有经济价值，它不能脱离房屋而单独转让，是房屋的附加“属性”，“学区房”价格高昂属于房屋所有人获得的“反射利益”。既然学位不是财产、使用学位是一项事实行为，那么本案涉及的是行为保全。

二、禁止使用学位是否侵害被告子女的受教育权

在本案中，被告子女也即将登记入学，本案的焦点之一是，禁止使用学位是否侵害被告子女的受教育权。受教育权是一项宪法规定的公民对国家享有的基本权利，即要求国家积极实现公民教育权益的义务。具体来说，受教育权就是国家尊重公民受教育的权利，并且为了使公民均能接受与其能力相适应的教育，有责任采取各种必要的措施促进教育的机会均等，甚至提供一定程度的无偿性义务教育。[①] 禁止被告为其子女使用该学位，被告就无法在子女户口对应的指定小学办理登记入学手续。但是，这种禁止措施并未剥夺被告子女接受教育的权利，被告子女虽然不能进入涉诉小学就读，但仍然可以有进入海淀区其

① 韩大元主编：《宪法学》，高等教育出版社2006年版，第297~298页。

他小学就读的可能。被告子女并未丧失获得义务教育的机会。海淀区教育局也作出相关规定，“学校接收有困难的，可先由学区协调解决。”因此，通过行为保全禁止被告为其子女使用该学位并未侵害被告子女的受教育权，只是对受教育权的具体实现方式施加了限制。

三、诉中行为保全的条件和需要考量的因素

（一）行为保全的条件：保全请求权和保全理由

一般来说，当事人申请行为保全的，法官应当对当事人的请求进行正当性审查，即只有当事人的请求权具有正当性（终局性）时，法官才可以适用行为保全。在申请行为保全时，申请人应当举证证明自己确定地、终局地享有特定的请求权，证明与请求权相关的诉争法律关系。换言之，法官正当性审查的内容是作为（行为保全裁定程序之外）主诉的法律关系以及申请人基于法律关系所享有的请求权，从而决定是否通过适用行为保全以给予申请人临时性的法律保护。在本案中，原告依据《北京市存量房屋买卖合同（经纪成交版）》和《补充合同》对房屋享有债权，因此，原告对房屋户口对应的学位享有合法权益，可以适用行为保全。

按照《民事诉讼法》第一百条的规定，我国行为保全的适用以当事人可能遭受其他损害为前提，而不以判决难以执行为前提。因此，当事人在申请适用行为保全时应当说明保全理由，即当事人可能面临其他损害：申请人应当证明一项客观危险的存在，当事人之间现存法律关系（地位）的变化可能会导致申请人未来依据（主诉）胜诉判决享有的权利无法或难以实现。具体来说，当事人可以举证证明自己的请求权或争讼的标的物可能会遭受严重不利、当事人自己面临暴力威胁等等。与此相对，即使当事人等到主诉终结获得胜诉判决其权利实现也不会受到影响的，就不能适用行为保全。在本案中，原告依据《北京市存量房屋买卖合同（经纪成交版）》和《补充合同》对房屋享有债权，被告也承诺房屋的学位并未使用。在诉讼进行过程中，如果被告擅自前往指定小学参加信息审核并登记入学的，就使用了房屋户口对应的学位。由于房屋户口对应的学位6年内只能使用一次，原告等到获得胜诉判决取得房屋所有权后就不能再使用该房屋户口对应的学位，显然将会蒙受重大不利。这就构成了适用行为保全的保全理由。

（二）行为保全的证明标准

申请适用行为保全的当事人应当对《民事诉讼法》第一百条规定的构成要件负举证责任，这种举证责任分配应与主诉中的举证责任分配一致。但是，

申请人对相关主张和构成要件的证明，无须达到民事证据的证明标准，只要达到法官大致确信的程度即可。[①] 一般来说，申请人主张的证明标准达到优势盖然性即可。当然，法官大致确信的程度，取决于个案中的具体情况。也就是说，申请人主张的可信度应当达到何种程度，法官具有一定的自由裁量的空间。因此，申请人可能遇到的风险，对法官大致推测事实为真、内心形成大致确信具有重要意义。此外，申请人对行为保全构成要件的证明，应当能够让法官认识到，申请人在主诉中的胜诉具有盖然性，否则行为保全的适用就没有正当性可言。

（三）行为保全的考量因素

在考虑是否适用行为保全时，法官应当进行利益衡量，从而分析行为保全是否必要。换言之，行为保全的具体措施由法官在个案中认定，法官对此享有一定自由裁量的空间，应当在具体化行为保全的措施时进行利益衡量。具体来说，法官不仅需要考虑申请人在主诉中获得胜诉判决后实现自身权利所面临的危险（危险的类型和程度），即申请人遭受损失的可能性和程度，还要考虑通过行为保全措施保护申请人的必要性（申请人的保全需要），即何种措施对于申请人的保护是必要的。如果申请人权利实现面临的危险越紧迫、程度越高，遭受不可弥补损害的可能性越大，那么法官适用的具体行为保全措施对被申请人的限制就越强。

在审查上述两项因素时，法官应当综合权衡申请人和被申请人的利益。基于申请人权利实现所面临风险的类型和程度、申请人遭受损害的可能性和规模，法官采取的行为保全措施，不仅对于满足申请人的保全需要而言是合理的，而且还应当给被申请人带来最低程度的负担。从这个角度来看，行为保全措施的适用应符合比例原则：该行为保全措施具有适当性，它能够满足保护申请人免受损失这一目的；该行为保全措施具有必要性，在数项可行的保全措施中，该项措施对被申请人的负担最轻；该行为保全措施符合均衡原则，即该项措施对被申请人的限制与其保护申请人免受损失的目的之间必须相称，两者在效果上不能不成比例。

一般来说，行为保全措施包括强制保管、命令或禁止被申请人实施一定的行为。强制保管是指法院将系争的动产或不动产交给管理人强制保管和管理，命令或禁止被申请人实施一定的行为包括要求被申请人不为一定行为（不作

---

① 参见周翠：《行为保全问题研究》，载《法律科学》2015 年第 4 期；刘哲玮：《论财产保全制度的结构矛盾与消解途径》，载《法学论坛》2015 年第 5 期。

为的行为保全），禁止被申请人出卖或处分标的物，禁止被申请人通过登记取得不动产所有权，要求被申请人实施一定行为，禁止被申请人使用系争的标的物、禁止被申请人在系争的不动产上改建、禁止被申请人干扰申请人的经营、要求被申请人排除干扰状态。

根据个案中的具体情况，法官可以要求申请人提供相应的担保。但是，申请人提供相应的担保，并非行为保全的前提条件。申请人是否应当提供担保、担保的具体数额，由法官自由裁量。如果行为保全措施对被申请人造成限制或损害的可能性较大，那么法官应当在斟酌申请人经济状况的基础上要求申请人提供一定的担保，担保应当与被申请人遭受损害的额度大致相当。

在本案中，为了保护申请人（原告）的合法权益，确保申请人在未来能够为其子女使用房屋户口对应的学位，只能采取禁止被申请人（被告）为其子女使用学位的措施。不过，由于被申请人为其子女使用学位的行为必须在指定小学的协助下实现（登记入学），因此，法官应当向指定小学发出协助通知。当然，如果被申请人被禁止为其子女使用学位，其子女无法在指定小学就读，对被申请人及其子女也会造成一定损害，故法官在适用行为保全时接受了申请人提供10万元担保的主张。

（**一审法院独任审判员**　赵　赓
编写人　北京市海淀区人民法院　赵　赓　许　暘
责任编辑　杨　奕
审稿人　蒋惠岭）

中国工商银行睢县支行诉李继明、吴新建借款合同纠纷案

——容忍的表见代理的认定

关键词：借款合同　表见代理　推定

【裁判要旨】

本人知道他人以本人名义实施民事行为而不作否认表示的，视为同意。

【相关法条】

《中华人民共和国民法通则》第六十六条第一款　没有代理权、超越代理权或者代理权终止后的行为，只有经过被代理人的追认，被代理人才承担民事责任。未经追认的行为，由行为人承担民事责任。本人知道他人以本人名义实施民事行为而不作否认表示的，视为同意。

【案件索引】

一审：河南省商丘市睢县人民法院（2015）睢民初字第 1769 号（2015 年 5 月 31 日）

二审：河南省商丘市中级人民法院（2015）商民终字第 767 号（2015 年 10 月 12 日）

【基本案情】

法院经审理查明以下事实：被告吴新建是被告李继明的妹夫。2003 年 12

月22日，被告吴新建需要用钱，就拿着被告李继明的身份证、房产证到原告处贷款，原告审查后，同意贷给被告李继明8万元个人住房贷款，借款期限从2003年12月22日至2013年12月21日，利率为月利率4.2‰，还款按月归还贷款本息，分120期还清。签订合同时，是被告吴新建代替被告李继明签的合同，被告吴新建提供了连带责任保证。被告李继明用位于睢县城关镇工农路的房产做了抵押担保。借款合同第8条约定，借款人应按期偿还贷款本息，如未按约定时间归还，贷款人将按国家规定对逾期贷款计收罚息（每日0.021%）。合同签订后，被告至2006年7月已归还本金20000.1元，归还利息7087.32元。至2015年5月31日止被告李继明欠原告本金59999.9元及利息48927.19元（利息为38336.3元、罚息为10590.89元）。

【裁判结果】

河南省商丘市睢县人民法院于2015年5月31日作出（2015）睢民初字第1769号民事判决：一、被告李继明于本判决生效后10日内偿还原告中国工商银行股份有限公司睢县支行贷款本金59999.9元及利息48927.19元（利息计算至2015年5月31日止）；二、被告吴新建对上述债务承担连带清偿责任；三、原告中国工商银行股份有限公司睢县支行对被告李继明所抵押的房产享有优先受偿权。

一审宣判后，被告李继明不服，向河南省商丘市中级人民法院提起上诉，河南省商丘市中级人民法院于2015年10月12日作出（2015）商民终字第767号民事判决：驳回上诉，维持原判。

【裁判理由】

法院生效裁判认为：被告吴新建用被告李继明夫妇的身份证、房产证等证件去原告处贷款，并办理房产抵押登记，应视为是代理行为。《民法通则》第六十六条第一款规定："没有代理权、超越代理权或者代理权终止后的行为，只有经过被代理人的追认，被代理人才承担民事责任。未经追认的行为，由行为人承担民事责任。本人知道他人以本人名义实施民事行为而不作否认表示的，视为同意。"针对本案而言，被告李继明知道被告吴新建用他的名义贷款、抵押，其一直未作否认表示。因此，贷款的责任应由其偿还，被告吴新建作为连带责任保证人，应当承担连带清偿责任。被告李继明用其房产作抵押，并进行了抵押登记，原告对抵押物享有优先受偿权。

【案例注解】

本案的处理涉及两个关键的问题：一是推定的运用；二是对表见代理的认定。

一、关于推定的运用

所谓推定是审判人员据以认识和判断证据材料并最终认定案件事实的一种方法。在实务中经常会运用推定的方法判断事实和证据。多个国家的民法或者民事诉讼法对推定作了专门的规定。《法国民法典》第1349条规定："推定系指法律或司法官依已知之事实推断未知之事实所得的结果。"并规定了法律上的推定和非法律的推定。《意大利民法》第2727条规定："推定是指法律或者法官由已知的事实推测出一个未知事实所获得的结果。"我国台湾地区"民事诉讼法"规定："法院得依明了之事实，推定应证事实之真伪（第282条）。"我国法律对推定没有作出系统的规定，但是在一些法律和司法解释中作出了相关规定。如：《最高人民法院关于贯彻执行〈中华人民共和国继承法〉若干问题的意见》第二条规定："相互有继承关系的几个人在同一事件中死亡，如不能确定死亡先后时间的，推定没有继承人的人先死亡。死亡人各自都有继承人的，如几个死亡人辈份不同，推定长辈先死亡；几个死亡人辈份相同，推定同时死亡，彼此不发生继承，由他们各自的继承人分别继承。"《合同法》第七十八条规定："当事人对合同变更的内容约定不明确的，推定为未变更。"《最高人民法院关于民事诉讼证据的若干规定》第九条第一款第（三）项规定："根据法律规定或者已知事实和日常生活经验法则，能推定出的另一事实；"当事人无需举证证明。第七十五条规定："有证据证明一方当事人持有证据无正当理由拒不提供，如果对方当事人主张该证据的内容不利于证据持有人，可以推定该主张成立。"《最高人民法院关于适用〈中华人民共和国民事诉讼法〉的解释》（以下简称《民诉法解释》）第九十三条第一款第（四）项规定："（四）根据已知的事实和日常生活经验法则推定出的另一事实；"当事人无须举证证明。

在审判实践中，经常会用推定的方法去认定证据和事实，特别是对案件事实不清、真伪难辨的情况下，合理进行事实推定，对案件的妥善处理起着很大的作用。其实每位法官都曾经运用过推定的方法，只是没有从理论的角度去研究。笔者曾处理过一个医疗纠纷案件，原告冯某的外祖母带领原告去被告马某的卫生室治病，被告为原告在臀部注射了药物后，原告出现了右下肢伤残的后果。原告起诉被告赔偿，但是被告否认为原告注射过。由于农村卫生室治疗时，不开具医疗费发票，当时也没有其他证人在场，所以原告举证困难很大。在本案中，原告举出了在河南省人民医院治疗时，被告去看望原告时的谈话录音，在该录音中，反映出一个男声承认为原告注射了，但是录音的效果不好，不能明显辨认出就是被告的声音，在开庭质证时，被告否认该录音是他的声音。在原告申请鉴定录音后，被告却不配合鉴定机构予以鉴定，根据常理，该录音如果不是被告的声音，被告不会拒不配合鉴定；其既然不肯配合鉴定，就说明该录音很可能是其声音。因此，合议庭推定该录音中的承认为原告注射的男声就是被告的声音。以此推定被告为原告注射时，给原告的身体造成了伤害，判决被告赔偿原告的损失。再如，甲与乙发生打架，但是没有其他人在场，无目击证人，两个人承认有厮打行为，甲的耳朵被咬伤，这时法官依据一般常理，可以推定甲的耳朵是乙咬伤的，因为一个人在正常情况下不可能咬住自己的耳朵。

本案的事实是被告吴新建拿着被告李继明夫妇的身份证和房产证到原告处以李继明的名义借款，如果被告李继明知道这个事情，一直不向原告予以否认，那么根据《民法通则》第六十六条第一款的规定，可以视为被告李继明同意吴新建的代理行为，李继明作为贷款人应承担相应的法律后果。本案的被告李继明虽然称其不知道吴新建以其名义贷款的事，但是法院认为按照常理，其应当知道此事，最终认定其知道吴新建以其名义贷款的事，这就是运用了《民诉法解释》第九十三条第一款第（四）项的规定，即："根据已知的事实和日常生活经验法则推定出的另一事实"作出的推定。本案已知的事实是被告吴新建与李继明的妹夫，吴新建拿着被告李继明夫妇的房产证、身份证去原告处借款。一般日常生活经验、常理是对身份证、房产证一般人都会妥善保存，不会轻易让别人拿到，也就是说，自己的身份证、房产证同时被人拿去，房产被抵押了十几年，自己却不知道的事情，一般是不存在的。因此，法院作出的推定是合理的。

二、关于表见代理

表见代理，是指行为人没有代理权，但使相对人有理由相信其有代理权，法律规定被代理人应负授权责任的无权代理。表见代理对被代理人产生有权代理的效力，即在相对人与被代理人之间产生民事关系，被代理人应受表见代理人与相对人之间实施的民事行为的约束，享有该行为设定的权利和履行该行为约定的义务。被代理人不得以无权代理为抗辩。《民法通则》第六十六条第一款及《合同法》第四十九条对此作出规定。基于本案案情，被告李继明知道被告吴新建以其名义在原告处贷款而不作否认表示，属于容忍的表见代理，容忍的表见代理是指无权代理人与相对人实施无权代理行为，被代理人知道而不表示反对，或者为履行合同进行准备的。综上，法院的判决是正确的。

（**一审法院合议庭成员** 姜志勇 赵根生 卢卫涛
二审法院合议庭成员 许秀敏 许玉霞 刘卫星
编写人 河南省商丘市睢县人民法院 梁琎学
责任编辑 杨 奕
审稿人 蒋惠岭）

江苏省常州市人民检察院诉许建惠、许玉仙环境公益诉讼纠纷案

——全国检察机关提起的首例环境民事公益诉讼案件

关键词：公益诉讼人 环境公益诉讼 环境污染 环境损害赔偿

【裁判要旨】

虽然现场固废污水池内检出的污染物与地下水污染物不完全对应，但地下水污染物和洗桶行为的特征污染物完全对应，虽不能排除其他企业也污染了地下水，但足以认定污染者的行为造成地下水污染。根据《侵权责任法》第六十六条规定，因污染环境产生纠纷，污染者应当就其行为与结果之间不存在因果关系承担举证责任。污染者不能举证证明地下水污染全部系其他企业排污行为所致的，在地下水污染物和洗桶行为特征污染物能够完全对应的情况下，可以认定污染者的行为与环境损害后果之间具有因果关系。

【相关法条】

《中华人民共和国环境保护法》第五十八条 对污染环境、破坏生态，损害社会公共利益的行为，符合下列条件的社会组织可以向人民法院提起诉讼：

（一）依法在设区的市级以上人民政府民政部门登记；

（二）专门从事环境保护公益活动连续五年以上且无违法记录。

符合前款规定的社会组织向人民法院提起诉讼，人民法院应当依法受理。

提起诉讼的社会组织不得通过诉讼牟取经济利益。

《中华人民共和国民事诉讼法》第五十五条 对污染环境、侵害众多消费者合法权益等损害社会公共利益的行为，法律规定的机关和有关组织可以向人

民法院提起诉讼。

《中华人民共和国侵权责任法》第六十六条　因污染环境发生纠纷，污染者应当就法律规定的不承担责任或者减轻责任的情形及其行为与损害之间不存在因果关系承担举证责任。

《最高人民法院关于审理环境民事公益诉讼案件适用法律若干问题的解释》第二十三条　生态环境修复费用难以确定或者确定具体数额所需鉴定费用明显过高的，人民法院可以结合污染环境、破坏生态的范围和程度、生态环境的稀缺性、生态环境恢复的难易程度、防治污染设备的运行成本、被告因侵害行为所获得的利益以及过错程度等因素，并可以参考负有环境保护监督管理职责的部门的意见、专家意见等，予以合理确定。

【案件索引】

一审：江苏省常州市中级人民法院（2015）常环公民初字第1号（2016年4月14日）

【基本案情】

公益诉讼人诉称：2010年至2014年，许建惠、许玉仙在常州市武进区遥观镇东方村租用他人厂房，无危险废物经营许可证、非法从事废桶清洗业务过程中产生的废水、废渣，造成环境严重污染。两被告的行为已经构成污染环境罪并被依法追究刑事责任。目前，现场留存的废桶130只、残渣、两个污水池及水下污泥尚未清除；污水池里的污水仍在不断渗透，对土壤和地下水造成污染。污水池下方土壤被污染，对被污染的土壤应依法进行修复；两被告的违法行为至少产生了500吨的废水，对地下水和外环境造成了严重影响，为此，检察机关请求法院判令两被告：（1）及时处置场地内遗留的危险废物，消除危险；（2）及时修复被污染的土壤，恢复原状；（3）赔偿场地排污对环境影响的修复费用，以虚拟治理成本30万元为基数，根据该区域环境敏感程度以4.5～6倍计算赔偿数额，该赔偿款项支付至常州市环境公益基金专用账户。

被告许建惠、许玉仙辩称：本案不属于环境公益诉讼，公益诉讼人就本案也不具有诉讼主体资格，其不能作为公益诉讼人对两被告提起环境公益诉讼；两被告系采用水循环方式洗桶，产生的废水仅50余吨，且从未向厂区外排放过废水，虽然实施了污染环境的行为，但未造成环境污染的后果；两被告没有造成东方洗桶厂土壤的污染，所有的检测报告均不能证明土壤受到了污染，所以也无需对土壤进行恢复；无证据表明东方洗桶厂的地下水污染由被告的行为造成，被告更没有对公共环境造成污染。地下水和公共环境的污染与被告的行为之间不存在因果关系；公益诉讼人提出按照虚拟成本法计算赔偿数额，因两被告造成污染的前提不成立，所以该赔偿计算方法也不能成立。

法院经审理查明：2010 年上半年至 2014 年 9 月，被告许建惠、许玉仙在常州市武进区遥观镇东方村委东方村租用他人厂房，在无营业执照、无危险废物经营许可证的情况下，擅自从事废树脂桶和废油桶的清洗业务。洗桶产生的废水通过排污沟排向无防渗漏措施的露天污水池，产生的残渣被堆放在污水池周围。2014 年 9 月 1 日，公安机关在两被告洗桶现场查获各种废桶 7789 只，其中 1500 只已清洗完毕，其余 6289 只尚未清洗。经常州市环境检测中心取样并委托南京大学现代分析中心检测，从现场尚未清洗的桶内检出对苯二甲酸和间苯二甲酸聚酯。经常州市固废与辐射环境管理中心认定，上述桶及桶内物质均属于《国家危险废物名录》所认定的危险废物。经江苏常环科技有限公司现场采样并委托澳实分析检测（上海）有限公司检测，从现场地下水、污水池内废水以及污水池四周堆放的残渣、污水池底部沉积物中均检出铬、锌等多种重金属及苯酚类、总石油烃等多种有机物。在案件审理过程中，法院召集公益诉讼人、两被告及委托代理人、该案专家辅助人以及当地政府工作人员及村民代表到受污染地进行现场勘验发现，厂区内尚留存 130 只未清洗化工桶；两个污水池；污水池周边、厂区内围墙南侧堆放有固体残渣，污水池中蓄积有大量排污废水。

【裁判结果】

江苏省常州市中级人民法院认定被告许建惠、许玉仙实施了污染环境的行为，造成了环境污染的后果，应当依法承担相应的民事责任，于 2016 年 4 月 14 日作出（2015）常环公民初字第 1 号民事判决：一、被告许建惠、许玉仙于本判决发生法律效力之日起 15 日内将常州市武进区遥观镇东方村委东方村洗桶场地内遗留的 130 只废桶、两个污水池中蓄积的污水和池底污泥以及厂区内堆放的残渣委托有处理资质的单位全部清理处置，消除环境继续污染危险。二、被告许建惠、许玉仙于本判决发生法律效力之日起 30 日内，委托有土壤处理资质的单位制订土壤修复方案，提交常州市环境保护局审核通过后，60日内实施。三、被告许建惠、许玉仙赔偿对其他环境造成的损失150万元，该款于本判决发生法律效力之日起30日内支付至常州市环境公益基金专用账户。案件受理费16950元，由两被告共同负担。

一审宣判后，被告许建惠、许玉仙明确表示不上诉。现该一审判决已经发生法律效力。

【裁判理由】

法院生效判决认为：

一、江苏省常州市人民检察院有权作为公益诉讼人提起诉讼

被告许建惠、许玉仙在未领危险废物许可证的情况下，擅自从事洗桶业务，未经处理排放废水。废水排放不仅会对场地造成污染，而且由于废水的流动、渗透，可能造成土壤、地下水和周边环境的污染，这属于社会公共利益范畴，因此，该案属于公益诉讼。《环境保护法》于2015年1月1日施行。常州市环境公益协会于2014年提起公益诉讼时，当时的法律未对其成立时间作出要求，常州市环境公益协会作为（2014）常环公民初字第2号公益诉讼案的原告并无不当。修订后的《环境保护法》第五十八条第一款第（二）项规定，提起公益诉讼的社会组织需符合专门从事环境保护公益活动五年以上且无违法记录。据此，常州市环境公益协会在成立未满5年的情况下，不再具备提起环境公益诉讼的主体资格。在常州市没有公益诉讼适格原告主体的情况下，江苏省常州市人民检察院有权作为公益诉讼人提起诉讼。

二、被告的排污总量应当确定为24万只废桶内所含有的危险废物

被告从事非法洗桶业务4年多，其雇佣的工人罗忠芬、肖巍等人向公安机关陈述了每天洗桶至少200只，四年来洗桶总量至少24万只。该证言与被告许玉仙向公安机关的供述相互印证，法院予以认定。参考有合法洗桶资质单位的《环境影响报告书》，折算清洗24万只桶产生的废水量为524吨到720吨之间。被告所洗废桶内含有对本二甲酸和间苯二甲酸聚酯，属于危险废物。上述桶内的危险废物经清洗转移至废水内，废水又未经无害化处理就排入露天污水池。洗桶水是否经过沉淀、重量使用，并不影响其非法排放的危险废物总量。被告的排污总量应当确定为24万只废桶内所含有的危险废物，也相当于在水

不重复使用的情况下造成并对外排放废水至少有500吨。

三、两被告实施的污染行为造成了地下水污染、污水池下方土壤及周边环境的污染

1. 根据现场地下水的取样检测结果，地下水中超标因子包括重金属、总石油烃、氯代烷烃、苯系物等；以上化学物质均属污染物。以上污染物与洗桶行业的特征污染物相吻合，与污水池的废水、污泥中的污染物总体相一致。污染物在地下水中的含量远远超过了《地下水质量标准》的三类标准值。因此，可以判定地下水确实造成了严重污染。

2. 虽因污水池下方土壤因实际情况，不符合取样条件，未作检测。但地下水的毛细现象和渗透扩散是一个普遍客观存在的自然现象，从地下水、污水池的污染数据，可以得出土壤被污染的结论。

3. 两被告在长达4年多的排污过程中，至少有24万只桶内的残留化学物都留存在污水池中。因被告从未采取有效防范处理措施，无法做到化学物平衡，在四年多各种气象及自然条件下，必然会导致污染物的外泄。而且，根据现场勘验的情况，洗桶厂内场地和污水池中残留的危险废物数量，已经远小于被告所排放污染物的保守数量。在被告未对危险废物进行合法处置的情况下，其减少的危险废物不可能自然消失，也不可能完全自然降解，必然发生了流出洗桶场地的事实。

四、污染行为与损害结果之间存在因果关系

被告主张洗桶厂周边存在很多企业，它们的排污也会导致地下水的污染。但周边的非化工类企业产生的污染物不可能在总石油烃等化工特征明显的因子上全系列超标。洗桶厂所清洗的包装桶主要包括树脂桶、油料桶，化工特征明显。虽然现场固废污水池内所检出的污染物与地下水污染物不完全对应，但地下水污染物和洗桶行为的特征污染物能够完全对应。虽不能排除其他企业也污染了地下水，但足以认定被告的行为造成地下水污染。根据《侵权责任法》第六十六条之规定，因污染环境发生纠纷，污染者应当就其行为与结果之间不存在因果关系承担举证责任。现被告不能举证证明地下水污染全部系其他企业排污行为所致。在地下水污染物和洗桶行为的特征污染物能够完全对应的情况下，法院可以判定两被告的行为与环境损害后果之间具有因果关系。

五、该案可以采用虚拟治理成本治理法计算环境修复费用

由于此案所涉地下水及洗桶厂周边环境，已难以通过工程予以恢复，其恢复成本远大于其收益并缺乏环境损害评价指标体系。根据环保部制定的《环境损害鉴定评估推荐办法》第二版，恢复成本远大于其收益或缺乏生态环境损害评价指标的情形，可适用虚拟成本治理法计算修复费用。两被告长期排污对地下水和周边环境造成的污染，符合虚拟治理成本治理法的适用的情形。根据常环环境科技有限公司《环境调查技术报告》，一般洗桶废水处置费用为600元每吨。此案两被告洗桶产生废水500吨，洗桶废水虚拟治理成本为30万元。根据《最高人民法院关于审理环境民事公益诉讼案件适用法律若干问题的解释》第二十三条的规定，合议庭考虑到本案污染者的过错程度、污染物性质、周边环境敏感度等因素，酌情确定本案以虚拟治理成本5倍计算赔偿数额为150万元。

【案例注解】

随着经济社会的发展，环境问题日益突出。生态破坏、环境污染已经严重影响了中国人的生存和发展。环保问题，已然成为社会热点。保护环境，人人有责。作为法律监督机关，面对环境问题，检察机关能够主动作为，理应受到赞许。该案例是全国检察机关作为公益诉讼人提起的首例环境民事公益诉讼，受到广泛关注。作为一次检察机关参与保护环境在司法实践上的最新探索，该案例具有典型的理论价值和实践示范作用。同时，案件本身也体现出这样几个特性：

一、检察机关作为公益诉讼人提起环境民事公益诉讼的特殊性

毋庸讳言，作为国家法律监督机关，相对于对方当事人，检察机关在诉讼中具有一定的优势。依照《人民检察院提起公益诉讼试点工作实施办法》第十五条的规定，该案中，检察机关是以公益诉讼人的身份提起诉讼。在案件审理中，法院坚持充分体现双方当事人诉讼地位平等，依照《民事诉讼法》原告身份来确定检察机关主体身份，在保全程序中检察机关提供财产保全申请，明确检察机关出庭人员身份为委托代理人，针对检察机关提出的起诉书，庭审时，检察机关以公益诉讼人的身份陈述起诉意见。

二、合议庭组成人员的专业性

环境案件涉及艰深复杂的技术判定，具有很强的专业色彩，一般的审判人员很难适应这类技术型案件，需要由专门的资深环境法官和在一线从事环境工作的专业人员共同完成。根据《人民法院审理人民检察院提起公益诉讼案件试点工作实施办法》第七条关于“适用人民陪审制”的规定，该案由一名法官、一名专家陪审员、一名普通陪审员组成合议庭。在案件审理过程中，合议庭三名成员工作各有侧重。专家陪审员主要对案件所涉技术问题进行分析、汇总，提供专业的技术意见；普通陪审员研究该案的法律适用问题；资深环境法官全程把控案件所涉事实的认定和法律适用等方面问题，召集双方当事人及其他诉讼参与人，推动案件依照法定程序有序进行。

三、案件所涉主体的多元性

环境污染问题影响范围广泛，涉及人员众多。公益诉讼案件的审理过程应当注重公众参与，裁判结果应当有坚实民意基础。该案在规定时间内公告了案件信息，向被污染当地群众公布，收集和听取了公众意见，通知环境行政执法机关。另外，检察机关在本地环境专家咨询库中选取了专家辅助人。在案件审理过程中，召集案件双方当事人，原刑事案件的鉴定人、专家辅助人、环保机关、当地村委对受污染场地进行了勘查。

四、环境侵权案件事实认定存在一定的困难性

该案被告污染环境行为持续时间长，排污行为具有一定的隐蔽性，加上雨水冲刷等自然因素的作用以及污染场地附近小微企业众多等事实，使得污染物的排放量、污染源的确定和环境受影响的范围，认定起来比较困难，仅仅依靠环境技术鉴定报告很难做出能够令人信服的结论。该案以环境技术鉴定报告为依托，参考有合法洗桶资质单位的环境影响报告书，将被告排污总量认定为危险废物总量，解决了被告所排放废水总量的争议；根据地下水的毛细现象和渗透扩散的自然现象，认定地下水、污水池下方土壤和周边环境受到了影响；依据污染者应当就其行为与结果之间不存在因果关系承担举证责任的法律规定，确定被告应当就其排污行为承担法律责任。

五、裁判执行方式的新颖性

根据环境公益诉讼损害赔偿金额认定难度大、因修复方式不同而产生的变

化较大等特点，判令被告在一定区间内承担环境修复费用；判令被告自行消除场地危险、修复土壤污染，安排了监督验收机制，并做好如被告自行修复不符合标准时引入第三方修复的准备；该案还预先与地方人民政府做好沟通，被告如败诉后赔偿款不能完全执行到位，在刑事案件中已经缴入国库的45万元罚金将优先用于恢复环境。希望以该案为契机，将环境污染刑事犯罪案件中的罚金纳入环境修复专项资金范围。

（**一审法院合议庭成员** 黄　磊　李艳萍　朱　依

编写人 江苏省常州市中级人民法院　黄　磊　骆云辉

责任编辑 杨　奕

审稿人 蒋惠岭）

李磊诉姚俊旻、浙江淘宝网络有限公司买卖合同纠纷案

——网络店铺的私自转让行为不发生法律效力

关键词：合同法　概括转让　网络空间　网络店铺转让　网络交易安全

【裁判要旨】

网络店铺店主通过与网络平台经营者签订服务协议而享有网络店铺的经营权，双方间系存在合同关系。如店主将网络店铺转让给他人，相当于将其与网络平台经营者之间合同关系项下的权利义务一并予以转让，属于《合同法》规定的权利义务的概括转让，须经对方当事人即网络平台经营者的同意。如未经网络平台经营方同意，则该种网络店铺转让之行为不发生法律效力。

【相关法条】

《中华人民共和国合同法》第八十八条　当事人一方经对方同意，可以将自己在合同中的权利和义务一并转让给第三人。

【案件索引】

一审：上海市闵行区人民法院（2015）闵民一（民）初字第10711号（2015年10月8日）

二审：上海市第一中级人民法院（2015）沪一中民一（民）终字第4045号（2016年8月3日）

【基本案情】

原告李磊诉称：被告浙江淘宝网络有限公司（以下简称淘宝公司）关停诉争淘宝店铺侵犯其合法权利，请求法院判令原告与被告姚俊旻签订的《淘宝网店转让合同》合法有效，姚俊旻与淘宝公司协助原告变更诉争店铺的后台实名认证信息，停止关停诉争店铺的行为。

被告姚俊旻辩称：诉争店铺转让后，经营活动、信用累计均与其无关。签订店铺转让协议系其本人意思，其同意原告的诉讼请求。

被告淘宝公司辩称：原告与被告姚俊旻在签订转让合同时，均系明知《淘宝服务协议》禁止淘宝店铺转让，转让合同侵犯淘宝的网络体系和规则，应属无效。淘宝公司根据《淘宝规则》对涉案账户采取查封措施，并无过错。淘宝公司并非转让合同的相对方，不应承担转让合同项下的义务，亦没有协助过户的义务，其不同意原告的诉讼请求。

法院经审理查明：2011 年 12 月 29 日，李磊（乙方）与姚俊旻（甲方）签订《淘宝网店转让合同》。合同主要内容为：双方在自愿、平等和协商一致的基础上，订立本网络店铺转让合同。本合同所转让的网络店铺具体情况如下：店铺名称为“淘宝店铺：燕子浦东机场日上免税代购化妆品”；店铺网址为“http：//hazecyy. taobao. com/shop3340413. taobao. com”；经营项目为“当前主营：美容护理”；淘宝会员账号为“chenyinyan”；支付宝账号为“hazecyy @ gmail. com”；网店创建时间为“2005. 10”；乙方对该网络店铺情况已充分了解。甲、乙共同商定，店铺的转让总费用为 43700 元，其中包括本网络店铺所有权出让金 3 万元，库存货出让金 12700 元，以及消费者保障计划冻结保证金 1000 元。出让人甲的权利义务为：出让人甲必须提供真实的身份证明资料；出让人甲对所提供的店铺的一切资料保证其真实性，且来源合法；出让人甲在店铺转让后，不得以任何方式向店铺所在网络平台找回或者修改会员账号及密码，也不得有转移账号内资金的行为，并保证任何第三方（包括但不限于店铺所在网络平台）不会查封店铺；出让人甲在转让后不得以任何形式干预或者破坏受让人乙的正常交易活动，包括但不限于对客户进行不良宣传等；出让人甲在转让后不得以任何形式利用店铺的资料，包括但不限于账号资料、客户资料、交易信息、商品资料等；出让人甲在转让后不得再将店铺转让给任何第三方。受让人乙的权利义务：受让人乙必须提供真实的身份证明资料；受让人乙在受让后不得违反法律法规进行非法活动，包括但不限于利用该店铺传播非法政治、色情淫秽等信息，非法出售毒品、枪械等违法产品，非法进行信用卡套现等违法行为；受让人乙在受让后不得违法店铺所在网络平台规则。乙方在再次转让该网店时需取得甲方同意，否则不得转让。合同另就双方的其他权利义务进行了约定。

合同签订后，李磊向姚俊旻支付了转让款，并于2011年12月30日通过姚俊旻获取店铺登入账号及密码，接手经营诉争淘宝店铺至今。

淘宝账号为chenyinyan账户经实名认证，姓名为姚俊旻。2015年8月20日登入该账户，店铺等级显示为1皇冠。

2012年2月，姚俊旻入职案外人支付宝（中国）网络技术有限公司上海分公司工作。双方又于2015年2月7日签订劳动合同，有效期为自2015年2月7日起至2018年2月28日止。

2012年5月29日发布的《淘宝规则》载明：会员严重违规扣分（除出售假冒商品外）累计达48分的，给予查封账户的处理……有下列情形之一的，视同为不正当谋利行为：卖家为淘宝工作人员的，每次扣48分。

2014年1月10日修订版的《淘宝服务协议》载明：您的登录名、淘宝昵称和密码不得以任何方式买卖、转让、赠与或继承，除非有法律明确规定或司法裁定，并经淘宝同意，且需提供淘宝要求的合格的文件材料并根据淘宝制定的操作流程办理。

2015年2月，淘宝公司根据《淘宝规则》，以姚俊旻系淘宝工作人员为由，查封诉争淘宝店铺账户。

【裁判结果】

上海市闵行区人民法院于2015年10月8日作出（2015）闵民一（民）初字第10711号民事判决：一、李磊与姚俊旻于2011年12月29日签订之《淘宝网店转让合同》合法有效；二、浙江淘宝网络有限公司于判决生效之日起3日内解除对网址为http：//hazecyy. taobao. com/shop3340413. taobao. com淘宝店铺之查封；三、浙江淘宝网络有限公司、姚俊旻于判决生效之日起3日内协助李磊变更上述淘宝店铺之后台实名认证信息。一审宣判后，淘宝公司向上海市第一中级人民法院提起上诉。上海市第一中级人民法院于2016年8月3日作出（2015）沪一中民一（民）终字第4045号民事判决：撤销一审民事判决，驳回李磊的全部诉讼请求。

【裁判理由】

法院生效裁判认为：当事人依法享有自愿订立合同的权利。依法成立的合同，对当事人具有法律约束力，受法律保护。本案中，姚俊旻通过与淘宝公司签订服务协议并经实名认证，取得系争淘宝店铺之经营权。服务协议内容经双方认可，且不存在违反法律行政法规强制性规定、损害社会公共利益等情形，故双方间形成合法有效的合同关系。经营多年后，姚俊旻通过签署《淘宝网店转让合同》，将系争淘宝店铺转让给李磊，尽管双方之间的转让合同还涉及库存货、客户资料等其他内容，但实际上系姚俊旻将其与淘宝公司间合同关系项下的权利义务一并转让给李磊。根据《合同法》之规定，当事人一方将自己在合同中的权利和义务一并转让给第三方的，须经对方当事人的同意。现姚俊旻与李磊未征得淘宝公司同意，私自转让系争淘宝店铺，该转让行为不发生法律效力。另，根据双方转让合同的约定及李磊的陈述，李磊对淘宝公司之服务协议及姚俊旻不得以任何方式转让其淘宝店铺的登录名、淘宝昵称和密码，亦应当明知，故李磊主张《淘宝网店转让合同》合法有效、要求姚俊旻及淘宝公司协助变更系争淘宝店铺后台实名认证信息，缺乏法律依据，不予支持。淘宝公司作为网络平台经营方查封系争淘宝店铺，系根据《淘宝规则》之规定，针对内部工作人员作出的正常管理行为，并无不当。李磊要求淘宝公司解封系争淘宝店铺之主张，亦缺乏依据，不予支持。

淘宝店铺均存在一定程度之信用等级，该信用等级与店主的经营能力及信誉息息相关，是消费者网络购物时的重要参考因素。在缺乏必要、有效公示手段的情形下，店主私自转让淘宝店铺，确会导致经营能力及信誉与信用等级不匹配之状况，对网络交易安全带来不可知、不可控的影响，故淘宝公司之服务协议规定限制淘宝店铺的私自转让，有其合理性。

虽然诉争店铺是网络空间之店铺，但在法律适用与法律评判上，与现实空间并无二致。原审判决强调个案的特殊性，并以行为结果来作为行为本身合法性的评判标准，于法而言，有欠妥当，不予认同。

【案例注解】

该案例涉及网络店铺转让究竟系转让什么、转让的法律效力如何、网络空间又如何进行法律评价等问题。学界对上述问题的观点可谓是众说纷纭，并无相对统一之见解；实践中，亦尚未见到有对此作出深入分析裁断之案例。

本案通过对网络店铺店主与网络平台经营方之间法律关系的厘清，对网络店铺私自转让这一事实上大量存在的行为，从法律上作出了妥当评价，有利于网络平台经营方更好地实施管理、提供服务、控制网络交易风险，促进电子商务的进一步健康、有序发展。而且，本案判决亦明确，在法律适用和法律评判上，网络空间与现实空间并无二致，对今后同类案件的审理具有一定的借鉴意义。

一、网络店铺转让系转让什么

本案审理过程中，首先遇到的问题是：网络店铺①应如何定性，店主与网络店铺、与网络平台经营方又是何种关系？

就笔者掌握的材料看，学界对上述概念及关系的研究尚未形成较为统一之观点。有的观点认为，网店是物，并且是集虚拟物与权利为一体的集合物，网店经营者对特定的平台空间享有用益物权，对作为集合性财产的网店享有所有权②；有的观点认为，个人网店是商事主体，应进行工商登记，网络交易平台和网店之间的关系兼具合作性、居间性、租赁性等因素，可以定义为一种新型的服务合同关系③；有的观点认为网络平台的经营方对整个网站一级域名、二级域名均享有所有权，店主是网络店铺的使用人，店主和网络平台经营方之间是新型租赁关系④；还有的观点认为个人网店属于民事客体，与作为民事主体的网店店主相区别，个人网店具有财产属性，是网店经营者基于服务协议而取得的合同之债⑤；更有观点认为，网络虚拟财产系网络服务提供者根据合同约定向权利人提供的专属性服务行为，此种现象实际上已非传统物权或债权理论所能解释，而更接近于一种中间型财产权利，在此种情况下，仅凭其中某一项

① 此处所称网络店铺，系指与本案系争店铺类似的由个人开设之网店。

② 参见林旭霞、蔡健晖：《网上商店的物权客体属性及物权规则研究》，载《法律科学》2016年第3期。

③ 参见邹珊珊：《个人网店的法律地位研究》，北京外国语大学硕士论文2015年。关于网店的工商登记，早在2007年9月制定通过的《北京市信息化促进条例》中就规定，利用互联网从事经营活动的单位和个人应当依法取得营业执照。2014年1月，国家工商总局发布《网络交易管理办法》第七条亦规定，从事网络商品交易的自然人，应当通过第三方交易平台开展经营活动，并向第三方交易平台提交其姓名、地址、有效身份证明、有效联系方式等真实身份信息。具备登记注册条件的，依法办理工商登记。

④ 参见储陈城、李燕纹：《论网络店铺租赁的法律关系》，载《浙江树人大学学报》2011年7月。

⑤ 参见沈凤丹：《个人网店经营权移转法律问题研究》，浙江大学硕士论文2014年。

权利特性就对网络虚拟财产的法律属性得出全盘定论，恐怕都是过于武断的①，等等。可谓是众说纷纭。

登录中国裁判文书网②，在民事案件中，以淘宝店铺、转让为关键词，以合同、无因管理、不当得利纠纷为案由，共搜索得20件案件，其中与淘宝店铺转让相关的有5起案件③。这5起案件判决的说理部分，对店主与网络店铺、网络平台经营方之间的关系，均未作出较为明确的阐释、界定。可见，近年来司法实践中对上述问题之判断，亦尚未深入。

笔者认为，网络空间虽然有别于物理空间，但网络空间并非完全超脱于人类社会的独立空间或领域。“在线”与“离线”，都是人的行为状态。④网络空间中的各种利益关系，从根本上讲就是现实世界中各种利益关系之延伸。

网络店铺作为网络空间中的经营活动载体，无自为意思表示之可能，亦缺乏承担责任之独立财产，并非独立之民商事主体，而系作为权利客体存在。其具有财产属性，但并非物权意义上之物。而且，网络店铺除了是店主用于经营的特定网络空间，还会伴随经营而产生一定之信用等级、商誉，并内含有客户资料、交易信息、进货渠道等无形资产，应该说，网络店铺系多种财产形态之集合体。恰如实践中许多网络店铺之转让，就含有转让登录名、密码、信用等级、客户资料、商品资料、库存货等多项内容。

就店主与网络店铺、与网络平台经营方之关系，笔者认为，应透过重重现象看本质：店主通过与网络平台经营方签订服务协议⑤，获取特定账户之登录名、密码，进而取得特定网络店铺之经营权，应当讲，店主与网络平台经营方之间系形成合同关系。店主转让网络店铺，虽然包含有客户资料、库存货等多项内容，但实质上系转让了店主与网络平台经营方之间合同项下一系列权利义务关系。

---

① 参见刘明：《网络虚拟财产权权利客体研究》，载《社会科学研究》2015年2月。

② 登录访问时间为2016年8月6日。

③ 这5起案件分别为：浙江省杭州市滨江区人民法院于2016年4月审结的胡晓菁与吴礼法合同纠纷案、湖北省荆州市监利县人民法院于2015年10月审结的岳海欧与瞿珍转让合同纠纷案、上海市闵行区人民法院于2015年9月审结的李潇琳与王定青买卖合同纠纷案、北京市第一中级人民院于2015年3月审结的马肖鹏与蔡晶买卖合同纠纷案、上海市闵行区人民法院2014年7月审结的刘卫嵘与高俊买卖合同纠纷案。

④ 参见孙占利：《虚拟主体基本法律问题探略》，载《法学评论》2008年第2期。

⑤《网络交易管理办法》第二十四条第一款规定：“第三方交易平台经营者应当与申请进入平台销售商品或者提供服务的经营者订立协议，明确双方在平台进入和退出、商品和服务质量安全保障、消费者权益保护等方面的权利、义务和责任。”

二、网络店铺转让产生怎样的法律效力

网络店铺转让，实质上是店主将其与网络平台经营方之间合同关系项下的权利义务一并转让给第三方，这种转让即权利义务的概括转让。根据《合同法》第八十八条之规定，当事人一方经对方同意，可以将自己在合同中的权利和义务一并转让给第三人。但如果一方当事人与第三人的合同未经对方同意的，则不生概括移让的效力。①

这种不生效力，除了是对原合同相对方不产生效力外，是否还包括概括转让合同本身？对此，笔者持肯定意见。权利义务的概括转让自然包括义务部分的转让，当出让人以债务人身份向第三方转让债务时，对于原合同相对方的债权人而言，便是对其债权的一种无权处分，属于效力未定的行为。② 因此，权利义务概括转让亦应属效力未定的行为。如未经原合同相对方同意，则概括转让合同本身亦不发生法律效力。

具体到本案中，姚俊旻系通过与淘宝公司签订服务协议并经实名认证，取得了系争淘宝店铺之经营权。而且，服务协议内容经双方认可，且不存在违反法律行政法规强制性规定、损害社会公共利益等情形，故作为店主的姚俊旻与作为网络平台经营方的淘宝公司间形成合法有效的合同关系。尽管，姚俊旻与李磊签订的《淘宝网店转让合同》约定转让的总费用包括三部分：网络店铺“所有权”出让金、库存货出让金、消费者保障计划冻结保证金，且转让内容囊括账号资料、客户资料、交易信息、商品资料等多个方面。但实际上，该转让系姚俊旻将其与淘宝公司间合同权利义务一并转让给了李磊。现姚俊旻与李磊未征得淘宝公司同意，私自转让系争淘宝店铺，该转让行为不发生法律效力。

三、网络平台经营方可否限制店铺转让

网络消除了现实空间的距离阻隔，给普通消费者带来了不出家门就能尽情购物的便捷，但同时也模糊了参与主体的真实身份，减弱了所传递信息的可信赖程度，使得网上购物较之传统购物方式存在着更大的风险，同时也使网络平

① 关于未经对方当事人同意，概括转让不发生法律效力的观点，参见谢怀栻等：《合同法原理》，法律出版社2000年版，第237页；李永军：《合同法》，中国人民大学出版社2005年版，第283页；刘凯湘：《合同法》，中国法制出版社2010年版，第357页。

② 参见韩世远：《合同法总论（第三版）》，法律出版社2011年版，第489页。

台经营方更需担负起多的责任。①

《网络交易管理办法》第二十五条规定，第三方交易平台经营者应当建立平台内交易规则、交易安全保障、消费者权益保护、不良信息处理等管理制度。第三方交易平台经营者应当采取必要的技术手段和管理措施保证平台的正常运行，提供必要、可靠的交易环境和交易服务，维护网络交易秩序。应当讲，面对网络交易安全，网络平台经营方必须有所作为。

具体到本案中，《淘宝服务协议》明确规定，淘宝登录名、昵称和密码不得以任何方式买卖、转让、赠与或继承。通过该规定，淘宝公司对淘宝网络店铺的转让予以了限制。笔者认为，淘宝店铺均存在一定程度之信用等级，该信用等级与店主的经营能力及信誉息息相关，是消费者网络购物时的重要参考因素。在缺乏必要、有效公示手段的情形下，店主私自转让淘宝店铺，确会导致经营能力及信誉与信用等级不匹配之状况，不仅损害到消费者的知情权、选择权，亦会对网络交易安全带来不可知、不可控的影响。因此，淘宝公司之服务协议规定限制淘宝店铺的私自转让，有其合理性。

四、网络空间应如何进行法律评价

2016 年 7 月发布的《中国互联网络发展状况统计报告》显示，截至 2016 年 6 月，中国网民规模达 71000 万，网络购物用户规模达到 44800 万。可以说，网络已成为许许多多普通人日常生活的一部分。

网络空间有着不同于现实社会的特征，如虚拟性和匿名性，可以让人隐匿现实生活的真实身份；如开放性和无中心权威性，信息不再被垄断和集中；如即时性和全球性，鼠标只需轻轻一点就可以到世界上任何一个国家。② 但虚拟并非虚幻，网络空间所形成的网络社会，是人类社会的新的组成部分，不仅无法与现实社会割裂，并由于人的活动而与现实社会紧密结合。③ 因此，笔者认为，网络空间作为人类活动范围之延伸部分，在法律适用和法律评价上，与现实空间亦并无二致。

在本案的审理过程中，一审法院认识到线下私自转让网店确实不妥，但又认为本案作为个案具有特殊性，转让行为并未产生不良之后果，故予以认可。

---

① 参见苏添：《论网络交易平台提供商的民事法律责任》，载《北京邮电大学学报（社会科学版）》2015 年 10 月。

② 参见韩德强：《网络空间法律规制》，人民法院出版社 2015 年版，第 2～5 页。

③ 参见孙占利：《虚拟主体基本法律问题探略》，载《法学评论》2008 年第 2 期。

该情形，实际是以行为结果来作为行为本身合法性的评判标准，有欠妥当，实难予认同。

（**一审法院独任审判员** 陈献茗
二审法院合议庭成员 单 珏 潘春霞 潘静波
编写人 上海市第一中级人民法院 单 珏 潘静波
责任编辑 杨 奕
审稿人 蒋惠岭）

周开顺诉温州久联房地产开发有限公司、杨家料等民间借贷纠纷案

——连带共同保证中债权人免除部分保证人责任时其他保证人的责任认定

关键词：连带共同保证　免除保证责任　担保份额　追偿权

【裁判要旨】

连带共同保证中，债权人免除部分保证人的保证责任，其他保证人承担责任后无权向该部分保证人追偿。相应地，其他保证人应在该部分保证人内部应承担保证份额的范围内免除保证责任。

【相关法条】

《中华人民共和国担保法》第十二条　同一债务有两个以上保证人的，保证人应当按照保证合同约定的保证份额，承担保证责任。没有约定保证份额的，保证人承担连带责任，债权人可以要求任何一个保证人承担全部保证责任，保证人都负有担保全部债权实现的义务。已经承担保证责任的保证人，有权向债务人追偿，或者要求承担连带责任的其他保证人清偿其应当承担的份额。

《最高人民法院关于适用〈中华人民共和国担保法〉若干问题的解释》第二十条　连带共同保证的债务人在主合同规定的债务履行期届满没有履行债务的，债权人可以要求债务人履行债务，也可以要求任何一个保证人承担全部保证责任。

连带共同保证的保证人承担保证责任后，向债务人不能追偿的部分，由各

连带保证人按其内部约定的比例分担。没有约定的，平均分担。

【案件索引】

一审：浙江省温州市苍南县人民法院（2015）温苍商初字第1550号（2015年12月10日）

二审：浙江省温州市中级人民法院（2016）浙03民终2086号（2016年7月8日）

【基本案情】

原告周开顺诉称：温州久联房地产开发有限公司（以下简称久联公司）多次向周开顺借款，双方于2014年1月1日经结算，久联公司共欠周开顺借款144万元，并向周开顺出具借据，双方约定：借款时间为12个月，借款按月利率1.3%计息。被告杨家料、林友努、上官王科、缪仁爱、林加来、林维想、林忠满、蔡步棉为该借款提供连带责任保证，保证期间为借款期限届满后的两年。借款期限限满后，久联公司只按月利率1.3%支付至2014年6月30日止、按月利率0.6%支付至2014年12月31日止的利息。为此，周开顺诉请法院判决：（1）久联公司偿还周开顺借款本金144万元及其利息（自2014年7月1日起至2014年12月31日止，按月利率0.7%计算；自2015年1月1日起至法院判决确定的履行之日止，按月利率1.3%计算）；（2）杨家料、林友努、上官王科、缪仁爱、林加来、林维想、林忠满、蔡步棉对上述债务承担连带清偿的责任；（3）案件受理费、保全费由久联公司、杨家料、林友努、上官王科、缪仁爱、林加来、林维想、林忠满、蔡步棉共同承担。在原审诉讼过程中，周开顺放弃了对上官王科的诉讼请求。

林加来、蔡步棉在原审中共同答辩称：本案的借款并无实际发生，故其无需承担保证责任。

久联公司、杨家料、林友努、上官王科、缪仁爱、林维想、林忠满在原审中均未作答辩。但林忠满上诉称：本案借据中上官王科的签字确属其本人所签，如果借款事实成立，则上官王科应同样承担保证责任。周开顺放弃对上官王科的诉讼请求导致其他担保人担责后无法向上官王科追偿，这加重了其他担保人的责任，损害了包括林忠满在内的其他担保人的利益，请求改判驳回周开顺对林忠满的诉讼请求或者发回重审。

法院经审理查明：久联公司于2012年开始多次向周开顺借款，并按月利率1.3%支付利息。2014年1月1日，经结算，久联公司向周开顺出具借款144万元的借据，双方约定：借款时间为12个月，借款按月利率1.3%计息。杨家料、林友努、上官王科、缪仁爱、林加来、林维想、蔡步棉、林忠满八人在借据中担保人处签字按印，约定保证期间为借款期限届满后的两年，但未约定保证方式。同日，久联公司向周开顺出具收到款项144万元的收款收据。借款期限限满后，久联公司只按月利率1.3%支付至2014年6月30日止、按月利率0.6%支付至2014年12月31日止的利息。故周开顺于2015年6月8日向法院提起诉讼。起诉同日，周开顺向法院出具情况说明，称在民间习惯中，上官和官、科和棵是通用的，借据中签署的“官王棵”就是本案的被告上官王科。2015年12月10日，周开顺向法院提交《撤回申请书》，称周开顺放弃对上官王科的诉讼请求，请求原审法院予以准许。原审法院在判决书中予以准许。

【裁判结果】

浙江省温州市苍南县人民法院于2015年12月10日作出（2015）温苍商初字第1550号民事判决：一、温州久联房地产开发有限公司于判决生效后10日内偿还周开顺借款144万元及其利息（自2014年7月1日起至2014年12月31日止，按月利率0.7%计算；自2015年1月1日起至法院判决确定的履行之日止，按月利率1.3%计算）；二、杨家料、林友努、缪仁爱、林加来、林维想、林忠满、蔡步棉对上述款项承担连带保证责任，杨家料、林友努、缪仁爱、林加来、林维想、林忠满、蔡步棉承担保证责任后，有权向温州久联房地产开发有限公司追偿。

一审宣判后，林忠满提出上诉。温州市中级人民法院于2016年7月8日作出（2016）浙03民终2086号民事判决：一、维持浙江省苍南县人民法院（2015）温苍商初字第1550号民事判决第一项；二、改判浙江省苍南县人民法院（2015）温苍商初字第1550号民事判决第二项“杨家料、林友努、缪仁爱、林加来、林维想、林忠满、蔡步棉对上述款项承担连带保证责任，杨家料、林友努、缪仁爱、林加来、林维想、林忠满、蔡步棉承担保证责任后，有权向温州久联房地产开发有限公司追偿”为“杨家料、林友努、缪仁爱、林加来、林维想、林忠满、蔡步棉对上述款项的八分之七承担连带保证责任，杨家料、林友努、缪仁爱、林加来、林维想、林忠满、蔡步棉承担保证责任后，有权向温州久联房地产开发有限公司追偿”。

【裁判理由】

温州市中级人民法院审理认为：本案主要的争议焦点在于周开顺在原审中放弃对连带保证人之一上官王科的诉讼请求，对其他保证人的责任该如何认定。

《担保法》第十二条规定："同一债务有两个以上保证人的，保证人应当按照保证合同约定的保证份额，承担保证责任。没有约定保证份额的，保证人承担连带责任，债权人可以要求任何一个保证人承担全部保证责任，保证人都负有担保全部债权实现的义务。已经承担保证责任的保证人，有权向债务人追偿，或者要求承担连带责任的其他保证人清偿其应当承担的份额。"根据该规定，连带共同保证人之间因追偿而产生的法律关系，应当建立在共同保证的基础上，如果共同保证的部分保证人的保证责任被免除，该部分保证人对债权人不再承担清偿债务的责任时，那么共同保证人之间追偿和被追偿的法律关系就失去了存在的基础。本案中，周开顺在原审确认"官王棵"即为上官王科的情况下，又自愿放弃对上官王科的诉讼请求，由此产生的法律后果应由周开顺自行承担。周开顺在原审中放弃了对保证人之一上官王科的诉讼请求，周开顺和上官王科之间的保证合同法律关系因债权人周开顺免除上官王科的担保债务而归于终止，上官王科对本案主债务不再负担连带清偿责任的份额，则杨家料、林友努、缪仁爱、林加来、林维想、林忠满、蔡步棉如清偿债务后将无权向上官王科追偿。周开顺处分自己的权利，但损害了其他保证人追偿的法定权利，其他担保人的担保责任应相应减轻。依据《最高人民法院关于适用〈中华人民共和国担保法〉若干问题的解释》（以下简称《担保法解释》）第二十条第二款规定"连带共同保证的保证人承担保证责任后，向债务人不能追偿的部分，由各连带保证人按其内部约定的比例分担。没有约定的，平均分担"，现各当事人无证据证明连带保证人之间对担保份额有内部约定，应按平均分担处理。周开顺放弃对 8 名担保人中其中一个的诉讼请求，应视为免除总债务八分之一的保证份额，其他 7 名担保人应当对主债务的八分之七承担连带保证责任。林忠满的该项上诉理由有事实和法律依据，予以支持。

【案例注解】

司法实践中，时常遇到连带共同保证中，债权人因各种原因免除部分保证人保证责任的情形，在这种情况下，其他保证人的责任该如何认定仍是法律空白。针对该问题，一般有四种处理意见。

第一种意见认为，连带共同保证人是一个整体，债权人免除行为的效力自然及于其他保证人，其他保证人亦不再承担责任。第二种意见认为，各连带保证人与债权人形成的是各自独立的保证合同，每个保证人都负有担保全部债权实现的义务，保证人之间并不需要形成合意。债权人与部分保证人权利义务关系的重新确定，并不影响其他保证人和债权人间的法律关系，其他保证人仍应承担全部的担保责任。第三种意见认为，债权人的免除行为损害了其他担保人的追偿权，该免除行为无效，所有连带保证人依旧承担全部保证责任。第四种意见认为，债权人的免除行为造成其他保证人承担责任后无权向该部分保证人追偿。其他保证人应在该部分保证人内部应承担保证份额的范围内免除担保责任，仅就剩余保证份额对债权人承担连带保证责任。对此，笔者认为，第一种意见的处理结果让所有保证人不担责任，显然违背了债权人的真实意思表示，超出了债权人权利处分的范围，违背了民事活动公平、自愿原则，实不可取。第二种意见的考虑不够全面，仅注意到债权人和连带保证人之间基于保证合同发生的保证法律关系，却忽视了各保证人之间因为法律规定而产生的相互追偿法律关系以及债权人的免除行为对追偿权造成的影响。第三种意见考虑到了债权人的免除行为对其他保证人追偿权造成的损害，但该法律行为意思表示真实，不违反法律或者社会公共利益，不具有无效民事行为的情形，直接认定其无效既不符合民法意思自治原则，也于法无据。笔者赞同第四种意见。

一、保证债权和追偿债权间的权利冲突

权利冲突是普遍存在于我们的法律生活、司法实践之中的法律现象，它是指两个或者两个以上同样具有法律上之依据的权利因法律未对它们之间的关系做出明确的界定所导致的权利边界的不确定性、模糊性，从而引起的它们之间的不和谐状态、矛盾状态。① 本案就是权利冲突在司法实践中的一个具体体现即债权人的保证债权和其他保证人的追偿债权发生了权利冲突。一方面，依据《担保法》第十二条前半部分“同一债务有两个以上保证人的，保证人应当按照保证合同约定的保证份额，承担保证责任。没有约定保证份额的，保证人承担连带责任，债权人可以要求任何一个保证人承担全部保证责任，保证人都负

---

① 王克金：《权利冲突论——一个法律实证主义的分析》，载《法制与社会发展》2002 年第 2 期。

有担保全部债权实现的义务”、第十八条第二款“连带责任保证的债务人在主合同规定的债务履行期届满没有履行债务的，债权人可以要求债务人履行债务，也可以要求保证人在其保证范围内承担保证责任”，本案中8名保证人未约定保证份额，保证人承担连带责任。债权人周开顺对各保证人依法享有合同上的保证债权。一般认为，债权作为一种财产权利，主要具备请求履行权、接受履行权、债权保护请求权、处分权等四项权能。周开顺放弃对上官王科的诉讼请求，即产生免除了上官王科的保证义务的法律效果，是正当行使债权中的处分权能。另一方面，依据《担保法》第十二条后半部分“已经承担保证责任的保证人，有权向债务人追偿，或者要求承担连带责任的其他保证人清偿其应当承担的份额”，《担保法解释》第二十条第二款“连带共同保证的保证人承担保证责任后，向债务人不能追偿的部分，由各连带保证人按其内部约定的比例分担。没有约定的，平均分担”规定，保证人在承担保证责任后依法享有对其他保证人的追偿债权。本案中林忠满清偿债务后要求上官王科承担其份额亦是正当行使追偿权中的请求履行权能。但这两项合法权利却构成了权利冲突，只能实现其中的一个，无法共同实现。原因在于连带共同保证人之间的追偿法律关系，应当建立在共同保证、共担份额的基础上。若债权人和部分保证人的保证法律关系因债权人的免除行为而归于终止，该部分保证人就不再属于共同保证的整体，对主债务无需分担清偿责任的份额，则追偿和被追偿的法律关系就失去了存在的基础，其他保证人清偿债务后自然无权向该部分保证人追偿。

权利冲突如何解决？理论界一般认为一是通过立法对权利的边界进行重新界定，以消除权利边界的模糊性，最后实现解决权利冲突的目的；二是通过法官在司法实践中运用自由裁量权，根据法律之精神来制定新的权利规则对个案作出判决。① 本案就是在法律规则缺失的情况下，通过司法途径解决权利冲突的典范。权利冲突是法律上的一种漏洞，现代法律将法律原则作为弥补法律漏洞的重要方法。法律原则是法律精神最集中的体现，在通过司法程序解决权利冲突中有着非常重要的作用，在具体的法律规则存在漏洞的情况下，法官可以适用法律原则审判案件。② 从这个角度来看，笔者认为本案中第四种意见运用了民法中的公平原则、权利不得滥用原则、诚实信用原则，处理结果最能实现

① 王克金：《权利冲突论——一个法律实证主义的分析》，载《法制与社会发展》2002年第2期；于宏伟，朱庆锋：《正确对待权利冲突—现象与解决方式之间》，载《法学论坛》2006年第1期。

② 王克金：《权利冲突研究中需要进一步澄清的问题》，载《法制与社会发展》2010年第5期。

利益平衡，让各方当事人服判息诉，因此最为可取。

二、法律原则在本案中的体现和运用

（一）公平原则

公平原则要求立法者和裁判者在民事立法和司法的过程中应维持民事主体之间的利益均衡。[①] 权利是某种利益的体现和产物，权利冲突的实质在于多元化社会生活中不同的主体间不同的利益追求所发生的冲突和碰撞。化解这种相互间的对立和紧张关系，就是对冲突着的利益进行衡量和取舍，最终实现各方利益间的最大平衡。第二种意见只保护了债权人的权益，第三种意见只保护了其他保证人的权益，都没有均衡地保护双方之利益。第四种意见一方面尊重债权人的意思自治，承认免除行为有效，保障债权人的债权；另一方面让其他保证人在相应范围内免责，救济了其他保证人由此被损害的权益，如此兼顾双方权益，让债权人和其他保证人均有得有失，实现了对权利冲突双方的平等保护和利益均衡。

（二）权利不得滥用原则

权利不得滥用原则是指民事主体在进行民事活动中必须正确行使民事权利，不能损害同样受到保护的他人利益和社会公共利益。我国《宪法》第五十一条明确规定："中华人民共和国公民在行使自由和权利的时候，不得损害国家的、社会的、集体的利益和其他公民的合法的自由和权利。"从法律的角度，每一个法律意义上的人都有充分行使自己合法权利的自由。但人又是生活在人群之中，是生活在人与人的关系体系、关系网络中。用马克思的话说，人是社会关系的总和。作为关系范畴的权利在行使的时候，就存在着侵犯和损害他人权益的可能性，这就意味着个体行使权利并不可以随心所欲，应当有其限度。[②] 洛克说："法律的目的不是废除或限制自由，而是保护和扩大自由。"同理，要求每个权利主体遵守权利不得滥用原则才能维护整个社会秩序的和谐，才能保障权利和自由。如果因权利滥用给他人造成损害，应当承担相对应的赔偿责任。本案债权人行使保证债权，但却损害了其他保证人的追偿权利，应当在损害的范围内承担责任。其他保证人免除相应的保证责任，让债权人失去对其他保证人的部分保证债权，正是债权人违背权利不得滥用原则的责任承担

---

① 王轶：《论民法诸项基本原则及其关系》，载《杭州师范大学学报（社会科学版）》2013 年第 3 期。

② 参考刘作翔：《权利冲突的几个理论问题》，载《中国法学》2002 年第 2 期。

方式。

（三）诚实信用原则

诚实信用原则，要求处于法律上特殊联系的民事主体应忠诚守信，做到谨慎维护对方的利益、满足对方的正当期待，给对方提供必要的信息等，它保护的是民事主体间的信赖利益。连带共同保证中，大多数情况下，各保证人在提供担保的时候就知道自己不是孤立的一方，而是一个整体中的一份子，甚至这个整体还是自己熟悉并信任的。如本案中 8 名连带保证人都是债务人久联公司的股东。每个保证人虽不得以内部份额对抗债权人，但可以预期债务人在履行期届满没有履行清偿义务时债权人会向共同保证这一整体主张权利，除自己之外的其他保证人都有可能先行清偿债务，自己后承担应当的份额。退一步讲，即使自己先清偿全部债务，也可以向其余保证人追偿，最终也只承担自己的份额。这种合理的信赖增强了保证人的交易安全感，是促成涉案保证合同订立的重要因素。现债权人为实现自身的某种利益让部分保证人退出保证的整体，使得其他保证人联保的预期落空，不仅先履行的概率增加，且失去了部分追偿权，信赖利益遭受严重损害，债权人应当为这种违背诚信原则的行为付出相应的对价。

三、几个应注意的相关问题

实践中存在多种与本案例相似的情形，能否参照适用应具体问题具体分析，本文列举以下二种供参考。

（一）部分连带保证人冒名，其他保证人如何承担责任

这种情形下被冒名者并无保证的意思表示，保证合同不成立，被冒名者不承担保证责任是基于法定原因而非债权人意定。而本案是保证合同成立生效，基于债权人的意思自治使得部分保证人不承担责任。笔者认为，不管是债权人的主观错过（因债权人附有交易安全保证义务），[①] 还是债权人的权利滥用，两者都是因为债权人的原因导致其他保证人信赖利益的丧失，可以适用同一处理规则，即其他保证人在被冒名者应承担的保证份额内免除责任。

（二）债权人未在保证期间内向部分连带保证人主张权利，其他保证人如何承担责任

这个问题曾经存在较大争议，但在英贸公司诉天元公司保证合同追偿权纠

① 黄旭东、刘干：《部分冒名担保对法定连带共同保证责任的影响》，载《人民司法》2010 年第 14 期。

纷案中，云南省高级人民法院向最高人民法院递交了《关于已经承担了保证责任的保证人向保证期间内未被主张保证责任的其他保证人行使追偿权是否成立的请示》，2002 年 11 月 23 日最高人民法院公布了法释〔2002〕37 号《关于已承担保证责任的保证人向其他保证人行使追偿权问题的批复》，就该问题作出了明确解答："承担连带保证责任的保证人一人或者数人承担保证责任后，有权要求其他保证人清偿应当承担的份额，不受债权人是否在保证期间内向未承担保证责任的保证人主张过保证责任的影响。"云南省高级人民法院在判决书中阐述理由如下："在连带共同保证中，由于保证人是作为一个整体共同对债权人承担保证责任，所以债权人向共同保证人中的任何一人主张权利，都是债权人要求保证人承担保证责任的行为，其效力自然及于所有的保证人。对那些未被选择承担责任的共同保证人来说，债权人向保证人中任何一人主张权利的行为，应当视为债权人已向其主张了权利。"笔者同意该观点，这种情形和本案的根本区别在于，债权人实际并没有免除部分保证人的责任，因此，其他保证人仍就全部债务承担保证责任，承担责任后有权追偿。

（三）混合担保中，债权人放弃部分担保物权的，保证人如何承担责任

就该问题，《担保法》第二十八条第二款曾明确规定："债权人放弃物的担保的，保证人在债权人放弃权利的范围内免除保证责任。"但后颁布的《物权法》第一百七十六条又规定："被担保的债权既有物的担保又有人的担保的，债务人不履行到期债务或者发生当事人约定的实现担保物权的情形，债权人应当按照约定实现债权；没有约定或者约定不明确，债务人自己提供物的担保的，债权人应当先就该物的担保实现债权；第三人提供物的担保的，债权人可以就物的担保实现债权，也可以要求保证人承担保证责任。提供担保的第三人承担担保责任后，有权向债务人追偿。"第一百七十八条规定："担保法与本法的规定不一致的，适用本法。"根据《物权法》的规定，笔者认为这个问题应分多种情况区别对待。如果各担保人（包括债务人自己提供物保时）和债权人约定了各自担保的份额，则债权人无论放弃哪一项担保，对其他担保人都没有影响，保证人仅在约定的份额内承担责任。在没有约定的情况下，如果债权人放弃的是债务人所提供的担保物，则可参照本案例，保证人或物保第三人在其放弃权利的范围内免责。理由在于保证人或物保第三人依法享有先履行抗辩权，债权人的放弃行为使该权利遭受损害。如果债权人放弃的是第三人所提供的担保物，因第三人物保和保证处于同等的地位，且相互间并无追偿的法律依据，债权人的放弃行为对保证

人无实际影响，保证人仍就全部债务承担责任。

（**一审法院合议庭成员** 刘崇岭 徐叶明 苏苗盘
一审法院合议庭成员 陈学箭 胡淑丽 何星亮
编写人 浙江省温州市中级人民法院 胡淑丽 陈学箭
责任编辑 杨 奕
审稿人 蒋惠岭）

商　事

王俊杰诉北京泰丰房地产开发有限公司破产债权确认纠纷案

——民事惩罚性赔偿债权在破产程序中的清偿顺位

关键词：破产　劣后债权　民事惩罚性债权

【裁判要旨】

在破产程序中，民事惩罚性赔偿债权应当劣后于普通破产债权清偿。

【相关法条】

《中华人民共和国破产法》第一百一十三条　破产财产在优先清偿破产费用和共益债务后，依照下列顺序清偿：

（一）破产人所欠职工的工资和医疗、伤残补助、抚恤费用，所欠的应当划入职工个人账户的基本养老保险、基本医疗保险费用，以及法律、行政法规规定应当支付给职工的补偿金；

（二）破产人欠缴的除前项规定以外的社会保险费用和破产人所欠税款；

（三）普通破产债权。

破产财产不足以清偿同一顺序的清偿要求的，按照比例分配。

破产企业的董事、监事和高级管理人员的工资按照该企业职工的平均工资计算。

《最高人民法院关于审理企业破产案件若干问题的规定》第六十一条　下列债权不属于破产债权：

（一）行政、司法机关对破产企业的罚款、罚金以及其他有关费用；

（二）人民法院受理破产案件后债务人未支付应付款项的滞纳金，包括债务人未执行生效法律文书应当加倍支付的迟延利息和劳动保险金的滞纳金；

（三）破产宣告后的债务利息；

（四）债权人参加破产程序所支出的费用；

（五）破产企业的股权、股票持有人在股权、股票上的权利；

（六）破产财产分配开始后向清算组申报的债权；

（七）超过诉讼时效的债权；

（八）债务人开办单位对债务人未收取的管理费、承包费。

上述不属于破产债权的权利，人民法院或者清算组也应当对当事人的申报进行登记。

【案件索引】

一审：北京市第二中级人民法院（2015）二中民（商）初字第11024号（2015年12月30日）

二审：北京市高级人民法院（2016）京民终129号（2016年5月24日）

【基本案情】

原告王俊杰诉称：被告北京泰丰房地产开发有限公司（以下简称泰丰公司）恶意隐瞒所售商品房已被法院查封并已被裁定强制执行的事实，与其签订商品房买卖合同，并收取首付款，且未能按合同约定时间交房。泰丰公司的欺诈行为导致王俊杰合同目的不能实现，合法利益受到严重损害，故诉至法院，请求确认自己对泰丰公司享有债权4573031.56元（其中，200万元为王俊杰已付购房款220万元减去泰丰公司已退还20万元之后，泰丰公司仍应返还的购房款；373031.56元为泰丰公司应支付的购房款之利息；220万元为泰丰公司因欺诈行为应给付的购房款一倍的赔偿金）。

被告泰丰公司辩称：泰丰公司确认债权均是根据法院生效的法律文书。原告申报债权时无法院生效裁判文书，且并未要求购房款加倍赔偿金，故泰丰公司不同意原告提出的加倍赔偿的请求。

法院经审理查明：2012年2月27日和3月21日，北京市丰台区人民法院作出强制执行裁定，轮候查封泰丰公司开发的位于北京西客站南广场的中国企业家大厦（即鸿坤国际大酒店）的房屋，并查封相应土地使用权。2012 年 6 月，在《商品房预售许可证》已过期、房屋和土地均被查封的情况下，泰丰公司与王俊杰签订《商品房买卖合同》两份，约定：王俊杰购买泰丰公司开发的位于北京西客站南广场的中国企业家大厦商品房 2 套，每套建筑面积 100 平方米，每平方米 22000 元；泰丰公司应于 2013 年 6 月 30 日前交房。合同签订后，王俊杰支付了 220 万元首付款。合同约定的交房日到期后泰丰公司未向王俊杰交房。

另查明：2015 年 6 月 1 日，泰丰公司法定代表人张爱华给付王俊杰 20 万元。2015 年 6 月 18 日，北京市第二中级人民法院（以下简称北京二中院）裁定受理胡永进等人对泰丰公司的破产清算申请。此后，泰丰公司申请破产重整。2015 年 12 月 18 日，北京二中院裁定对泰丰公司进行重整。在破产程序中，王俊杰向泰丰公司管理人申报购房款 220 万元及利息债权，对此，管理人作出《不确认申报债权告知书》，载明：泰丰公司向王俊杰支付的 20 万元属于《破产法》规定的应当撤销的个别清偿行为，在王俊杰未退还该个别清偿或者承诺统一折算的情况下，在破产案件最终清偿率不确定的前提下，管理人对王俊杰申报的债权不予确认。王俊杰遂提起本案诉讼。

【裁判结果】

北京二中院于 2015 年 12 月 30 日作出（2015）二中民（商）初字第 11024 号民事判决：一、确认王俊杰对泰丰公司享有债权金额为购房款 200 万元及相应利息，同时支付赔偿款 220 万元；二、驳回王俊杰其他诉讼请求。一审宣判后，泰丰公司向北京市高级人民法院提起上诉。北京市高级人民法院于 2016 年 5 月 24 日作出（2016）京民终字 129 号民事判决：驳回上诉，维持原判。

【裁判理由】

法院生效裁判认为：泰丰公司在不具有商品房预售许可证明的情况下与王俊杰签订商品房买卖合同，属于《最高人民法院关于审理商品房买卖合同纠纷案件适用法律若干问题的解释》（以下简称《商品房买卖合同的解释》）第九条第（一）款规定的欺诈行为。根据该条规定，王俊杰有权要求泰丰公司返还已支付的购房款及利息、赔偿损失，并请求泰丰公司承担不超过已付购房款一倍的赔偿责任。因此，王俊杰对泰丰公司享有的破产债权金额应包括一倍赔偿款220万元。一审法院的判决结果正确，可以维持。但需要指出的是，该赔偿款在债权性质上属于民事惩罚性债权，鉴于泰丰公司已进入破产程序，为保证泰丰公司所有债权人的债权能得以公平受偿，该220万元债权作为惩罚性债权应当劣后于普通破产债权清偿，即待此次破产程序中所有普通债权人的债权得以完全清偿后，仍有剩余破产财产可供清偿时，再予以清偿。

【案例注解】

该案例涉及民事惩罚性债权是否应列入破产债权；如果列入破产债权，应处于何种清偿顺位的问题。

我国《破产法》第一百一十三条规定了不同破产债权的清偿顺位，分为优先顺位和普通顺位；2002年的《最高人民法院关于审理企业破产案件若干问题的规定》（以下简称《破产案件规定》）第六十一条规定了不属于破产债权即除斥债权的权利种类，其中包括司法和行政机关对债务人的罚金、罚款等惩罚性债权，将这些债权排除在破产清偿之外。但对于民事范畴的惩罚性债权的清偿问题，《破产法》和司法解释均未作出规定。本案原告关于确认其对被告享有购房款一倍赔偿金的破产债权的诉请，恰恰涉及了这一立法空白。本案审理法院从《破产法》的立法目的和宗旨出发，借鉴国外破产法立法例中的“劣后债权”的概念，认定民事惩罚性债权属于破产债权，但在清偿顺位上属于劣后债权，应在普通债权之后清偿，充分保障了破产程序公平分配原则的实现，保障了全体债权人的利益，对完善我国《破产法》的相关规定亦提供了具有重要意义的典型判例。

一、关于劣后债权

所谓劣后债权，是指在破产分配顺位中，由《破产法》规定的，在破产财产清偿所有优先债权和普通债权之后才能获得清偿的破产债权。劣后债权是对应于优先债权和普通债权的分配顺位，是破产法中破产分配顺位的一种设计结果。对于如何设计破产分配顺位，即如何协调债务人破产时不同债权之间的利益关系，受一国公共政策及相关价值判断的影响。日本、美国等即设立了优先债权、普通债权和劣后债权三个分配顺位，而现行的德国《支付不能法》则仅设立了普通债权和劣后债权两个分配顺位。保护交易关系是商事法律的基本任务，交易性债权则成为商事法律所保护的一般债权，因此，在破产分配中的普通债权专指一般的交易性债权，此为民商事活动中债权债务关系的主体部分，破产法理论将其设定为普通债权的分配顺位，而后才以该顺位为坐标进行法律和政策上的价值衡量：凡依本国法律价值和公共政策认为有应优先于一般交易性债权获得保护的债权，则设置优先债权的顺位；反之，认为在法律价值和政策上存在应次于一般交易性债权获得破产程序保护的债权，则设置劣后债权的分配顺位。

从各国的立法规定看，通常劣后债权的范围主要包括：债权在破产宣告后产生的利息；因破产宣告后不履行而产生的赔偿金、违约金；债权人为个人利益参加破产程序的费用；对破产人的行政罚款、刑事罚金、追缴金、追征金等等。

二、我国对破产债权的除斥范围的规定

我国《破产法》未规定劣后债权，只是在《破产案件规定》第六十一条规定了不属于破产债权的“除斥债权”，即排斥于破产程序外，不得由破产财产中受偿的债权，包括：（1）行政、司法机关对破产企业的罚款、罚金以及其他有关费用；（2）人民法院受理破产案件后债务人未支付应付款项的滞纳金，包括债务人未执行生效法律文书应当加倍支付的迟延利息和劳动保险金的滞纳金；（3）破产宣告后的债务利息；（4）债权人参加破产程序所支出的费用；（5）破产企业的股权、股票持有人在股权、股票上的权利；（6）破产财产分配开始后向清算组申报的债权；（7）超过诉讼时效的债权；（8）债务人开办单位对债务人未收取的管理费、承包费。

从一般破产案件的实际清偿结果看，除斥债权或劣后债权通常都得不到清偿，并无区别。但在权利设置上，两者则有不同。除斥债权在破产程序中完全没有受偿权利。劣后债权虽仅在普通破产债权完全受偿后仍有剩余破产财产时才可能受偿，但其在破产程序中可受清偿的权利未被剥夺。从为债权人合法利益提供更为周全的保护的角度，采取劣后债权的立法模式更为合理，尤其在我国目前破产欺诈行为较为猖獗的情况下。

三、民事惩罚性赔偿债权应劣后清偿

惩罚性赔偿是要求不法行为人承担超出补偿性赔偿数额的赔偿责任制度，源于美国，最初主要适用于侵权案件，后逐渐延伸到合同纠纷。我国最早在立法中规定惩罚性赔偿制度是《消费者权益保护法》第四十九条的双倍赔偿，之后，《合同法》第一百一十三条第二款中明确规定：“经营者对消费者提供

商品或者服务有欺诈的行为，依照《中华人民共和国消费者权益保护法》的规定承担损害赔偿责任”，表明惩罚性赔偿责任开始进入合同领域的纠纷；《合同法》第一百一十四条第二款认可了当事人在合同中约定的不是过分高于实际损失的违约金；《商品房买卖合同的解释》第八条、第九条规定了出卖人恶意违约以及以欺诈行为订立合同的，买受人可以请求出卖人承担不超过已付购房款一倍的赔偿责任。这些都是民事惩罚性赔偿责任在我国的立法体现。

在《破产法》外应充分依法保护惩罚性赔偿之债是毫无疑问的。但当债务人已开始破产程序时，实现全体债权人的公平清偿则是第一原则。债务人进入破产程序后，其破产财产应由全体债权人公平分配，同一顺序的破产债权应得到公平受偿。如果将惩罚性债权赋予一般普通债权的清偿顺序，将降低处于同一清偿顺序的其他普通债权的清偿率，导致对债务人的法律惩罚转嫁到其他普通债权人身上，使其他普通债权人对此惩罚性债权承担连带责任，违反《企业破产法》第一条规定的公平受偿原则。因此，有必要将惩罚性债权的受偿顺位置于普通债权之后。《破产案件规定》第六十一条将国家有关机关对债务人的违法行为采取的刑事和行政处罚措施产生的刑事、行政范畴的惩罚性债权规定为除斥债权，国外立法例将这些债权归为劣后债权，正是基于这个原理。而在这一点上，民事惩罚性赔偿债权与刑事、行政惩罚性债权是一样的道理，同理可证。

具体到本案，被告在不具有商品房预售许可证明的情况下与王俊杰签订商品房买卖合同，根据《商品房买卖合同的解释》第九条第一款的规定，原告有权要求泰丰公司返还已支付的购房款及利息、赔偿损失，并请求泰丰公司承担不超过已付购房款一倍的赔偿责任。该购房款一倍的赔偿在性质上即是民事惩罚性赔偿。基于前述原理，本案二审法院虽然维持了一审法院确认购房款一倍赔偿为破产债权的判决结果，但在判理中借鉴国外破产法立法例中的“劣后债权”的概念，明确指出该民事惩罚性赔偿债权应劣后于普通破产债权清偿，即待此次破产程序中所有普通债权人的债权得以完全清偿后，仍有剩余破产财产可供清偿时，再予以清偿。

四、关于本案的法律适用问题

我国《破产法》未规定劣后债权，《破产案件规定》仅规定了司法和行政机关对债务人的惩罚性债权为除斥债权，至于民事惩罚性赔偿债权应居于何种清偿顺位，破产法和最高人民法院司法解释均未涉及。本案二审法院基于《商品房买卖合同的解释》作为一般法的司法解释，主要是调整债务人有清偿能力时的常态下发生的一般性法律问题，而《企业破产法》是解决债务人丧失清偿能力时的非常态下发生的特别法律问题的特别法，根据特别法优于一般法、下位法服从上位法的法律适用规则，认为在债务人破产程序中，《破产法》第一条规定的公平受偿原则应优先适用，进而认定本案所涉民事惩罚性赔偿债权为劣后债权。立法空白带给本案法律适用上的困难，凸显了完善我国破产法破产债权清偿制度的必要性。建议我国引入劣后债权的制度设计，并详细梳理优先债权、普通债权、劣后债权各个清偿顺位的破产债权类型，完备保护债权人的制度体系；《商品房买卖合同的解释》是旧破产法项下的司法解释，应根据新破产法的理念和体系，尽快修订。

【编后补评】

本案例是涉及民事惩罚性赔偿债权是否应列入破产债权的新类型案例。目前，我国《破产法》第一百一十三条规定了不同破产债权的清偿顺位，分为优先顺位和普通顺位，但没有明确民事惩罚性赔偿债权是否列入破产债权。《破产案件规定》第六十一条规定了不属于破产债权即除斥债权的权利种类，其中包括司法和行政机关对债务人的罚金、罚款等惩罚性债权，将这些债权排除在破产清偿之外。那么，民事范畴的惩罚性债权的清偿问题，破产法和司法解释均未规定如果列入破产债权，应处于何种清偿顺位的问题。这个问题在我国目前破产立法上为空白。本案例从《破产法》的立法目的和宗旨出发，借鉴国外破产法立法例中的“劣后债权”的概念，认定民事惩罚性赔偿债权在清偿顺位上属于劣后债权，应在普通债权之后清偿。在案例注解部分，作者介绍了国内外关于惩罚性债权、劣后债权的立法情况，分析了惩罚性债权在破产程序中对其他债权的影响，并为相关立法提出了建设性意见供理论和实务界研究和探讨。

（**一审法院合议庭成员** 石 东 唐旭超 向献红
二审法院合议庭成员 容 红 杨绍煜 魏 欣
编写人 北京市高级人民法院 容 红
责任编辑 韩建英
审稿人 曹守晔）

彭桂强诉中国建设银行股份有限公司中山市分行借记卡纠纷案

——银行卡绑定第三方支付平台资金盗刷案件中的责任认定

关键词：第三方支付平台 银行卡 盗刷 线上交易

【裁判要旨】

在银行卡绑定第三方支付平台的情形下发生的资金盗刷案件中，发卡行是按持卡人的指令向第三人履行合同义务，不应认定为合同履行错误，发卡行不应承担责任。发卡行如果存在违反约定未及时履行短信通知的合同附随义务致使损失扩大的情形，则应承担相应责任。

【相关法条】

《中华人民共和国合同法》第六十条 当事人应当按照约定全面履行自己的义务。

当事人应当遵循诚实信用原则，根据合同的性质、目的和交易习惯履行通知、协助、保密等义务。

第一百二十条 当事人双方都违反合同的，应当各自承担相应的责任。

《中华人民共和国民事诉讼法》六十四条第一款 当事人对自己提出的主张，有责任提供证据。

《最高人民法院关于适用〈中华人民共和国民事诉讼法〉的解释》第九十条第一款 当事人对自己提出的诉讼请求所依据的事实或者反驳对方诉讼请求所依据的事实，应当提供证据加以证明，但法律另有规定的除外。

【案件索引】

一审：广东省中山市第一人民法院（2015）中一法民二初字第2285号（2015年5月11日）

二审：广东省中山市中级人民法院（2016）粤20民终430号（2016年5月11日）

【基本案情】

2013年7月23日，彭桂强在中国建设银行股份有限公司中山宏基支行（以下简称建行中山宏基支行）办理了百惠龙卡（卡号为62170032400××××××××）。2015年7月3日，该卡于14:36:52通过中国银联股份有限公司上海分公司消费5000元，于14:47:16通过深圳市财付通科技有限公司消费5000元，于15:01:27通过迅付信息科技有限公司消费1000元，于15:07:53通过“智付”消费3000元，于15:09:29通过“智付”消费700元。彭桂强称其在2015年7月9日在使用该卡过程中发现卡内余额为零。2015年7月9日，彭桂强在建行珠海香洲支行打印交易清单。2015年7月11日，彭桂强向中山市公安局石岐区分局宏基派出所报案。2015年7月15日，彭桂强在建行中山朗晴轩分理处打印该卡的2015年7月3日明细事项。后彭桂强将中国建设银行股份有限公司中山市分行（以下简称建行中山分行）诉至原审法院，请求判令建行中山分行向彭桂强偿还被盗存款14700元及相应利息损失。

另查明：彭桂强在建行中山分行处办理的按揭贷款于2015年1月至2015年6月在该卡正常收回贷款本息，于2015年7月4日在该卡仅收回贷款本息5.91元。双方均确认涉案借记卡有开通手机短信服务，彭桂强主张账户被盗刷，未曾收到账户资金变动的短信通知。彭桂强同时确认之前曾通过第三方支付平台进行多次小金额消费。

【裁判结果】

广东省中山市第一人民法院于2015年5月11日作出（2015）中一法民二初字第2285号民事判决：驳回彭桂强的诉讼请求。一审宣判后彭桂强不服，提起上诉。广东省中山市中级人民法院于2016年5月11日作出（2016）粤20民终430

号民事判决：撤销原判，建行中山分行向彭桂强赔偿损失4850元及相应的利息。

【裁判理由】

法院审理认为：本案系借记卡纠纷。彭桂强在建行宏基支行办理卡号为62170032400××××××××的借记卡，双方形成储蓄存款合同关系。本案诉争五笔金额系通过第三方支付平台支出，而第三方支付平台的交易，使用的是第三方支付平台提供的账户进行货款支付，买方初次将借记卡绑定第三方支付平台提供的账户时，银行会在客户进行支付时对第三方支付平台提供的手机号码和银行预留的手机号码进行一致性检验，通过后就可进行支付，如果银行已按前述要求在业务关联时进行了相关信息验证，确保客户身份真实可靠，在之后的交易是无需再次验证，只需按指令付款。本案中，彭桂强曾多次通过第三方支付平台进行小金额交易，说明确系彭桂强本人将借记卡绑定第三方支付平台，建行中山分行已履行了客户身份的验证义务。第三方支付平台的账号和支付密码由彭桂强自行设置和保管，彭桂强因第三方支付平台的账号和支付密码外泄导致被盗刷，建行中山分行无须承担责任。只是因为彭桂强已开通手机短信通知，建行中山分行应在彭桂强账户资金发生变动时，及时履行短信提醒义务。因此，涉案借记卡发生第一次盗刷后，因建行中山分行未能在彭桂强账户资金发生变动后通过手机短信通知彭桂强，导致彭桂强未能及时发现其账户资金的异常变动，不能及时办理挂失止付，导致损失的扩大，建行中山分行负有一定的责任，根据本案的具体情况，法院酌定建行中山分行就第一次盗刷之后的四笔被盗刷导致的损失承担50%的责任，也即是，建行中山分行须向彭桂强赔偿损失4850元［（5000元+1000元+3000元+700元）×50%］及相应利息损失。

【案例注解】

本案主要涉及持卡人彭桂强、发卡行建行中山分行、第三方支付平台及平台内的签约商户等主体，要明确本案的责任承担，首先要明确第三方支付平台的运作模式及各主体之间的法律关系。

一、第三方支付平台的运作模式

第三方支付平台是指与银行（通常是多家银行）签约，并具备一定实力和信誉保障的第三方独立机构提供的交易支付平台。第三方支付是买卖双方在交易过程中的资金“中间平台”，是在银行监管下保障交易双方利益的独立机构，在通过第三方支付平台的交易中，买方选购商品后，使用第三方支付平台提供的账户进行货款支付，由第三方通知卖家货款到达、进行发货；买方检验物品后，通知付款给卖家，第三方再将款项转至卖家账户。根据艾瑞咨询对第三方互联网支付市场的统计数据显示，2014 年中国第三方互联网支付交易规模达到 8 万亿，同比增速 50.3%，这说明第三方支付已经在市场活动中占据了举足轻重的地位，并且拥有极强的增长势头。

第三方支付使商家看不到客户的信用卡信息，同时，又避免了银行卡信息在网络多次公开传输而导致的银行卡被窃事件，其运作模式为：(1) 消费者在电子商务网站选购商品，最后决定购买，买卖双方在网上达成交易意向。(2) 消费者选择利用第三方支付平台作为交易中介，用借记卡或信用卡将货款划到第三方账户，并设定发货期限。(3) 第三方支付平台通知商家，消费者的货款已到账，要求商家在规定时间内发货。(4) 商家收到消费者已付款的通知后按订单发货，并在网站上做相应记录，消费者可在网站上查看自己所购买商品的状态；如果商家没有发货，则第三方支付平台会通知顾客交易失败，并询问是将货款划回其账户还是暂存在支付平台。(5) 消费者收到货物并确认满意后通知第三方支付平台。如果消费者对商品不满意，或认为与商家承诺有出入，可通知第三方支付平台拒付货款并将货物退回商家。(6) 消费者满意，第三方支付平台将货款划入商家账户，交易完成；消费者对货物不满意，第三方支付平台确认商家收到退货后，将该商品货款划回消费者账户或暂存在第三方账户中等待消费者下一次交易的支付。

二、第三方支付平台的法律关系分析

法律关系是法律在调整人们行为的过程中形成的特殊的权利和义务关系。法律关系是以法律为前提而产生的社会关系，是社会关系的一种特殊形态。法律关系是以国家强制力作为保障的社会关系，当法律关系受到破坏时，国家会动用强制力进行矫正或恢复。法律关系包括法律关系主体、客体和内容三个要素。第三方支付的法律关系即法律在调整第三方支付方式中涉及的当事人在电子支付行为的过程中所形成的权利、义务关系。

第三方支付方式涉及的当事人主要有网上交易的买方和卖方、第三方支付平台、网上银行等。买方指在网上商城购物的消费者，也是因购物需要向商家支付款项的债务方，是支付体系运作的原因和起点。卖方即电子商务活动中产品的供应方，也是拥有债权的一方，是支付活动中资金的受益人，是支付过程的终点。第三方支付平台是连接买卖双方、电子商务平台和银行的平台，通过银行在第三方支付平台建立的网关使电子商务交易支付指令进入银行的后处理系统，最终实现网上交易的资金划拨。网上银行并不直接参与电子商务交易，而是为买卖双方完成商务活动提供货币资金支付和清算服务。

第三方支付过程中涉及的法律关系包括：

1. 第三方支付平台与网上交易双方的法律关系。根据中国人民银行制定自2010年9月1日起施行的《非金融机构支付服务管理办法》第二条的规定，该办法所称非金融机构支付服务，是指非金融机构在收付款人之间作为中介机构提供网络支付、预付卡的发行与受理、银行卡收单等部分或全部货币资金转移服务。通常认为，该办法是我国目前对第三方支付平台给予定性的主要依据，即第三方支付平台属于网上交易的中介机构，与其客户之间根据服务协议形成支付服务合同关系，这种关系的本质是基于服务协议的委托代理，第三方支付平台根据与其客户之间达成的支付服务协议的约定和客户的具体指令为其提供代为收付款的服务。通过第三方支付运作模式可以看出，在第三方支付过程中，付款方和收款方之间首先成立主合同关系，通常表现为买卖合同关系或者赠与合同关系，例如，消费者在网购平台上购物或者微信红包，该关系与第三方支付平台没有直接关系。第三方支付平台的支付服务合同是附属于主合同的从合同，其成立依赖于主合同的成立。

有观点认为，由于网上交易的虚拟性、交易无纸化和瞬时性的特点，第三方支付平台不会介入主合同缔约过程中，不为主合同的有效性提供任何担保。比如在《支付宝服务协议》中，第三方支付机构支付宝在第一条第（三）项中用粗体字提醒了用户："您在使用支付宝服务时，应自行判断对方是否是完全民事行为能力人并自行决定是否与对方进行交易或转账给对方等，且您应自行承担与此相关的所有风险"，该条款一般被认为是第三方支付平台的免责条款，但其效力应当予以确认，因为该条款并没有限制用户的主要权利，也没有免除自己的主要义务，且在理解上并没有歧义。毕竟，第三方支付平台只会关注主合同的履行情况，按照相应条件转移货币权利，让它去审核主合同订立主体的主体资格是不合适的，而且这种审核将大大降低第三方支付在适用上的便捷性，妨碍它方便交易的初衷。

尽管如此，根据《非金融机构支付服务管理办法》的规定，第三方支付平台仍应履行如下义务：（1）资金保管义务。用户在按照第三方支付平台指定的转移方式向其账户转移资金，实际上形成了用户与第三方支付平台之间的保管合同，作为代收代付中间人的支付平台有义务妥善保管用户汇入的资金，保证资金的安全，确保用户暂时存放在支付平台账户的资金独立于其运营资金之外，并不用于非用户指定的用途。(2) 代收款义务。支付平台应按照用户指令，代为收取其他注册用户向该用户支付的各类款项。(3) 代为支付义务。用户可以要求支付平台就所保管或代收的款项向第三方进行支付，但同时，如果非经法律程序或无支付服务协议的约定事项出现，这种支付的款项均是不可撤销。(4) 退款与付款的义务。除例外约定，第三方支付平台有义务按照用户的要求返还其保管的资金或向用户将会该用户的应收款项。(5) 按要求提供记录的义务。第三方支付平台应记录用户在其支付系统中的所有操作，不管该操作之目的最终是否实现。用户则可以在该支付系统中实时查询本人的支付记录，若用户认为记录有误，则第三方支付平台有义务对该记录进行核查以确保记录无误。(6) 保护用户隐私的义务。在支付过程中，第三方支付平台为了保证网络交易的可靠性与安全性，会要求进行实名认证，注册提供真实信息。而提现业务及其他相关服务则还需要获取用户的银行账户信息，这就要求第三方支付平台严格履行自己对用户的保密义务并遵守银行账户信息的相关法规以确保用户信息的安全。(7) 安全保障义务。由于电子支付对技术要求十分高，稍有不慎就会带来巨大的经济损失，故第三方支付平台必须做好相应的安全保障措施来保证其交易数据、用户信息不被盗窃和非法使用。

2. 第三方支付平台与银行之间的法律关系。《非金融机构支付服务管理办法》将第三方支付平台界定为“非金融机构”，并明确规定第三方支付平台之间的货币资金转移应当委托银行业金融机构办理，未经特别许可，第三方支付平台不得办理银行业金融机构之间的货币资金转移。因此，在第三方支付过程中，银行因其扮演的角色不同而分为两类合同关系：一类是提供资金转移和结算服务的银行，一般同时是客户的签约行，即持卡人的发卡行；另一类则是为第三方支付平台提供存管服务的银行。由于角色不同，第三方支付平台与上述两种银行之间所形成的法律关系也有所不同。在同提供资金转移和结算服务的银行之间，双方往往是通过签订合作协议的方式形成金融服务合作合同关系。通过此类协议，第三方支付平台以其灵活多变的动作方式，完成了银行没有精力也不愿应付的小额交易中的资金支付问题。同时，银行能够从此类合作中得到适当利润分成，双方之间是平等的金融服务合作关系。而在存管服务银行之间，除了存管服务合同关系外，基于《非金融机构支付服务管理办法》第二十八条、第二十九条的规定，存管银行同时还负有对第三方支付平台的备付金使用进行监督、复核的义务，即双方之间还有监督管理的法律关系。

三、银行卡绑定第三方支付平台盗刷案件涉及的法律问题及责任承担辨析

本案属于典型的银行卡绑定第三方支付平台而引发的盗刷诉讼案件，彭桂强将其在建行中山分行开设的银行卡与第三方支付平台绑定，并通过第三方支付平台消费和转账支付，法院审理此类诉讼案件主要涉及以下法律问题：

1. 持卡人与发卡行之间储蓄合同的定性问题。银行卡法律关系实质上是发卡行与持卡人之间的储蓄合同关系，该合同并非我国合同法规定的有名合同，对于其性质，理论界和实务界观点不一。目前，存在保管合同说和借款合同说两种代表性的观点。保管合同是转移标的物的占有给保管人，并不转移所有权，故合同标的物必须是特定物或经特定化的种类物。而储蓄合同标的物是货币，是种类物，货币的所有权采取点有即所有原则，无法通过条款加以特定化，当持卡人主张权利时，发卡行只需将同类、同数量的货币返还给持卡人即可，无需返还原物。此外，保管合同保管人一般会收取保管费，至少不必向持卡人支付费用，而储蓄合同中，发卡行会支付给持卡人一定的利息。故认定储蓄合同为保管合同不符合民法基本原理。借款合同说认为持卡人将货币存入发卡行后，发卡行借入资金，货币所有权由持卡人转移给发卡行，持卡人享有的是对发卡行的债权，而不是存款的所有权，发卡行只需到期支付利息和本金给持卡人。因此，相比保管合同说，借款合同说更为合理。基于借款合同的原理，当有不法分子盗取银行卡账户资金时，该不法分子侵害的是发卡行的财产所有权，发卡行有权要求侵权行为人承担侵权赔偿责任，而发卡行和持卡人之间的合同关系并未受到实质影响，持卡人依然可以按照合同行使债权，请求发卡行还本付息。

2. 银行卡绑定第三方支付平台的支付模式问题。持卡人在将银行卡与第三方支付平台进行绑定时，需输入银行卡号、身份证号码、手机号、银行发送的动态验证码即可完成操作。根据中国银行业监督管理委员会、中国人民银行联合下发的《关于加强商业银行与第三方支付机构合作业务管理的通知》中要求“对预留手机号码且设定短信通知的客户，商业银行应在客户进行支付时对第三方支付机构提供的手机号码和银行预留的手机号码进行一致性检验，通过后方可进行支付。如果银行已按照前述要求在业务关联时进行了相关信息验证，确保客户身份真实可靠，在交易时可以无需再次验证。”由此可见，如果银行已按前述要求在业务关联时进行了相关信息验证，确保客户身份真实可靠，在之后的交易是无需再次验证，只需按指令付款，由此体现第三方支付的

便捷性。在银行卡绑定第三方支付平台时，第三方支付平台与持卡人之间会约定相应的支付密码，该支付密码由持卡人设定和保管，与发卡行没有关联，发卡行接到持卡人输入与第三方支付平台约定的支付密码，即是接到付款指令，会即时向第三方支付平台付款，无需再对持卡人的身份进行验证。

3. 银行卡绑定第三方支付平台盗刷案件的认定问题。在银行卡绑定第三方支付平台的情形下，持卡人是通过互联网线上交易完成支付，它不同于物理卡情形下的伪卡或者“克隆”银行卡盗刷，法院在认定物理银行卡被“克隆”之事实时，一般根据当事人提供的银行卡使用记录、克隆卡的交易行为地与持卡人处所的距离、交易时间和报案时间、报警记录、挂失记录、持卡人身份等证据，综合判断是否是“克隆”银行卡盗刷。

事实上，线上交易盗刷事实的认定一直是审判实践中的一个难题，从现有的第三方支付平台盗刷案例来看，持卡人能够向法院提供证明盗刷事实的证据十分有限。本案中，法院并没有充分论证如何认定涉案的五笔交易为他人盗刷，综合本案案情，能够认定盗刷事实的证据也只有持卡人彭桂强的报警记录以及涉案银行卡特定时间在第三方支付平台频繁的异常交易记录。通常认为，持卡人在发现银行卡被盗刷后第一时间予以报警，是认定银行卡交易非持卡人本人操作的重要证据，如果持卡人恶意报假警，违反了《治安管理处罚法》第二十三条第（一）项之规定，其行为妨害了公安机关正常的工作秩序，依法应给予治安行政处罚，因此，持卡人的报警行为一般被认定为持卡人的真实行为。但报警记录并不能作为认定盗刷事实的一般标准依据，也就是说法官不能仅以持卡人的报警记录，就认定盗刷事实，还应结合案件其他证据。例如，异常的交易记录、发卡行的提醒告知短信、部分第三方支付平台的退款记录、操作线上交易的 IP 地址等证据，结合发卡行的抗辩意见，以个人的生活经验，按照“高度盖然性证明标准”，综合判断是否存在盗刷事实。

4. 银行卡绑定第三方支付平台盗刷案件的责任承担问题。从《合同法》的原理分析，在持卡人和发卡行之间，银行卡盗刷案件乃涉及合同履行违约之纠纷，即发卡行本应将银行卡内的资金支付给合同当事人即持卡人，却支付给了合同之外的第三人，发卡行属于履行对象错误而违约，合同履行对象错误，承担责任的当然是合同义务人即发卡行。合同的履行是指债务人全面、适当地完成其合同义务，使债权人的合同债权得到完全实现，根据合同的相对性原则和正确履行原则，债务人履行合同义务须向债权人即合同相对人履行，除非双方当事人在合同中约定向第三人履行，或者合同未约定，在履行过程中经合同相对人明确授权或者指令，由第三人接受合同义务人的履行。在银行卡绑定第三方支付平台的情形下，发卡行均是向第三人履行合同义务，第三方支付平台的账号和支付密码由持卡人自行设置和保管，发卡行按指令支付款项的行为不应认定为合同履行错误。因此，持卡人因第三方支付平台的账号和支付密码外泄导致被盗刷，与发卡行无关，如本案诉讼一样，建行中山分行作为发卡行，无须对第三方支付平台的盗刷案件承担责任。

发卡行没有责任，持卡人的合法权益则应当依据其与第三方支付平台之间合同约定寻求保护。虽然盗刷银行卡是不法行为，但在第三方支付平台却是通过正常途径进行交易的。根据《非金融机构支付服务管理办法》相关规定，第三方支付平台应当建立相应的风险控制措施。比如，在快捷支付中，当快捷支付用户遭遇恶意盗刷，系统识别器发会出提醒。被盗刷的顾客2小时内联系客服中心，并提供交易号等信息，支付宝公司会暂时冻结支付宝账户。15个工作日内联系客服中心，提交的材料经审核通过后，平安产险将给予受害人100%赔付，而投保费由支付宝承担。在易付宝支付中，如果非客户本人原因引起的盗刷消费成功，消费者报案并提交材料齐全后，相关保险公司即可进行全额赔付。如果交易尚未完成，易付宝将对交易进行拦截，并返还相应盗刷款项。在财付通支付中，该支付平台同样设有风险控制系统，对异常消费进行中可予以干预。交易成功后，消费者可联系后台专门工作人员进行处理，退款和保险赔付情况要根据责任归属进行判定。

在本案中，法院之所以判决发卡行建行中山分行承担部分责任，主要理由在于该分行违反了其与彭桂强之间储蓄合同中约定的短信提醒义务，对于设定短信提醒功能的情形，根据合同法上的诚实信用原则，银行应当对持卡人账户的资金变动情况及时履行告知义务，特别是涉及盗刷行为的情形，及时告知行为可提醒持卡人采取补救措施，避免扩大损失。如果银行能够证明确定向持卡人发出了提醒短信后，那么银行可以不必承担责任，否则应承担相应责任。至于承担责任的大小，涉及法官的自由裁量权，见仁见智，不可一概而论。

（**一审法院独任审判员** 刘运充

二审法院合议庭成员 阮碧蝉 胡怡静 钟国平

编写人 广东省中山市中级人民法院 姜新林
广东省中山市第二人民法院 李世寅

责任编辑 韩建英

审稿人 曹守晔）

华信万达期货股份有限公司诉成都欣华欣化工材料有限公司期货交易纠纷案

——期货强行平仓纠纷中的责任承担

关键词：期货交易纠纷　强行平仓　穿仓损失　赔偿责任

【裁判要旨】

1.《期货经纪合同》对于应追加保证金的情形、通知追加的方式以及未予追加的后果均有明确约定。在客户期货账户保证金不足且未按期货公司的通知要求追加的情况下，期货公司有权就其未平仓的期货合约强行平仓，强行平仓造成的损失，由客户承担。

2. 企业通过操控其他客户期货账户从事期货交易，交易行为符合期货交易所交易规则的，交易结果由其自行承担。

【相关法条】

《中华人民共和国民法通则》第四十三条　企业法人对它的法定代表人和其他工作人员的经营活动，承担民事责任。

《最高人民法院关于审理期货纠纷案件若干问题的规定》第十一条　不以真实身份从事期货交易的单位或者个人，交易行为符合期货交易所交易规则的，交易结果由其自行承担。

第三十六条第二款　客户的交易保证金不足，又未能按期货经纪合同约定的时间追加保证金的，按期货经纪合同的约定处理；约定不明确的，期货公司有权就其未平仓的期货合约强行平仓，强行平仓造成的损失，由客户承担。

【案件索引】

一审：河南省郑州市中级人民法院（2015）郑民四初字第101号（2015年9月2日）

二审：河南省高级人民法院（2015）豫法民二终字第413号（2016年6月16日）

【基本案情】

华信万达期货股份有限公司（以下简称华信万达期货公司）诉称：2014年5月，成都欣华欣化工材料有限公司（以下简称欣华欣公司）与华信万达期货公司接触，并介绍成都大角牛化工材料有限公司（以下简称大角牛公司）于2014年5月13日在华信万达期货公司处开立期货交易账户。后来，欣华欣公司利用以上期货账户进行期货交易，该账户在2014年7月1日至2014年12月11日间陆续买入“甲醇1501”合约。2014年12月16日前后，该账户出现交易保证金不足问题，且未按相关规定及时追加保证金。华信万达期货公司于16日晚夜盘交易时段开始实施强行平仓，截至2014年12月19日全部持仓平仓，最终该期货账户穿仓38244022.02元。后欣华欣公司虽然通过处置仓单弥补华信万达期货公司损失2448000元、转账偿付损失50万元，但是却拒绝承担剩余损失35296022.02元。因此，华信万达期货公司提起诉讼，请求依法判令：（1）欣华欣公司立即偿付华信万达期货公司35296022.02元损失，并按同期银行贷款利率支付利息损失176480.11元（从2014年12月17日起算，暂计算至2015年1月16日，请求计算至实际付款之日）；（2）本案诉讼费用由欣华欣公司承担。

欣华欣公司辩称：本案系因《期货经纪合同》而产生的期货合同纠纷，相关争议也是由华信万达期货公司行使强行平仓权利而导致。双方之间从未签署过任何形式的《期货经纪合同》，欣华欣公司亦从未以任何形式委托华信万达期货公司进行期货交易，更谈不上违约责任。华信万达期货公司所主张的损失是其针对案外人大角牛公司的期货账户实施强行平仓而产生，与欣华欣公司无关，即便华信万达期货公司强行平仓合理，就该损失也应根据合同相对性原则由大角牛公司承担。欣华欣公司不是本案适格被告，请求驳回华信万达期货公司的起诉。

法院经审理查明：2014 年 5 月 8 日，华信万达期货公司与大角牛公司签订一份《期货经纪合同》，主要内容包括：大角牛公司委托华信万达期货公司进行期货交易。双方同意利用中国期货保证金监控中心查询系统作为华信万达期货公司向大角牛公司发送交易结算报告、追加保证金通知等文件的主要通知方式。除此之外，华信万达期货公司采用网上交易系统客户端、手机短信或传真等辅助通知方式向大角牛公司发送每日交易结算报告、追加保证金通知、强行平仓通知、与异常交易监控相关的通知或监管决定文件。华信万达期货公司通过上述任何一种方式向大角牛公司发出上述文件即为尽到了通知义务。大角牛公司应随时关注自己的交易结果并妥善处理持仓，在交易日开市前 20 分钟未对前日交易结算报告提出异议的，视为对交易结算报告记载事项的确认。大角牛公司对当日交易结算报告的确认，视为对该日之前所有持仓和交易结算结果、资金存取的确认。关于风险控制，合同约定：在交易过程中，当大角牛公司的动态风险率 > 100% （即可用资金 < 0）时，大角牛公司应立即将保证金补足或立即自行减仓，否则大角牛公司同意华信万达期货公司有权在不通知大角牛公司追加保证金或者自行平仓的情况下，对大角牛公司的部分或全部未平仓合约强行平仓，直到大角牛公司可用资金≥0，大角牛公司应承担由此产生的结果。双方《期货经纪合同》还就“保证金及其管理”“交易指令的类型及下达”“交易指令的执行与错单处理”“通知与确认”“风险控制”“交割、套期保值和套利”等相关内容予以明确约定。

大角牛公司于 2014 年 5 月 13 日在华信万达期货公司处开立期货交易账户。该期货账户在 2014 年 7 月 1 日至 2014 年 12 月 11 日间陆续买入“甲醇1501”合约，累计持有套期保值多单 5610 手。2014 年 12 月 16 日前后，该账户出现交易保证金不足问题，且未按相关规定和华信万达期货公司的通知及时追加保证金。华信万达期货公司于 16 日晚夜盘交易时段开始实施强行平仓，截至 2014 年 12 月 22 日全部持仓平仓，2014 年 12 月 25 日确定该期货账户穿仓 38244022. 02 元。后华信万达期货公司通过处置仓单弥补损失 2448000 元、并收到转账偿付该账户 50 万元，华信万达期货公司仍损失 35296022. 02 元。在大角牛公司期货账户进行期货交易期间，欣华欣公司向大角牛公司陆续不断地汇入巨额资金。在造成华信万达期货公司穿仓损失后，欣华欣公司经理姜为、工作人员郛兴盛等人对欣华欣公司实际利用大角牛公司期货账户进行期货交易的事实认可，且积极筹款弥补给华信万达期货公司所造成的穿仓损失。大角牛公司法定代表人许晓明对其公司期货账户是被欣华欣公司利用进行期货交易的事实也予以认可。

郑州商品交易所（2015）16号《纪律处分决定书》认定：大角牛公司、欣华欣公司等四名当事人在“甲醇1501”合约交易中，建仓及持仓变动方向存在一致性，四名当事人之间部分存在本人或高级管理人员或法定代表人交叉任职、互联网下单行为存在关联、存在巨量资金往来等情况。四名当事人存在具有实际控制关系账户但不如实申报相关信息、隐瞒事实真相等违规事实。

《中国证监会处罚决定书（姜为）》（2015）31号认定：姜为原系欣华欣公司总经理。在2014年11月14日至12月16日期间，姜为存在实际控制欣华欣公司等42个期货账户，集中资金优势、持仓优势，连续买卖“甲醇1501”合约和为影响期货市场行情囤积现货，操纵期货交易价格的行为。（1）根据姜为的询问笔录、相关当事人情况说明、开户资料、下单IP及MAC地址、资金来源及去向、账户交易情况等证据，姜为是“欣华欣”等42个期货账户交易“甲醇1501”期货合约的实际控制人。（2）2014年11月14日至12月16日，为使甲醇现货市场价格符合预期，并确保多头套期保值持仓顺利进入交割月份，姜为集中资金41544万元，利用其先后控制的42个期货账户连续交易“甲醇1501”合约，持续强化其持仓优势，操纵“甲醇1501”合约交易价格。同时，姜为利用欣华欣公司作为国内最大的甲醇贸易商在现货市场的优势地位囤积现货，造成市场甲醇现货需求旺盛的假象，降低市场对“甲醇1501”合约可供交割量的预期，以期影响期货市场价格，最终实现盈利目的。欣华欣公司在2014年11月期间积极做多甲醇期货的同时，通过囤积现货反作用于期货价格。按照2014年12月16日“甲醇1501”合约结算价计算，姜为在2014年11月14日至12月16日因交易致使该合约共亏损79459652元。（3）姜为的交易对期货市场和投资者造成了严重影响。2014年12月16日结算后，欣华欣公司等主要“甲醇1501”合约多头持仓客户无力追加期货保证金，期货公司按照规定对其实施强行平仓，合约价格大幅下跌，并引发市场恐慌性抛盘。11月17日至19日，“甲醇1501”合约出现连续3个跌停板单边市，合约价格跌幅高达19.1%。12月19日，“甲醇1501”合约价格大幅下跌，导致86个客户穿仓，穿仓金额高达17700万元。截至2015年7月22日结算，“甲醇1501”合约未结清欠款的穿仓客户共34个，穿仓金额共14700万元，涉及13家期货公司。中国证监会决定：对姜为处以100万元罚款。

【裁判结果】

河南省郑州市中级人民法院于2015年9月2日作出（2015）郑民四初字

第101号民事判决：一、欣华欣公司于判决生效之日起10日内偿付华信万达期货公司损失35296022.02元，并按中国人民银行同期贷款利率支付华信万达期货公司自2014年12月26日起至实际付清之日的利息；如未按判决指定的期间履行给付金钱义务的，应当按照《民事诉讼法》第二百五十三条之规定，加倍支付迟延履行期间的债务利息。二、案件受理费219163元及保全费5000元均由欣华欣公司负担。

一审宣判后，欣华欣公司不服，提起上诉。河南省高级人民法院于2016年6月16日作出（2015）豫法民二终字第413号民事判决：一、维持河南省郑州市中级人民法院（2015）郑民四初字第101号民事判决主文部分；二、驳回华信万达期货公司的其他诉讼请求。

【裁判理由】

法院生效裁判认为：大角牛公司与华信万达期货公司签订《期货经纪合同》，双方构成期货合同法律关系。《期货经纪合同》对于应追加保证金的情形、期货公司采取何种方式通知客户追加以及未予追加的后果，均有明确约定。在大角牛公司期货账户保证金不足的情况下，华信万达期货公司采取的通知追加保证金行为以及强行平仓行为，具有合同依据和法律依据。根据查明事实可以认定，大角牛公司期货账户实际是由欣华欣公司操作进行期货交易，故大角牛公司期货账户内的穿仓损失依法应由欣华欣公司自行承担。

【案例注解】

强行平仓是指期货公司在出现特定情况时对客户的交易头寸予以强制性对冲，了结部分或全部持仓的行为，实质上是禁止期货透支交易的具体表现形式。强行平仓其目的在于防止客户在保证金不足的情况下过度投机，以保证期货市场的稳定，同时也有利于保护期货公司的利益。在期货实务中，强行平仓行为是各种利益纷争的焦点。司法实践中，因强行平仓引起的纠纷在期货纠纷案件中也占有一定比例。为正确审理此类案件，需要在正确认识强行平仓行为法律属性的前提下，准确适用《最高人民法院关于审理期货纠纷案件若干问题的规定》（以下简称《审理期货纠纷案件规定》）中涉及强行平仓责任的相关规定。期货公司是期货交易的中介机构，严格按照客户指令进行期货操作，自身并非期货交易的主体，故期货交易的结果也应由客户自身承担。当客户未按通知及时追加保证金，行情进一步变化，会出现期货公司为客户垫支交易的情形，此时应由客户承担的风险转嫁到了期货公司身上，客户未追加保证金的行为构成了对期货公司的侵权，故期货公司为保护自身权利不受侵犯，有权采取相应手段，由此而给期货公司造成的损失，应由客户予以赔偿。期货交易市场实行公开、公平、公正的“三公”原则，要求期货交易者以自己的真实身份参与市场竞争，不允许以他人名义从事交易活动，目的就是为了保持交易的透明度，防止从事交易的当事人出现交易亏损之后逃避应当承担的民事责任。如果单位或者个人不以真实身份从事期货交易，其交易行为符合交易所交易规则的，交易结果由其自行承担。

本案中，欣华欣公司利用大角牛公司期货账户进行期货交易事实清楚。郑州商品交易所《关于认定成都大角牛化工材料有限公司等4名客户为实际控制关系账户组的函》已明确认定大角牛公司、欣华欣公司等4名客户为一个实际控制关系账户组，且出具《纪律处分决定书》对4名当事人进行了纪律处分。中国证监会在对姜为的《行政处罚决定书》中认定：姜为作为欣华欣公司原总经理，实际决策控制欣华欣公司的管理，包括资金划转及业务审批等事项。姜为通过欣华欣公司签订资产委托协议等方式控制使用多个期货账户，在部分资产委托协议中，明确约定每个交易日后将交易情况告知欣华欣公司，期货账户盈亏由欣华欣公司承担。姜为控制、使用的42个期货账户存在集中资金优势、持仓连续买卖“甲醇1501”期货合约，操纵合约交易价格的事实。同时，姜为利用欣华欣公司作为国内最大甲醇贸易商在现货市场的优势地位囤积现货，以期影响期货市场价格，最终实现盈利目的。大角牛公司实际控制人是姜为，大角牛公司期货账户交易“甲醇1501”期货合约也是由姜为决策。以上事实与欣华欣公司向大角牛公司巨额转款的事实、欣华欣公司与大角牛公司涉及“甲醇1501”合约下单IP地址及MAC地址相同的事实以及华信万达期货公司提交的录音证据谈话内容相互印证。从姜为的身份、期货交易的资金来源及交易方式、欣华欣公司的市场地位和囤积现货行为以及姜为操纵期货市场的目的等分析，姜为的行为与其在欣华欣公司的职务密不可分，系履行职务行为，应认定是欣华欣公司操作大角牛公司期货账户进行期货交易。欣华欣公司主张其与大角牛公司之间的资金往来系双方正常贸易往来，与期货交易无关。对此，二审法院认为，欣华欣公司在涵盖本案所涉期货交易期间的时间段内，多次向大角牛公司进行金额巨大的转款，累计超过16000万元。欣华欣公司虽提交了大量的合同和增值税发票，但并未结合相关合同、增值税发票一一指认其与银行转款之间的对应性，且该辩称意见亦与欣华欣公司向大角牛公司发出的《催款函》内容相矛盾，故欣华欣公司的主张证据不足。

《审理期货纠纷案件规定》第三十六条第二款规定："客户的交易保证金不足，又未能按期货经纪合同约定的时间追加保证金的，按期货经纪合同的约定处理；约定不明确的，期货公司有权就其未平仓的期货合约强行平仓，强行平仓造成的损失，由客户承担。"《审理期货纠纷案件规定》第十一条规定："不以真实身份从事期货交易的单位或个人，交易行为符合期货交易所交易规则的，交易结果由其自行承担。"本案中，欣华欣公司系利用大角牛公司期货账户进行期货交易，符合《审理期货纠纷案件规定》第十一条规定的情形，大角牛公司期货账户的期货交易结果应由欣华欣公司自行承担。欣华欣公司应就大角牛公司期货账户内的穿仓损失向华信万达期货公司承担赔偿责任。华信万达期货公司与大角牛公司签订的《期货经纪合同》中，对于应追加保证金的情形、通知追加的方式以及未予追加的后果，均作出明确约定。在大角牛公司期货账户保证金不足且未按华信万达期货公司的通知要求追加的情况下，华信万达期货公司对大角牛公司采取强行平仓行为，具有事实依据和法律依据。华信万达期货公司所受穿仓损失与大角牛公司的行为之间具有因果关系。因大角牛公司期货账户系欣华欣公司实际控制操作，欣华欣公司应就华信万达期货公司所受损失承担赔偿责任。欣华欣公司上诉主张一审法院就华信万达期货公司损失的认定缺乏证据支持，华信万达期货公司发出追加保证金通知时间不合理，强行平仓过程中可能存在过错。但欣华欣公司并未具体指出华信万达期货公司发出追加保证金通知时间不合理之处以及强行平仓过程中存在哪些过错，也未就其上述主张提交相关证据。华信万达期货公司与大角牛公司签订的《期货经纪合同》第六节"通知与确认"、第七节"风险控制"中，对于发送追加保证金通知及提出异议的时间、形式的约定清楚，关于强行平仓的条件及损失承担的约定明确。一审中，华信万达期货公司向法庭提交了相关追加保证金通知材料以及交易结算单、历史委托查询单、客户资金对账表、平仓明细等平仓数据材料，证明其采取平仓措施的合理性和损失数额的真实性。欣华欣公司以与其无关为由未对这些证据发表具体质证意见，也未举出相反证据。据此，二审法院认定欣华欣公司未能证明华信万达期货公司在强行平仓过程中存在违反期货交易规则或合同约定的行为。一审法院判决欣华欣公司应对大角牛公司期货账户穿仓损失35296022.02元向华信万达期货公司承担赔偿责任并支付相应利息正确。

关于本案审理程序和法律适用问题。本案一审将案件定性为侵权责任纠纷。欣华欣公司上诉主张一审法院确定本案案由错误，导致遗漏了必须参加诉讼的当事人，审理程序错误。对此，二审法院认为，本案系因客户不按规定追加保证金引发期货公司采取强行平仓措施并就穿仓损失对客户索赔产生的纠纷。大角牛公司未追加保证金的行为造成华信万达期货公司巨额损失，构成了对华信万达期货公司的侵权，华信万达公司有权就其相应损失提起诉讼进行索赔，故本案属于期货侵权纠纷案件。期货侵权作为一种特殊侵权，亦应受《侵权责任法》调整。一审法院将本案案由确定为侵权纠纷并不属于定性错误。关于《审理期货纠纷若干规定》第十一条的理解与适用问题。欣华欣公司认为该条规定的真实交易者应从“交易指令下达人”和“交易结果承担方”来确定，本案不符合该条规定的情形。对此，二审法院认为，本案现有证据足以认定欣华欣公司利用大角牛公司期货账户进行期货交易，欣华欣公司是期货交易的指令下达人，应自行承担大角牛公司期货账户内的穿仓损失。本案符合《审理期货纠纷若干规定》第十一条规定的情形。关于一审是否遗漏必须参加诉讼的当事人问题。欣华欣公司上诉主张一审法院在确定本案案由为侵权责任纠纷的情况下，应将大角牛公司列为共同被告，以便查清案件事实。对此二审法院认为，在大角牛公司未参加诉讼的情况下，本案现有证据之间相互印证，形成完整的证据链，足以认定欣华欣公司是实际侵权人，应就华信万达期货公司损失承担相应赔偿责任。大角牛公司并非相应的责任承担主体，不参加诉讼不足以导致案件事实无法查清，其不属于法律规定的必须共同进行诉讼的当事人。在华信万达期货公司未起诉大角牛公司的情况下，一审法院无须追加大角牛公司参加诉讼。

（**一审法院合议庭成员**　张建军　刘红军　赵晓涵
二审法院合议庭成员　谷彩霞　魏一凡　孔庆贺
编写人　河南省高级人民法院　孔庆贺
责任编辑　韩建英
审稿人　曹守晔）

昆明同辰商贸有限公司诉云南合力国际投资管理有限公司、腾冲县永元房地产开发经营有限公司借款合同纠纷案

——借款合同中虚假诉讼行为的特征识别与处罚

关键词：借款合同　虚假诉讼　特征　处罚

【裁判要旨】

在借款合同（含民间借贷合同与金融借款合同）中，可能存在借贷双方假借订立借款合同，恶意串通骗取担保，并通过诉讼形式要求担保人承担担保责任，获得非法利益的虚假诉讼行为。该借款合同虽合同形式完备，但其具有的合同目的不正当性决定了该借款合同不应受法律保护。同时，应当以借贷双方扰乱正常司法审判秩序的虚假诉讼行为给予处罚。

【相关法条】

《中华人民共和国民事诉讼法》第一百一十二条　当事人之间恶意串通，企图通过诉讼、调解等方式侵害他人合法权益的，人民法院应当驳回其请求，并根据情节轻重予以罚款、拘留；构成犯罪的，依法追究刑事责任。

第一百一十五条　对个人的罚款金额，为人民币十万元以下。对单位的罚款金额，为人民币五万元以上一百万元以下。

拘留的期限，为十五日以下。

被拘留的人，由人民法院交公安机关看管。在拘留期间，被拘留人承认并

改正错误的，人民法院可以决定提前解除拘留。

《最高人民法院关于适用〈中华人民共和国民事诉讼法〉的解释》第二百四十七条 当事人就已经提起诉讼的事项在诉讼过程中或者裁判生效后再次起诉，同时符合下列条件的，构成重复起诉：

（一）后诉与前诉的当事人相同；

（二）后诉与前诉的诉讼标的相同；

（三）后诉与前诉的诉讼请求相同，或者后诉的诉讼请求实质上否定前诉裁判结果。

当事人重复起诉的，裁定不予受理；已经受理的，裁定驳回起诉，但法律、司法解释另有规定的除外。

【案件索引】

一审：云南省高级人民法院（2015）云高民二初字第41号（2016年1月11日）

二审：最高人民法院（2016）最高法民终327号（2016年7月7日）

【基本案情】

原告昆明同辰商贸有限公司（以下简称同辰公司）诉称：2013年2月28日，同辰公司、中国银行股份有限公司昆明市北站支行（以下简称中行北站支行）与云南合力国际投资管理有限公司（以下简称合力公司）签订了《人民币委托贷款合同》，约定：由同辰公司委托中行北站支行向合力公司发放贷款12000万元，贷款期限为2013年3月8日至同年12月8日，并在合同中对贷款利率、违约责任等内容进行了具体约定。同日，同辰公司与中行北站支行、合力公司、腾冲县永元房地产开发经营有限公司（以下简称永元公司）签订《委托贷款补充协议》约定，同辰公司委托中行北站支行以该行名义办理抵押登记手续。协议签订后，中行北站支行遂按照该协议对抵押担保的约定，以中行北站支行的名义与抵押人永元公司签订《抵押合同》，对最高债权额为本金12000万元和利息、实现债权的费用（包括但不限于诉讼费、律师费、执行费）的债权提供担保，并办理了抵押登记。截至2013年11月1日，合力公司仅支付了第一、二季度利息共计9218755.28元，其余本金和利息尚未支付。因合力公司未依约履行还款义务，同辰公司请求判令：（1）由合力公司偿还借款本金12000万元，并支付截至2015年9月15日止的利息8132219.42元、罚息82982745.06元以及至实际清偿之日止的罚息（罚息标准按日万分之十计算）；（2）判令同辰公司对永元公司设抵给中行北站支行的抵押物具有优先受偿的抵押权利；（3）由合力公司、永元公司承担同辰公司为实现债权的费用144万元；（4）由合力公司、永元公司承担本案案件受理费、保全费。庭审中，同辰公司将其第三项诉讼请求变更为："由合力公司、永元公司承担同辰公司为实现债权的费用440721元。"

被告合力公司口头答辩认为：不同意原告的诉讼请求，请求驳回原告的起诉。

被告永元公司口头答辩认为：本案不属于人民法院受案范围，应当驳回原告起诉。

第三人中行北站支行陈述意见认为：同辰公司的诉请于法有据，请求法院支持原告诉讼请求。

经审理查明：2013年2月28日，同辰公司（委托人）、中行北站支行（受托人）与合力公司（借款人）签订了编号为2013年北委字001号的《人民币委托贷款合同》，并约定同辰公司委托中行北站支行向合力公司贷款12000万元。该合同还就借款利率与计息方法、担保、违约责任等进行了明确约定。同日，三方当事人签订《委托贷款补充协议》约定，永元公司提供腾国用（2011）第115368号土地使用权给同辰公司作为抵押物，为上述12000万元借款提供抵押担保。2013年2月28日，永元公司与中行北站支行签订编号为2013年北抵字001号《抵押合同》约定，永元公司提供腾国用（2011）第115368号土地使用权为上述12000万元借款提供抵押担保。同日，双方办理了抵押登记，腾冲县国土资源局为抵押权人中行北站支行办理了腾他项（2013）第0220号他项权利证书。2013年3月8日，中行北站支行依据合力公司申请，将12000万元借款转至其公司账户。同辰公司自认，截止2013年11月1日，合力公司向其支付了第一季度利息3327721.34元。

另查明：在上述借款发生之前，2012年5月18日，同辰公司（委托人）、中行北站支行（受托人）与合力公司（借款人）签订了编号为2012年北委字001号的《人民币委托贷款合同》，并约定同辰公司委托中行北站支行向合力公司贷款9000万元。该合同亦就借款利率与计息方法、担保、违约责任等进行了明确约定。2012年5月22日，永元公司与中行北站支行签订编号为2012年北抵字001号《抵押合同》约定，永元公司提供腾国用（2011）第115368号土地使用权为上述9000万元借款提供抵押担保。2012年5月23日，中行北站支行作为抵押权人、永元公司作为抵押人在腾冲县国土资源局鉴证下签订了《国有土地使用权抵押合同》。上述合同签订后，合力公司于2012年6月19日、2012年9月20日、2012年9月29日、2013年2月22日分四笔还清了该合同项下借款，现该合同已履行完毕。

2012年北委字001号《人民币委托贷款合同》的资金流转情况为：2012年5月30日，中房现代有限公司（以下简称中房公司）向同辰公司打款9000万元；2013年5月31日，同辰公司依据该合同向合力公司放款9000万元；2012年6月1日，合力公司将9000万元打入昆明科迪企业管理有限公司（以下简称科迪公司）账户；2012年6月11日，科迪公司分别向中房公司、同辰公司打款8400万元、600万元。2012年6月19日、2012年9月20日、2012年9月29日，合力公司分别还款997500元、437000元、437000元；2013年2月22日，科迪公司向合力公司转款9000万元，同日合力公司向同辰公司还款92992500元，该合同项下本息还清。

2013年北委字001号《人民币委托贷款合同》的资金流转情况为：2013年2月22日合力公司向同辰公司还款92992500元，2013年3月4日、6日中房公司共计向同辰公司打款2000万元，2013年3月4日云南汇融股权投资基金管理有限公司（以下简称汇融公司）向同辰公司打款1000万元；2013年3月8日，同辰公司依据该合同向合力公司放款12000万元；2013年3月11日合力公司向科迪公司打款12000万元；2013年3月12日科迪公司向中房公司打款11600万元。

还查明：中房公司股东为赵峰、赵奕达（赵峰之子）；同辰公司股东为赵虹、赵卉（二人均系赵峰姐姐）；科迪公司股东为同辰公司、包鹏位（赵峰妻子）；汇融公司股东为中房公司（持股83%）、罗莉莉。

查明的其他事实：

1. 云南省高级人民法院（2013）云高民二终字第14号案件当事人为原告同辰公司、被告中行北站支行，第三人合力公司、永元公司。同辰公司依据同辰公司、合力公司、中行北站支行2013年2月28日签订的《人民币委托贷款合同》起诉，请求：（1）中行北站支行、合力公司、永元公司偿还其借款12000万元，并承担逾期利息、罚息；（2）对永元公司腾国用（2011）第115368号土地使用权优先受偿；（3）中行北站支行、合力公司、永元公司承担实现债权的费用。本院（2013）云高民二终字第14号民事裁定书，依据《最高人民法院关于如何确定委托贷款协议纠纷诉讼主体资格的批复》（法复〔1996〕6号），裁定：驳回同辰公司起诉。

2. 云南省高级人民法院（2013）云高民二终字第19号案件当事人为原告中行北站支行，被告合力公司、永元公司。中行北站支行依据同辰公司、合力公司、中行北站支行2013年2月28日签订的《人民币委托贷款合同》起诉，请求：(1) 合力公司归还其借款12000万元，并承担逾期利息、罚息、复利；(2) 合力公司承担中行北站支行实现债权的费用；(3) 对永元公司腾国用(2011) 第115368号土地使用权优先受偿。本案（2013）云高民二终字第14号民事裁定书，以“乔永仁被诈骗案”，包含本案的全案事实，不属于人民法院受案范围，裁定：“驳回中行北站支行起诉”，并将案件移送云南省保山市公安局处理。

3. 本案中，乔永仁系永元公司股东，其原系本案抵押土地的使用权人。(2013) 云高民二终字第14号案件诉讼发生后，其向云南省保山市公安局举报曾庆文诈骗，云南省保山市公安局以证据不足为由作出《不予立案决定书》；后乔永仁向云南省人民检察院申请检察监督，云南省人民检察院认为构成合同诈骗（曾庆文虚构事实骗取乔永仁土地），公安局在检察院监督下，因曾庆文已故，故其以“乔永仁被诈骗”立案侦查。现该刑事案件云南省保山市人民检察院诉至云南省保山市中级人民法院。

本案审理中，云南省人民检察院向本院发出《检察建议书》认为：“一、云南省高级人民法院正在审理的同辰公司诉合力公司、永元公司及第三人中行北站支行借款合同纠纷一案［案号：（2015）云高民二初字第41号］属虚假诉讼且涉嫌虚假诉讼罪，依法不应作为民事案件受理、审理，应驳回非法所诉；二、本虚假诉讼案违法行为人的行为及其恶劣，应依据《民事诉讼法》第一百一十二条，《刑法》第三百零七条，《刑法修正案（九）》第三十五条的规定，将本案犯罪线索移送公安机关处理，对该严重妨碍民事诉讼涉嫌犯罪的行为依法予以惩处。”

【裁判结果】

云南省高级人民法院于2016年1月11日作出（2015）云高民二初字第41号民事裁定：驳回同辰公司的起诉；同时，作出（2015）云高民二初字第41号罚款决定：对同辰公司、合力公司各罚款人民币50万元整。一审宣判后，同辰公司不服（2015）云高民二初字第41号民事裁定，向最高人民法院提起上诉；同辰公司、合力公司不服（2015）云高民二初字第41号罚款决定向最高人民法院申请复议，最高人民法院于2016年7月7日作出（2016）最高法民终327号民事裁定：驳回上诉，维持原裁定。

【裁判理由】

法院生效判决认为，本案的争议焦点：（1）合力公司应否偿还同辰公司借款本金12000万元及支付相应的利息、罚息；（2）同辰公司是否有权对永元公司抵押的土地使用权优先受偿；（3）合力公司、永元公司应否承担同辰公司实现债权的费用；（4）同辰公司是否有权提起本案诉讼。

针对争议焦点一，法院认为：人民法院保护合法的借贷关系，同时应对恶意串通进行虚假诉讼意图损害他人合法权益的行为进行制裁。本案中，合力公司偿还同辰公司借款本金及利息、罚息的前提是双方之间存在真实的借款合同关系，故同辰公司、合力公司之间是否存在真实借款关系是本案审理的关键。

根据已查明事实，法院认为：第一，2012年5月18日的《人民币委托贷款合同》的资金流转中，同辰公司根据该合同，在2012年5月30日收到中房公司转款9000万元后，即以放款名义将该9000万元于2012年5月31日转入合力公司账户；合力公司收到款项后，即于次日（即2012年6月1日）将上述款项转至科迪公司账户；2012年6月11日，科迪公司将上述款项转入中房公司8400万元，转入同辰公司600万元。也就是说，合力公司在收到借款后次日即将款项转至科迪公司，而科迪公司又将上述款项中的8400万元转回中房公司账户，600万元转至同辰公司账户。

2013年2月28日《人民币委托贷款合同》同辰公司委托贷款的资金来源中，同辰公司先持有了合力公司“归还”的9000余万元，后中房公司、汇融公司于2013年3月4日、6日共计转入其账户3000万元，上述款项共计12000万元，同辰公司持有了上述12000万元后，即于2013年2月28日与合力公司签订了本案《人民币委托贷款合同》，约定同辰公司向合力公司借款12000万元。在本合同的资金流转中，合力公司在2013年3月8日收到同辰公司借款12000万元后，于2013年3月11日即将上述款项转入科迪公司账户。科迪公司于次日（2013年3月12日）即将其中的11600万元转入中房公司账户。综合以上事实可以看出，涉及同辰公司、合力公司的两次委托贷款合同的资金流转均呈闭合状态，即资金由中房公司打出后，在极短时间内大部分资金又回到中房公司账户。

第二，本案借款流转走向涉及的中房公司、同辰公司、科迪公司、汇融公司均或由赵峰本人、赵峰直系亲属、赵峰姻亲，或由赵峰及其亲属控制的公司法人作为公司股东。上述公司均由赵峰本人直接或者间接控制，存在紧密的关联关系。

综合以上事实，法院认为：本案借款12000万元款项来源系与同辰公司关联的中房公司、汇融公司；在资金流转上，合力公司在收到款项后即在短时间内转至与中房公司存在关联关系的科迪公司，科迪公司亦在短期内将大部分款项转回至中房公司账户。本案合力公司借款的12000万元均在中房公司控制之下，事实上合力公司并未实际使用委托贷款合同项下借款。存在同辰公司、合力公司假意订立《人民币委托贷款合同》，虚构借款的事实。

第三，同辰公司、合力公司假意订立合同，虚构借款事实已侵害他人的合法权益。理由有两点：首先，与本案有关的两次委托贷款合同抵押物均系永元公司腾国用（2011）第115368号土地的国有土地使用权。合力公司与同辰公司虚构贷款事实，假意签订人民币委托借款合同，对永元公司土地设定抵押权导致永元公司的该土地使用权受到限制已侵害永元公司之权利。其次，永元公司股东系曾捷（曾庆文之女）、乔永仁、吴依璇（乔永仁妻子）。云南省人民检察院检察建议书（云检民违监〔2014〕53000000001号）查明：本案用于抵押的土地使用权原系保山市永兴房地产开发经营有限公司（以下简称永兴公司）所有，该公司股东系乔永仁、吴依璇。2011年11月7日，永兴公司与合力公司、明丰公司签订《协议书》约定，永兴公司将其收购来的原腾冲县国营木材厂203.8亩土地（即本案抵押土地）作价85万元/亩（共计17323万元）入股，由永元公司以其名义进行收购。永兴公司原股东在合力公司、明丰公司支付完股权对价后不再持有股份。协议签订后，乔永仁、吴艺璇依约成立了永元公司，上述土地亦办至永元公司名下。后曾庆文以增资扩股名义进入永元公司，成为持股约91%的控股股东，乔永仁、吴艺璇持股约9%。明丰公司、合力公司向永兴公司及乔永仁个人支付了地价款（即协议书约定的股权对价）7000万元后，尾款10323万元至今未付。本案中，永元公司为前述12000万元借款用该土地使用权设定抵押时的公司股东会决议中“乔永仁”“吴依璇”签字系伪造。（2013）云高民二终字第14号案件诉讼发生后，保山市公安局在云南省人民检察院监督下，对曾庆文虚构事实骗取乔永仁土地立案侦查。因曾庆文已故，故保山市公安局以“乔永仁被诈骗”立案侦查。另外，本院（2013）云高民二终字第19号民事裁定书查明：“乔永仁被诈骗”一案包含本案全案事实。综合以上事实可知，同辰公司、合力公司虚构借款事实，一旦合力公司不按约归还借款，则可能导致同辰公司径直实现永元公司设定的国有土地使用权抵押，侵害永元公司权利。

本案中，同辰公司、合力公司恶意串通，假意订立人民币委托借款合同，而借款发放后又迅速转回，借款人合力公司并未实际使用。在无真实借款关系的前提下，同辰公司、合力公司对永元公司土地设定抵押权，妄图通过本案诉讼实现其用抵押物偿还借款的非法目的，侵害了永元公司合法权益，严重干扰了国家正常的审判秩序，妨碍了正常的民事诉讼，已构成该条规定的虚假诉讼。本案应当认定为虚假诉讼。因同辰公司、合力公司之间不存在真实借款关系，故同辰公司向合力公司主张借款本金12000万元及利息、罚息不应受法律的保护；对于同辰公司、合力公司的虚假诉讼行为依法应当进行处罚。

针对争议焦点二、争议焦点三，如前所述，因本案系虚假诉讼，同辰公司、合力公司之间不存在真实借款关系，故同辰公司无权主张对永元公司腾国用（2011）第115368号土地使用权优先受偿，同时其为本案虚假诉讼所支付的律师代理费等费用应由其自行负担。

针对争议焦点四，法院认为：虚假诉讼依照《民事诉讼法》第一百一十二条之规定应当驳回当事人的诉讼请求。但是，该规定虚假诉讼驳回当事人诉讼请求，系建立在当事人拥有诉权的基础上。对于本案，应结合案情综合分析。

法院认为：第一，云南省高级人民法院（2013）云高民二初字第19号民事裁定查明："2014年5月30日，云南省保山市公安局作出的保公（经）立字［2014］7号《立案决定书》，对乔永仁涉嫌被合同诈骗案立案侦查，该刑事案件所涉事实包括本案审理的全案事实"，并裁定驳回起诉。庭审中，同辰公司认可，其起诉本案所依据的《人民币委托贷款合同》、案件事实与本院（2013）云高民二初字第19号案相同。根据《最高人民法院关于适用〈中华人民共和国民事诉讼法〉的解释》第二百四十七条的规定"当事人就已经提起诉讼的事项在诉讼过程中或者裁判生效后再次起诉，同时符合下列条件的，构成重复起诉：（一）后诉与前诉的当事人相同；（二）后诉与前诉的诉讼标的相同；（三）后诉与前诉的诉讼请求相同，或者后诉的诉讼请求实质上否定前诉裁判结果。当事人重复起诉的，裁定不予受理；已经受理的，裁定驳回起诉，但法律、司法解释另有规定的除外"。本案中，虽各当事人的诉讼地位与（2013）云高民二初字第19号案件不同，但本案当事人均系（2013）云高民二初字第19号案当事人，且其诉讼标的、诉讼请求、所依据案件事实均与（2013）云高民二初字第19号案相同。故同辰公司起诉构成该条规定的重复起诉，依法不属于人民法院受案范围。

第二，"乔永仁被诈骗"的刑事案件已包括本案全案事实，现"乔永仁被诈骗”一案尚未审理终结。因本案涉及的刑事案件尚未审理终结，本案不属于人民法院受案范围。

【案例注解】

人民法院保护合法的借贷关系，同时应对恶意串通进行虚假诉讼，意图损害他人合法权益的行为进行制裁。虚假诉讼行为在借款合同中主要表现为借贷双方假借订立合同骗取保证人保证，并妄图通过诉讼手段实现担保权，侵害担保人责任。该虚假诉讼行为具有以下特征：

（一）借贷形式上的合法性

在真实的借款合同法律关系中，贷款人的主合同义务为支付合同约定金额的借款给借款人。在贷款人履行其合同义务后，借款人即具有了合同约定款项的所有权，其有按照合同约定目的自由使用的权利，贷款人对借款人仅享有债权。借款人在一定期限内履行还本付息的合同义务；在虚假的借款关系中，借款人借款只是骗取保证人保证的手段，贷款人并未实际支付款项给借款人，借款人也并未实际使用合同约定借款，借款人当然不具有还款意愿和还款义务。但是，作为骗取保证的手段，借贷双方会穷尽一切办法使其借款关系在形式上具有合法性。

虚假借款合同具体表现为借贷双方订立书面借款合同，甚至以更隐秘的委托贷款方式使“借款行为”具有形式上的合法性。在本案中即是如此：同辰公司作为借款的实际贷方将本案虚构借款以委托中行北站支行的形式“出借”给借方同辰公司，使其虚构的借贷关系更具有隐秘性。所以，在审判实践中，司法工作人员在审理借款合同时应重点审查资金走向；在审理委托贷款合同，如发现可能存在虚假诉讼行为时，为便于查清事实，应当依职权追加资金委托方作为案件当事人。

（二）在款项流转上，资金流呈闭合状态

在实践中，审查资金走向是区分真实借款关系与虚假借款关系的关键。虚假借款合同关系资金流转均呈闭合状态，即资金由贷款人（或贷款人关联企业、关系人）打出后，经借款人账户后，在极短时间内大部分资金又回到贷款人账户。客观上，贷款人并未履行其出借资金义务，借款人亦未实际使用贷款人借款。

在虚假借款合同中，借贷双方为使其“借贷关系”具有隐蔽性及合法性，贷方往往会通过银行转账方式（包括汇票、信用证等金融衍生产品）将资金汇入借方账户以造成其已履行出借资金义务的假象。同时，借款人在收到资金后也不会直接将款项再次汇入贷款人账户，往往会穷尽其所能的利用其关联企业及关系人账户，将资金链拉长后，最终汇入贷方账户。本案中，中房公司作为资金实际控制人，通过同辰公司账户汇入合力公司，造成了同辰公司已实际履行资金出借义务的假象。但借款资金的走向均在中房公司控制之下进行，合力公司在收到借款后，未直接汇入同辰公司或中房公司账户，而是将资金汇入中房公司控制之下的科迪公司，经过多次资金流转后，最终款项回流至中房公司。资金链拉长后，在款项流转上具有了隐秘性。这就要求审判人员不仅要审查贷款人与借款人之间的合同关系，同时要审查借、贷双方与其关联企业、关系人之间的法律关系。借方如若与贷方关联企业（关系人）存在其他合法法律关系，则不宜将案件定位为虚假诉讼，并进行进一步审查。

（三）目的在于要求担保人承担担保责任

虚假诉讼行为的本质在于恶意串通，通过诉讼手段获取非法利益。在虚假的借贷关系中，借贷双方恶意串通的目的最大可能性即为侵害担保人合法权益。借款合同关系本身法律关系简单，法律事实明了并较易审查。真实借款合同关系，只需审查是否存在借款合意、贷方是否履行资金出借义务、借方是否完全履行还本付息义务即可。如借贷双方并未侵害第三人利益，而仅仅是主张借方还本付息，则不属于虚假诉讼行为。该类案件中，只有在存在担保人的情况下，才有侵害第三人利益的可能。在诉讼中，往往表现为借方愿意还款，但并无财产可供执行。

需要注意的是，借贷双方在假意订立借款合同并骗取担保人担保后，如对担保人的财产权益进行限制（如设定抵押权、质押权等其他权利），则已侵犯了担保人权益。但是，借贷双方进行虚假诉讼行为的最终目的在于实现担保权，一旦担保权实现，则会进一步侵害担保人的财产权益。

（四）诉讼中的借贷方当事人积极起诉、应诉相互配合

虚假诉讼行为必须通过诉讼手段。在诉讼中，往往是贷方以借方为归还借款（或借方已归还少数借款）为由诉至法院。贷方诉讼请求均按照借款合同一一列明，即借款人的还本付息义务、违约责任，担保人的担保责任以及其他合同附随义务（如实现债权的费用等）。在诉讼过程中，借方积极应诉，多自认贷方诉讼请求，甚至可能出现借贷双方共同对抗担保人的情形。

在实践中需要注意的是，借贷双方在诉讼中对抗激烈，但其对抗并不涉及主合同权利义务的情形。恶意串通的认定应当自双方建立法律关系始直至整个诉讼结束止的全部事实予以综合认定，而不应当仅仅考量诉讼中诉辩双方的行

为表现。

在对虚假诉讼行为的处罚上，目前的法律依据仅仅是《民事诉讼法》及《刑法修正案（九）》，在民事上的处罚包括罚款、拘留，情节严重的按照《刑法修正案（九）》规定的虚假诉讼罪予以定罪量刑。笔者认为，应当给予被侵害人以救济，同时，加强公检法联合打击虚假诉讼行为的力度，具体建议如下：

（一）从《侵权责任法》角度给予被侵害人以救济

虚假诉讼行为不仅侵害了国家的正常司法秩序，同时亦侵害了第三人的合法权益。虚假诉讼行为本身即是侵权行为，应当从《侵权责任法》角度给予被侵害人以救济。在审查该侵权行为时，应当综合考虑虚假诉讼侵权行为、被侵害人损失、行为与损失之间的因果关系，给被侵害人以权利救济。

（二）建立公检法联合打击虚假诉讼行为机制

目前，在虚假诉讼行为识别过程中，往往是法院在审判过程中发现虚假诉讼行为，进而罚款了之，缺乏将虚假诉讼行为移交侦查机关进一步进行刑事立案侦查的法律依据。

在司法实践中，由于审判工作的被动性，法院不能主动介入、干预当事人的诉讼活动。只要虚假诉讼双方当事人相互串通，虚构事实与证据从表面上达到了事实清楚、证据充分，诉辩双方对事实和证据没有意义，法院就不大可能去审查双方证据和法律关系的真实性，更遑论主动审查当事人之外的法律关系，虚假诉讼行为亦因此难以识别。在实践中，法官往往能够察觉虚假诉讼行为人的种种反常举动和显现象，形成内心确信，但由于司法权在民事诉讼领域的被动性，按照一般审查程序，法官往往难以在短时间内查实虚假诉讼真相。

为此，笔者建议，完善立法，建立虚假诉讼行为线索移送机制，在法院审判过程中发现虚假诉讼行为线索，即可移交侦查机关侦查处理。

（**一审法院合议庭成员**　王　娟　郭婷婷　陈少飞
二审法院合议庭成员　杨国香　周其濛　张　娜
编写人　云南省高级人民法院　陈少飞
责任编辑　韩建英
审稿人　曹守晔）

知识产权

彭义霆、田晓辉诉湖北工业大学职务技术成果完成人奖励、报酬纠纷案

——职务技术成果完成人奖励、报酬的股权收益应当如何分配

关键词：职务技术成果　奖励报酬　股权收益　分配标准

【裁判要旨】

单位内部文件将股权作为职务技术成果奖励报酬但单位没有按照规定分配股权的，应当认定职务技术成果完成人享有股权的增值收益。

【相关法条】

《中华人民共和国合同法》第三百二十六条　职务技术成果的使用权、转让权属于法人或者其他组织的，法人或者其他组织可以就该项职务技术成果订立技术合同。法人或者其他组织应当从使用和转让该项职务技术成果所取得的收益中提取一定比例，对完成该项职务技术成果的个人给予奖励或者报酬。法人或者其他组织订立技术合同转让职务技术成果时，职务技术成果的完成人享有以同等条件优先受让的权利。

职务技术成果是执行法人或者其他组织的工作任务，或者主要是利用法人或者其他组织的物质技术条件所完成的技术成果。

《中华人民共和国促进科技成果转化法》第二十九条[①] 科技成果完成单位将其职务科技成果转让给他人的，单位应当从转让该项职务科技成果所取得的净收入中，提取不低于百分之二十的比例，对完成该项科技成果及其转化做出重要贡献的人员给予奖励。

【案件索引】

一审：湖北省武汉市中级人民法院（2013）鄂武汉中知重字第00001号（2013年8月9日）

二审：湖北省高级人民法院（2014）鄂民三终字第00109号（2014年5月20日）

【基本案情】

原告彭义霆、田晓辉向湖北省武汉市中级人民法院起诉称：湖北工业大学与廊坊欧克精细化工有限公司（后变更为河北欧克精细化工股份有限公司，以下简称欧克公司）就"铁钛复合系列云母珠光颜料生产专有技术"签订了《技术投资入股合同》，合同签订后，双方均依约履行了合同义务，湖北工业大学通过转让该项技术成果获得了欧克公司支付的100万元（人民币，下同）现金及100万股股权。2010年，湖北工业大学将其持有的100万股股权通过拍卖方式转让获得了545万元股权转让款。湖北工业大学只向涉案职务技术成

---

① 2015年8月29日，第十二届全国人民代表大会常务委员会第十六次会议通过的《全国人民代表大会常务委员会关于修改〈中华人民共和国促进科技成果转化法〉的决定》将本条与第三十条合并作为第四十五条，具体内容为："科技成果完成单位未规定、也未与科技人员约定奖励和报酬的方式和数额的，按照下列标准对完成、转化职务科技成果做出重要贡献的人员给予奖励和报酬：

"（一）将该项职务科技成果转让、许可给他人实施的，从该项科技成果转让净收入或者许可净收入中提取不低于百分之五十的比例；

"（二）利用该项职务科技成果作价投资的，从该项科技成果形成的股份或者出资比例中提取不低于百分之五十的比例；

"（三）将该项职务科技成果自行实施或者与他人合作实施的，应当在实施转化成功投产后连续三至五年，每年从实施该项科技成果的营业利润中提取不低于百分之五的比例。

"国家设立的研究开发机构、高等院校规定或者与科技人员约定奖励和报酬的方式和数额应当符合前款第一项至第三项规定的标准。

"国有企业、事业单位依照本法规定对完成、转化职务科技成果做出重要贡献的人员给予奖励和报酬的支出计入当年本单位工资总额，但不受当年本单位工资总额限制、不纳入本单位工资总额基数。"

果完成人付建生、彭义霆和田晓辉三人支付了100万元技术转让收益的86%即86万元，但未支付545万元股权转让款的奖励报酬。彭义霆、田晓辉为维护自身合法权益，诉至法院，请求判令：（1）湖北工业大学向彭义霆、田晓辉各支付职务技术成果奖励报酬1271700元；（2）由湖北工业大学承担本案诉讼费用。

被告湖北工业大学辩称：本案所涉股权收益不是职务技术成果转让收益，该股权收益的性质属于湖北工业大学作为欧克公司股东参与欧克公司经营、管理所得的所有者权益的金钱价值，彭义霆、田晓辉无权主张。湖北工业大学《关于加强科学研究工作的若干意见》未规定股权转让收益的一次性奖励，如果一定要分配股权收益，本案也只能按照涉案职务技术成果入股时的作价金额和标准分配奖励报酬。

法院经审理查明：彭义霆、田晓辉和付建生是湖北工业大学的老师，三人组成的课题组研发了职务技术成果铁钛复合系列云母珠光颜料生产专有技术。1999年2月，湖北工业大学与欧克公司签订《科技开发合同》，合同约定：湖北工业大学负责提供铁钛复合系列云母珠光颜料的批量生产技术，作为技术转让的对价，欧克公司分五期向湖北工业大学支付现金100万元，并将公司总股份的10%划归湖北工业大学作为技术股份。合同签订后，湖北工业大学将涉案专有技术作价76万元投资入股欧克公司并办理了工商登记手续，另外，湖北工业大学的债权24万元转为股权，即出资24万元。湖北工业大学技术入股欧克公司时，欧克公司每股面值1元。湖北工业大学收到欧克公司支付的现金100万元后，向课题组分配了86万元作为职务技术成果完成人的奖励报酬。2008年10月，欧克公司向湖北工业大学电汇67500元股权收益，该公司后出具《情况说明》，证实该67500元为溢价补偿款。2009年3月，付建生、彭义霆和田晓辉签订《湖北工业大学100万欧克公司股份相关利益分配协议》，约定对欧克公司100万股份的股权分配、股权分红和股权生成的其他利润等利益，在扣除学校政策的提成后，所剩余部分由付建生、彭义霆和田晓辉按各三分之一进行分配。随后，彭义霆、田晓辉向湖北工业大学递交了要求分配股权收益的报告。湖北工业大学科技与产业处在报告上书面建议，按学校政策要求，股权分红利益的80%划课题组，并按照课题组成员的个人协议予以分配。同年11月，该校领导在该报告上批示同意此次按科技与产业处意见执行，但以后按学校新的文件精神处理。据此，湖北工业大学将上述67500元提成20%后，余款以分配股份相关利益为名目向彭义霆、田晓辉各分配三分之一即18000元。2009年12月至2010年1月，湖北工业大学持有欧克公司的股权经过拍卖程序转让给深圳市中圳兴科技发展有限公司，该校获得股权转让款545万元。

另查明：1993年10月，湖北工学院出台《湖北工学院科研收费分配管理办法》[湖工科字（1993）第6号][①]，该文件规定："管理费提成：横向合同项目按实际总金额减去样机费后的全部金额计算，学院提3%，科研处提2%，系提5%；第三项业务活动费、合同咨询服务费：横向项目科研处提2%，系提2%"，即：对于校企合作等横向项目，学校提取14%的管理费等费用后，剩余86%的收益分配给科技成果完成人。在彭义霆、田晓辉要求分配股权收益期间，湖北工业大学于2009年10月出台《关于加强科学研究工作的若干意见》（湖工大党字（2009）23号），该文件规定："制订有利于校企合作和成果转化的政策，技术转让净收入的70%一次性奖励科技成果完成人；科技成果入股时作价金额的70%股份一次性奖励给科技成果完成人。"

【裁判结果】

湖北省武汉市中级人民法院于2013年8月9日作出（2013）鄂武汉中知重字第00001号民事判决：一、被告湖北工业大学于本判决生效之日起10日内向原告彭义霆、原告田晓辉各支付职务技术成果奖励报酬966000元；二、驳回原告彭义霆、原告田晓辉的其他诉讼请求。一审宣判后，湖北工业大学向湖北省高级人民法院提起上诉。湖北省高级人民法院于2014年5月20日作出（2014）鄂民三终字第00109号民事判决：驳回上诉，维持原判。

【裁判理由】

法院生效裁判认为：彭义霆、田晓辉依法享有涉案职务技术成果的奖励、报酬权，湖北工业大学为促进科技成果转化制定的内部文件，即是该校对于职务技术成果完成人的奖励报酬政策，在文件规定的奖励报酬条件成就时，该校应当遵守。湖北工业大学2000年即已持有欧克公司76万股股权，但直至2009年拍卖该股权时仍未就该股权本身向职务技术成果完成人进行奖励或支付报

---

① 1984年由湖北轻工业学院和原湖北农业机械化专科学校合并组建成湖北工学院，2004年更名为湖北工业大学。

酬，现股权已被转让，职务技术成果完成人享有此期间股权的资本增值收益，更能体现《合同法》和《促进科技成果转化法》关于保护职务技术成果完成人权益和促进科学技术创新的法律精神。本案中，彭义霆、田晓辉只对湖北工业大学持有欧克公司100万股中76%的技术投资入股享有权益，另24万股来自湖北工业大学的债权，与涉案技术成果的出资入股无关。根据湖北工业大学《关于加强科学研究工作的若干意见》文件规定，对于545万元股权转让款的76%即4142000元，在湖北工业大学提取30%后，彭义霆、田晓辉与课题组另一技术成果完成人对该款剩余的70%即2899400元，各享有三分之一的权利，即966000元。据此，湖北工业大学应向彭义霆、田晓辉各支付职务技术成果奖励报酬966000元。

【案例注解】

为充分调动高等院校、科研机构和企业等单位科技研发人员技术创新的积极性，促进科技成果的应用和转化，我国法律确立了职务技术成果的奖励报酬制度。随着科技成果转化收益分配力度逐渐加大，有些单位将创办企业或者技术入股企业所形成的股权收益作为科研人员的奖励报酬，但在技术成果转化过程中，如何确定股权收益这种新型奖励报酬的收益分配关系，目前尚缺乏明确的法律规定，容易引起此类职务技术成果完成人奖励报酬分配的纠纷。

一、单位内部奖励报酬文件的法律性质

我国职务技术成果的收益分配，从最初的“奖励”制度逐步发展为现在的“奖励与报酬”的混合制度。当前，我国职务技术成果的奖励报酬制度，呈现出“约定为主，法定为辅”的特征，① 即：在单位和员工经过平等协商达成职务技术成果收益分配协议的情况下，按照“合同约定优先”的原则分配相关收益，这体现了《民法》中“意思自治”的基本原则；同时，我国《促进科技成果转化法》第二十九条明确规定②：“科技成果完成单位将其职务科技成果转让给他人的，单位应当从转让该项职务科技成果所取得的净收入中，

① 肖冰：《日本与德国职务发明报酬制度的立法比较及其借鉴》，载《电子知识产权》2012年第4期。

② 2015年8月29日第十二届全国人民代表大会常务委员会第十六次会议通过的《全国人民代表大会常务委员会关于修改〈中华人民共和国促进科技成果转化法〉的决定》，将第二十九条、第三十条合并后修改为第四十五条。

提取不低于百分之二十的比例，对完成该项科技成果及其转化做出重要贡献的人员给予奖励”，照此规定，如果单位和员工未约定职务技术成果的收益分配事宜且事后也无法达成分配协议，单位应将该成果转让所得净收入的20%以上奖励给员工，该规定充分体现了我国保护职务技术成果完成人利益的立法目的。然而，单位和员工之间地位不平等的状态，导致部分单位并未与员工签订职务技术成果的收益分配协议，而是以单位内部文件的方式规定了奖励报酬的分配方案。

关于单位内部奖励报酬文件的法律性质，在司法实践中有“合同说”和“政策说”两种不同的认识。持“合同说”的观点认为，单位内部的相关文件具有一定的合同性质，在文件规定的条件成就时，应作为单位和员工达成收益分配协议关系的依据。就本案而言，湖北工业大学颁布施行《关于加强科学研究工作的若干意见》文件后，该校两位老师彭义霆、田晓辉以该文件为依据，要求学校按照文件规定的收益分配方案分配奖励报酬，两位老师对学校文件的认可，可视为双方当事人以实际行为对收益分配方案达成了合意约定。笔者认为，《合同法》第二条第一款规定：“本法所称合同是平等主体的自然人、法人、其他组织之间设立、变更、终止民事权利义务关系的协议”，该规定表明，订立合同的主体应当是平等的民事主体，而湖北工业大学与该校教职员工之间属于管理与被管理的关系，该校制订的《关于加强科学研究工作的若干意见》文件并不是平等主体设立、变更或终止民事权利义务关系的协议，不属于我国《合同法》意义上合同的范畴。并且《合同法》第十三条规定：“当事人订立合同，采取要约、承诺方式”，按照该规定，合同的成立应当有要约和承诺两个构成要件，单位制订奖励报酬文件的过程，只是单位对员工的单方承诺，显然不是订立合同的过程，也不符合订立合同的构成要件，因此，奖励报酬文件并不具有合同的约束效力。

对于单位内部的奖励报酬文件，持“政策说”的观点认为，法律有规定的，按照法律规定，法律没有规定的，应当遵守政策，单位为促进科技成果转化制定的内部文件，即是单位对于员工的职务技术成果奖励报酬的政策，在符合文件规定的情况下，单位应当遵守自己制定的政策。不赞同“政策说”的意见认为，《民法通则》第六条规定：“民事活动必须遵守法律，法律没有规定的，应当遵守国家政策”，该规定表明，在法律没有规定的情况下，民事活动应当遵守的是“国家政策”，而不是某个单位的内部政策，因此，湖北工业大学制订的内部文件不应成为案件裁判的政策依据。

笔者赞同“政策说”，理由如下：

其一，单位内部的奖励报酬文件可以作为人民法院确定奖励报酬标准的政策依据。有学者指出，“职务发明创造奖酬却是单位与职务发明创造之完成人之间的双务权利义务关系，由法律、法规甚至政策的相关条文规定或者职务发明人与单位的相应合意约定所明确。”① 确定职务技术成果完成人奖励报酬的政策标准，应当作广义的理解，既可以是国家政策，在职务技术成果完成人认可的情况下，也可以是其所在单位制订的内部政策。

其二，将单位内部奖励报酬文件作为人民法院裁判的政策依据，符合国际司法惯例。例如，在日本的职务发明报酬制度中，“报酬额是按每个雇主自己的政策决定的。通常在发明申请日给付固定的数额 7400 日元，在授予专利权日给付 16000 日元。随后，按照专利给公司利润和业务带来的贡献，给付在 35000 到 60 万日元之间的数额，上限通常是 100 万日元。”② 并且，日本《专利法》第三十五条第四款明确规定：“根据合同、规章制度或其他规则规定支付对价的，应根据确定对价标准中雇主、雇员协商的情况，确定对价标准后的公示情况，以及所计算对价额是否听取了该雇员意见的情况，认定所支付的对价额是否合理。”③ 本款规定的“规章制度”即是单位关于奖励报酬的内部政策，员工因奖励报酬纠纷起诉到法院的，法院可以依据本款确立的“合理报酬”标准，判定单位给予员工的奖励报酬是否合理。

其三，将单位内部奖励报酬文件作为确定员工奖励报酬的政策依据，符合民法中“诚实信用”的基本原则，有利于保护员工的合法权益。我国 1996 年《促进科技成果转化法》第二十九条规定了职务技术成果奖励报酬比例的下限为转让成果所得净收入的 20%，但对于奖励报酬的具体分配比例未作规定，在不违反上述法律规定的情况下，职务技术成果完成人所在单位的奖励报酬文件即是该单位关于奖励报酬的相关政策，可以作为确定收益分配的依据。并且，将单位内部文件作为奖励报酬的政策依据，符合民法中“诚实信用”的基本原则，有利于督促单位履行对员工的给予奖励报酬的承诺，从而有效保护处于弱势地位的员工的合法权益。

---

① 陶鑫良、张冬梅、何刚：《我国专利法中职务发明创造奖酬制度研究》，载《知识产权研究》（第二十卷），知识产权出版社 2011 年版，第 161 页。

② 刘向姝、刘群英：《职务发明报酬制度的国家比较及建议》，载《世界知识产权》2006 年第 2 期。

③ 张玉瑞：《我国职务发明制度改革的比较研究和建议》，载《知识产权研究》（第二十卷），知识产权出版社 2011 年版，第 124 页。

二、职务技术成果奖励报酬的股权收益分配

《合同法》第三百二十六条规定："职务技术成果的使用权、转让权属于法人或者其他组织的，法人或者其他组织可以就该项职务技术成果订立技术合同。法人或者其他组织应当从使用和转让该项职务技术成果所取得的收益中提取一定比例，对完成该项职务技术成果的个人给予奖励或者报酬。法人或者其他组织……职务技术成果是指执行法人或者其他组织的工作任务，或者主要是利用法人或者其他组织的物质技术条件所完成的技术成果。"按照该规定，职务技术成果的所有权归属于单位，但职务技术成果凝聚了技术成果完成人的创造性劳动，单位应当对技术成果完成人给予奖励报酬。并且，单位使用或转让职务技术成果所获得的收益，也应当给予技术成果完成人相应的奖励报酬。在单位直接将股权收益作为员工的职务技术成果奖励报酬且股权增值的情况下，如何分配股权收益成为了司法实践中的难点。以本案为例，湖北工业大学一直没有将涉案职务技术成果的股权作为奖励报酬分配给课题组成员，在股权增值之后即出现了争议：单位应当分配技术成果入股时的作价金额，还是应当分配股权增值并拍卖后的股权转让款？

有观点认为，本案应当按照湖北工业大学技术入股欧克公司时的股权价值和收益分配标准，分配当时的股权作价 76 万元，其理由如下：

第一，本案不应依据湖北工业大学《关于加强科学研究工作的若干意见》文件。首先，湖北工业大学技术入股欧克公司已于 2001 年完成，而该校出台《关于加强科学研究工作的若干意见》文件的时间是 2009 年，该文件对湖北工业大学之前的技术入股行为不应当有溯及既往的追溯力和约束力；其次，在分配 67500 元股权收益时，尽管湖北工业大学时任校领导批示以后按学校新的文件精神处理，但该批示只是前任校领导的内部批示，不具有《合同法》意义上的承诺的法律效力；最后，即使适用《关于加强科学研究工作的若干意见》这一文件，但该文件只规定了奖励技术转让净收入的 70% 和科技成果入股时作价金额的 70% 股份，也就是说，该条款的规定是指校企合作时学校向企业转让技术的"净收入"，而不是学校作为股东转让股权的"净收入"，并且，该条款将分配股份的时间点限定为"入股时"，并没有就转让经营多年后的股份所得收益如何分配作出规定。

第二，本案不应分配湖北工业大学持股经营多年所得的资本增值收益。其一，本案双方争议的 545 万元系湖北工业大学持有欧克公司股权的转让对价，而不是湖北工业大学技术入股的对价，湖北工业大学技术入股所得股权于

2001 年即已经形成，而 2009 年拍卖该股权所得转让款包括了持股并经营股权多年的资本增值收益，该资本增值收益并非技术入股时的技术价值；其二，我国《公司法》第四条规定，公司股东依法享有资产收益等权利，湖北工业大学作为享有欧克公司 76 万股技术股权的股东，依法享有该股权的资本增值收益，但在湖北工业大学技术入股欧克公司时没有明文规定分配股份的情况下，彭义霆、田晓辉作为湖北工业大学的员工对 76 万股股权的资本增值收益不应享有权益；其三，在湖北工业大学技术入股取得 76 万股股权直至转让该股权所得股权转让款期间，彭义霆、田晓辉不对 76 万股的贬值承担风险，根据权利义务相一致的原则，彭义霆、田晓辉也不应对学校经营股权所得的资本增值收益享有权益。

第三，涉案技术成果的价值在湖北工业大学技术入股欧克公司时即已经确定，本案应当依据当时的现金分配比例分配技术入股时的股权作价 76 万元。湖北工业大学对于技术入股所得的股权收益，应当以技术入股时的对价为基数，以现金收益的分配比例为标准予以分配。湖北工业大学技术入股欧克公司时取得 76 万股，即享有出 76 万元的出资额，根据 100 万元现金的 86% 的分配标准，课题组三位成员对湖北工业大学取得 76 万元出资额中的 86% 份额，各享有三分之一的权利，即湖北工业大学应当向彭义霆、田晓辉各支付职务技术成果奖励报酬 217866 元（即 76 万 ×86% ÷3 = 217866 元）。

笔者认为，本案应以股权增值后的价格作为分配的基数，分配职务技术成果股权收益的奖励报酬，其理由如下：

第一，本案应以《关于加强科学研究工作的若干意见》文件规定的 70% 比例为依据分配股权收益。湖北工业大学以涉案技术成果入股欧克公司时，并未向彭义霆、田晓辉分配其持有的欧克公司股权的收益，该股权于 2009 年拍卖，故分配股权收益也应当依据 2009 年拍卖时有效的学校文件。并且，2009 年 11 月，湖北工业大学时任校领导批示同意此次按科技与产业处意见执行，以后按学校新的文件精神处理。由此可见，湖北工业大学持有欧克公司股权收益的分配原则，在此时已经确定为按照学校新的文件精神即《关于加强科学研究工作的若干意见》文件的规定执行。按照“诚实信用”的原则，湖北工业大学对此承诺应当遵守，故时任校领导的上述批示可以成为本案适用《关于加强科学研究工作的若干意见》文件的依据。据此，彭义霆、田晓辉主张按照湖北工业大学《关于加强科学研究工作的若干意见》文件规定的 70% 的比例对股权收益进行分配，符合湖北工业大学内部的政策文件精神。

第二，本案应当分配相关股权拍卖后的股权转让款。首先，按照湖北工业大学《关于加强科学研究工作的若干意见》文件中“技术转让净收入的70%一次性奖励科技成果完成人；科技成果入股时作价金额的70%股份一次性奖励给科技成果完成人”的规定，湖北工业大学应当将涉案技术成果入股所获得的70%股份奖励给该技术成果的完成人，但彭义霆、田晓辉提起本案诉讼时，湖北工业大学持有欧克公司的股权已经拍卖转让，彭义霆、田晓辉在本案中无法再主张分配股份，而只能请求分配股份的相应对价即拍卖后的股权转让款；并且，欧克公司是有限责任公司，湖北工业大学持有欧克公司的股权可能有增值收益，也可能贬值，但最多也只会贬值为零，彭义霆、田晓辉可以在股权价值的范围内按比例分配，也就是说，在湖北工业大学持有欧克公司股权期间，彭义霆、田晓辉实际承担着股权贬值的风险，两位老师也应当享有股权增值的收益。基于以上两个方面的分析，无论是依据《关于加强科学研究工作的若干意见》文件“技术转让净收入的70%”的规定，还是依据该文件“科技成果入股时作价金额的70%股份”的规定，湖北工业大学都应当将涉案技术成果入股所得股权拍卖后70%的收益奖励给技术成果完成人。其二，职务技术成果的奖励报酬应当体现社会对于该技术成果的认可程度，社会认可度高，技术入股的股权才会增值。正如有学者指出的那样，“职务发明报酬是来源于社会与企业对这项成果的认可程度，而与其产生过程中的付出与投入并没有必然联系，其作用则在于激励发明人进一步从事发明创造的积极性。”① 湖北工业大学持有欧克公司股权的资本增值收益，虽有湖北工业大学作为股东经营股权多年的贡献，但其中技术入股的份额，归根结底是其转让涉案技术成果所获得的利益，该股权转让款仍然属于技术转让的净收入，技术成果完成人按照文件规定理应享有分配的权益。其三，湖北工业大学曾经向彭义霆、田晓辉分配过溢价补偿款，该溢价补偿款与其后拍卖获得的股权转让款的性质同属股权收益，湖北工业大学的前后行为应当保持一致，股权转让款作为股权收益同样应当予以分配。其四，合理的职务技术成果的奖励报酬制度，不但可以保障员工的合法权益、调动员工发明创造的积极性，而且可以激励单位加大创新投入，保障单位创新的回报。② 就本案来说，如果保护科研人员力度不够，必将严重挫伤广大科技工作者的研发热情，如果完全不保护学校的利益，又会影响

---

① 肖冰：《日本与德国职务发明报酬制度的立法比较及其借鉴》，载《电子知识产权》2012年第4期。

② 参见闫文军：《我国职务发明奖励报酬纠纷分析研究》，载《专利法研究》（2009），知识产权出版社2009年版，第56～57页。

学校搭建“校企合作”平台的积极性。本案判决单位和员工按照“三七开”的比例分配技术入股的股权转让款收益，较好地体现了知识产权审判的“利益平衡”原则，既有利于激发科研人员技术创新的热情，也有助于保护科研单位从事技术转化的积极性。最后，职务技术成果完成人对于职务技术成果的创造有着重要的贡献，为此，我国《合同法》第三百二十六条和《促进科技成果转化法》第二十九条专门规定了职务技术成果的奖励报酬制度。本案中，湖北工业大学在持有欧克公司股权长达十年的时间内，一直未就该股权本身向职务技术成果完成人进行奖励或支付报酬，现股权已被转让变现，职务技术成果完成人享有此期间股权的资本增值收益，更加能够体现上述法律关于促进科学技术创新和保护职务技术成果完成人权益的立法目的和法律精神，同时，也有利于引导单位建立和完善职务技术成果的奖励报酬制度。

（**一审法院合议庭成员** 孙文清 魏兰 赵千喜
二审法院合议庭成员 徐 翠 陈 辉 童海超
编写人 湖北省高级人民法院 童海超
责任编辑 宋建宝
审稿人 王 闯）

中粮集团有限公司诉北京寺库商贸有限公司东城第一分公司、北京寺库商贸有限公司侵害商标权及不正当竞争纠纷案

——将他人商标作为关键词购买竞价排名服务行为性质的认定

关键词：侵害商标权　替他人推销　售前混淆

【裁判要旨】

1. 将他人商标作为关键词购买竞价排名服务的，属于《商标法》第四十八条规定的商标的使用。

2. 行为人在搜索结果内容中使用他人商标，未在其网站中使用他人商标，引起相关公众产生售前混淆的，属于《商标法》第五十七条第（一）项、第（二）项禁止的混淆情形。

【相关法条】

《中华人民共和国商标法》第四十八条　本法所称商标的使用，是指将商标用于商品、商品包装或者容器以及商品交易文书上，或者将商标用于广告宣传、展览以及其他商业活动中，用于识别商品来源的行为。

第五十七条　有下列行为之一的，均属侵犯注册商标专用权：

（一）未经商标注册人的许可，在同一种商品上使用与其注册商标相同的商标的；

（二）未经商标注册人的许可，在同一种商品上使用与其注册商标近似的商标，或者在类似商品上使用与其注册商标相同或者近似的商标，容易导致混淆的；

（三）销售侵犯注册商标专用权的商品的；

（四）伪造、擅自制造他人注册商标标识或者销售伪造、擅自制造的注册商标标识的；

（五）未经商标注册人同意，更换其注册商标并将该更换商标的商品又投入市场的；

（六）故意为侵犯他人商标专用权行为提供便利条件，帮助他人实施侵犯商标专用权行为的；

（七）给他人的注册商标专用权造成其他损害的。

《中华人民共和国反不正当竞争法》第二条 经营者在市场交易中，应当遵循自愿、平等、公平、诚实信用的原则，遵守公认的商业道德。

本法所称的不正当竞争，是指经营者违反本法规定，损害其他经营者的合法权益，扰乱社会经济秩序的行为。

本法所称的经营者，是指从事商品经营或者营利性服务（以下所称商品包括服务）的法人、其他经济组织和个人。

【案件索引】

一审：北京市东城区人民法院（2015）东民（知）初字第3273号（2015年8月6日）

二审：北京知识产权法院（2015）京知民终字第1828号（2016年5月5日）

【基本案情】

中粮集团有限公司（以下简称中粮集团）系第35类服务上注册的第6345079号“大悦城”文字商标、第7209417号“大悦城”文字商标，以及第36类服务上注册的第6345086号“大悦城”文字商标、第5796916号“大悦城”文字商标的注册商标专用权人。其中第7209417号“大悦城”商标核定服务包括第35类的“替他人推销”。

2011年6月10日及2011年10月19日，中粮集团与弘泰基业公司分别签订了《注册商标使用许可合同》及《关于〈注册商标使用许可合同〉的补充协议》，约定中粮集团同意向弘泰基业公司授予普通许可使用第6345079号等一系列注册商标的权利。

弘泰基业公司系中粮集团间接控股的子公司，系朝阳大悦城的产权人及经营主体，具体负责管理和运营北京朝阳大悦城项目。中粮集团在2009年1月1日至2011年12月31日所支付“大悦城”商标广告费共计265773078.79元。

2015年1月19日，中粮集团代理人在百度网搜索栏内输入“大悦城”进行搜索，搜索结果第一项显示的链接标题为“寺库北京朝阳大悦城100%正品保证，全场低折抢购!”。该标题下有“寺库北京朝阳大悦城品类齐全，100%大牌正品，100%放心购物，全球奢品一站GO”字样。上述文字右侧有“推广链接”的标注。(具体见下图)

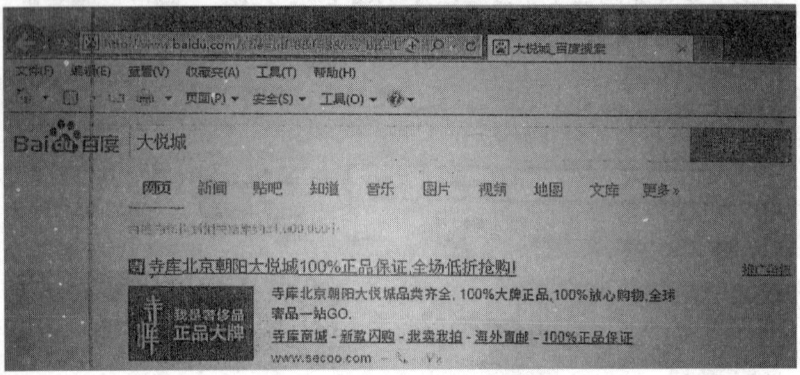

原告认为被告使用“大悦城”商标作为关键词参与搜索引擎的竞价排名服务，并在搜索结果页面上的网页标题和网页描述部分直接使用“大悦城”商标字样，极易使公众将网页宣传的购物网站与中粮集团开发、运营、管理的“大悦城”项目联系起来，误以为该购物网站与中粮集团相关，甚至认为该网站为中粮集团“大悦城购物中心”的网络购物平台之一，构成对原告“大悦城”商标的侵犯，违反《商标法》第五十七条第（一）项和第（二）项的规定。此外，被告的行为违反了市场交易中应当遵循的诚实信用的原则，也违背了应当遵守的公认的商业道德，因此，亦构成不正当竞争，违反了《反不正当竞争法》第二条的规定。

被告则认为“寺库北京朝阳大悦城”中的“大悦城”并非商标性使用，而是仅代表地理位置。在寺库公司的官方网站www.secoo.com中没有出现过“大悦城”字样，因此，寺库公司没有对“大悦城”进行商标性使用。寺库公司在自身行业已经享有很高的知名度和美誉度，是奢侈品电商行业的领头人，寺库公司有自身清晰的品牌定位和消费群体，寺库公司与中粮集团属不同行业，经营范围、商品服务、消费群体均不同，寺库公司没有攀附“大悦城”的主观故意，寺库公司与百度合作进行商业推广属于正当商业行为，不构成侵权。

经查，点击上图中链接标题可进入 www. secoo. com，该网站为寺库公司经营，但在网站页面中并无“大悦城”字样。

百度百科中有关“大悦城”词条的显示为，“大悦城，是集大型购物中心、甲级写字楼、服务公寓、高档住宅等为一体的城市综合体，实现购物、娱乐、观光、休闲、餐饮等功能。北京朝阳大悦城地处朝阳新兴都市圈……集购物、餐饮、娱乐、休闲、文化、教育六大主题于一身……构筑成高品质的时尚购物天堂。开业时间 2010 年 5 月 28 日，建筑面积 40 万平方米，建筑组成为大型购物中心、高端服务式公寓”。百度百科中有关“朝阳大悦城”词条的显示为，“朝阳大悦城位于北京城市东部朝青板块核心地段……”。朝阳大悦城的实际经营者为弘泰基业公司，该公司为“大悦城”商标的被许可使用人。

二审谈话过程中，寺库公司称其之所以选择“大悦城”作为关键词，目的在于增加其网站点击量，且除“大悦城”外，其还将其购买场所的名称作为搜索关键词。

【裁判结果】

北京市东城区人民法院于 2015 年 8 月 6 日作出 2015 东民（知）初字第 3273 号民事判决：驳回中粮集团的全部诉讼请求。

一审宣判后，中粮集团向北京知识产权法院提出上诉。北京知识产权法院于 2016 年 5 月 5 日作出（2015）京知民终字第 1828 号民事判决：一、撤销北京市东城区人民法院作出的（2015）东民（知）初字第 3273 号民事判决；二、北京寺库商贸有限公司在 www. secoo. com 首页上发表为期 3 个月的声明，消除侵权影响；三、北京寺库商贸有限公司赔偿中粮集团有限公司经济损失 15 万元及合理支出 1070 元；四、驳回中粮集团有限公司的其他诉讼请求。

【裁判理由】

法院生效裁判认为：被诉行为中对于“大悦城”的使用是否属于商标意义上的使用应以相关公众的通常认识为依据。本案中，被诉内容中有如下显示“寺库北京朝阳大悦城 100% 正品保证，全场低折抢购！”“寺库北京朝阳大悦城品类齐全，100% 大牌正品，100% 放心购物”“寺库商城 - 新款闪购 - 我卖我拍 - 海外直邮 - 100% 正品保证”。被诉行为搜索到的结果导致部分公众会认为寺库商城为北京朝阳大悦城自行开设或与寺库共同开设的购物网站，因此属于商标意义上的使用。

中粮集团拥有的第7209417号“大悦城”商标核定服务项目包括“替他人推销”。“替他人推销”是指帮助“他人”销售商品的行为，其既包括为销售者的具体销售行为提供单次的促销或推销的行为，亦包括对销售者日常销售行为提供常规性服务的行为，但该服务并不包括经营者“自己”作为销售主体销售商品的行为，亦即不包括零售、批发服务。至于商场、超市的服务是否属于“替他人推销”，则需要作具体区分。如果商场、超市等自己作为销售主体对外销售商品，则该服务不属于“替他人推销”。但如果其仅是为销售者在其购买场所内的销售行为提供相应服务，则该行为属于替他人推销。被诉行为中使用的“大悦城”与第7209417号“大悦城”商标在“替他人推销”服务上注册构成同一种或类似服务上的相同商标。

混淆可能性是认定商标侵权行为的必要要件。依据其产生时间的不同，其可大致分为售前混淆，售中混淆及售后混淆。本案中，因被诉行为系发生在用户进入寺库公司网站之前（亦即发生在寺库公司实际提供服务之前），而用户点击被诉内容后进入的寺库网站中并未使用“大悦城”，故虽然被诉行为会使部分相关公众误认为寺库商城为北京朝阳大悦城自行开设或与寺库共同开设的购物网站，从而具有混淆可能性，但该情形属于售前混淆。因售前混淆的存在同样会使得“大悦城”商标与中粮集团之间的唯一对应关系被破坏，该损害属于对于商标的损害，因此，涉案行为仍为侵犯注册商标专用权的行为。

不可否认的是，虽然部分公众会认为被诉行为中对于“大悦城”的使用属于商标意义的使用，但确有部分公众会将被诉内容中的“大悦城”理解为销售场所。在此情况下，虽不会构成商标侵权行为，但因中粮集团对“大悦城”使用主要集中于购物场所等服务上，其大量使用行为已使得“大悦城”作为购买场所等具有较高知名度。寺库公司将“大悦城”作为关键词进行网络推广并在搜索结果第一项予以显示，很可能使得本应访问“大悦城”相关网站的部分用户在看到被诉内容后访问寺库公司网站，从而使该网站获得更多的点击量。考虑到点击量与网站利益具有直接关系，而寺库公司既未在北京朝阳大悦城内开设店铺，亦与大悦城无其他关联，且其为增加点击量，除“大悦城”外，其还购买了其他购物场所的名称作为关键词等因素，本院认为寺库公司具有主观恶意。即便相关公众会将“大悦城”作为购物场所认知，被诉行为亦违反诚实信用原则，属于《反不正当竞争法》第二条所规定的不正当竞争行为。

鉴于此，北京知识产权法院对该案进行了改判，判决寺库公司在其网站上发表声明，消除侵权影响，并赔偿中粮集团的损失。

【案例注解】

一、将中粮集团“大悦城”系列注册商标作为关键词购买竞价排名服务的行为是否侵犯了中粮集团的商标专用权

（一）寺库公司在被诉行为中对于“大悦城”的使用是否属于商标意义上的使用

对该问题的判断应以相关公众的通常认知为依据。因被诉行为只有在网络用户使用“大悦城”作为关键词进行搜索的情况下才会出现，因此，此处的相关公众并非“大悦城”系列商标核定使用服务的全部相关公众，而仅涉及以该关键词进行搜索的相关公众。如果该部分相关公众认为被诉行为对“大悦城”的使用具有区分服务来源作用，则该使用方式属于商标意义上的使用。否则将无法得出这一结论。

该部分相关公众基于何种目的进行“大悦城”关键词搜索，对于其对被诉内容的理解具有直接影响。公众对“大悦城”的搜索目的取决于其对“大悦城”的认知，而这一认知通常源于其对于“大悦城”商标使用行为的被动接受，而非其对该系列商标的主动获取。因此，虽然中粮集团在本案中主张四个注册商标，但这一商标注册事实对于该部分相关公众的认知通常并无影响。因中粮集团及其商标被许可使用人在实际经营中是将“大悦城”主要用于“集大型购物中心、甲级写字楼、服务公寓、高档住宅等为一体的城市综合体”上，因此，相关公众对于“大悦城”的认知亦在这一范围内。换言之，相关公众既会用“大悦城”指代具体购物场所、写字楼等的地点，亦会用“大悦城”以区分该购物场所与其他购物场所。这一认知意味着在上述服务上“大悦城”标识已具有实际上的识别作用。

本案中，被诉内容中有如下显示“寺库北京朝阳大悦城100%正品保证，全场低折抢购！”“寺库北京朝阳大悦城品类齐全，100%大牌正品，100%放心购物”“寺库商城－新款闪购－我卖我拍－海外直邮－100%正品保证”。相关公众基于其对“大悦城”商标使用情形的认知，对上述被诉内容可能出现以下两种理解：部分相关公众会认为寺库是在北京朝阳大悦城内所开设的店铺名称；部分相关公众会认为寺库商城为北京朝阳大悦城自行开设或与寺库共同

开设的购物网站。

虽然第一种情形中的相关公众会认为“大悦城”系对销售场所的描述，不属于商标意义上的使用。但在第二种情况中，相关公众会将北京朝阳大悦城认知为购物网站的开办者或与该购买网站相关，在这一认知中“大悦城”已起到识别作用，属于商标意义上的使用。因只要存在相关公众将其作为商标识别的情形，便不能排除中粮集团的注册商标权益被损害的可能性。因此，有必要对被诉行为在第二种情况下是否符合商标侵权的其他要件予以继续分析。

（二）寺库公司在被诉行为中使用的“大悦城”与中粮集团的“大悦城”系列商标是否构成使用在同一种或类似服务上的相同或近似商标

中粮集团的涉案四个商标均为文字“大悦城”商标，因被诉行为中使用的亦是“大悦城”文字，因此，被诉商标与中粮集团的上述四个商标属于相同商标。

判断两服务是否属于同一种或类似服务，首先需确定被诉行为的具体服务内容。因被诉行为并不涉及寺库网站的实际经营行为，而仅是搜索结果中推广链接部分的显示内容，因此，对于被诉行为服务内容的确定不以寺库网站具体从事的内容为依据，而需考虑网络用户对该被诉内容所指向的服务内容的认知。

被诉内容中有“寺库商城－新款闪购－我卖我拍－海外直邮－100%正品保证”等相关表述，上述内容表明寺库商城是购物网站。因现有购物网站通常包括两种经营模式，即自营网站与第三方销售平台，故网络用户既可能认为寺库网站是北京朝阳大悦城自行开设或与寺库共同开设的自营网站，亦可能会认为该网站系北京朝阳大悦城自行开设或与寺库共同开设的为销售商提供网络服务的第三方销售平台。在此情况下，应当以上述两种情况为基础，对于同一种或类似服务分别作出判断。

中粮集团虽主张被诉行为与其四个注册商标核定使用的服务均构成类似服务，但从四注册商标核定使用的各项服务内容看，除第7209417号商标核定使用的“替他人推销”这一服务与被诉服务内容具有构成类似服务的可能性之外，其他核定使用服务与被诉服务在服务内容等方面均具有明显差异，均不构成类似服务。据此，仅对被诉服务内容与“替他人推销”这一核定使用服务是否构成类似服务进行分析。

对于何为“替他人推销”，实践中一直存在争议，主要分歧在于该服务内容是否应包括零售、批发服务，以及超市、商场提供的服务是否属于该类服务。

“替他人推销”应是指帮助“他人”销售商品的行为，其既包括为销售者的具体销售行为提供单次的促销或推销的行为，亦包括对销售者日常销售行为提供常规性服务的行为，但该服务并不包括经营者“自己”作为销售主体销售商品的行为。因零售、批发服务均是销售者以自己名义进行对外销售的行为，故其不属于“替他人推销”的服务范围。至于商场、超市的服务是否属于“替他人推销”，则需要作具体区分。如果商场、超市等自己作为销售主体对外销售商品，则该服务不属于“替他人推销”。但如果其仅是为销售者在其购物场所内的销售行为提供相应服务，则该行为属于替他人推销。

之所以按此理解，主要基于以下考虑：在《类似商品和服务区分表》（以下简称《区分表》）中，“替他人推销”属于第35大类，而2002年第八版《分类表》中对于该大类商品有如下注释，“尤其不包括……其主要职能是销售商品的企业，即商业企业的活动”，这一说明意味着该类别中的任何服务均不包括零售及批发服务，“替他人推销”亦不例外。虽然2007年第九版《区分表》中删去了这一说明，但这一删除仅仅意味着第35大类不再将零售、批发服务排除这一类别的注册内容之外，却并不意味着该类别中“替他人推销”这一服务内容应被理解为包括零售、批发服务。尤其在2013年后药品零售类服务引入第35类，且《分类表》中明确指出该几类服务与“替他人推销”不构成类似服务的情况下，更应作此理解。①

本案中，大悦城作为购物场所，其不仅为在该场所中开展经营活动的销售商提供相应场地，同时其针对该购物场所亦会进行日常维护并采取相应推广活动，通过提高该购物场所的知名度，从而为该购买场所中各销售门店的商品销售提供客观保障。弘泰基业公司作为“大悦城”商标的被许可使用人，其日常经营活动已使得“大悦城”商标在其核定注册的“替他人推销”服务上具有了较高知名度。

前文中已指出，被诉内容会使部分相关公众有两种认知：其一是认为寺库商城为自营网站；其二则是认为该网站系为销售商提供网络服务的第三方平台。

---

① 国家工商行政管理总局商标局于2013年1月发出了《关于申请注册新增零售或批发服务商标有关事项的通知》，《通知》中指出：在《类似商品和服务区分表》3509类似群中设立“药用、兽医用、卫生用制剂和医疗用品的零售或批发服务”“药品零售或批发服务”“药用制剂零售或批发服务”“卫生制剂零售或批发服务”“医疗用品零售或批发服务”“兽药零售或批发服务”和“兽医用制剂零售或批发服务”共7个新增服务项目。此外，《通知》中明确指出，新增服务与“替他人推销”等其他第35类服务原则上不类似等内容。

在第一种情况下，公众会认为寺库商城的经营者系以自己作为销售主体。因该服务属于前文中已提到的零售或批发服务，而“替他人推销”并不包括零售、批发服务，因此，上述服务与“替他人推销”并不构成同一种服务。至于二者是否构成类似服务，则需结合“大悦城”商标的知名度进行判断。在“大悦城”商标通过大量使用已具有较高知名度的情况下，虽然大悦城在实际经营中并未采取自行销售的方式，且“替他人推销”亦不包括自行销售的情形，但这并不妨碍网络用户在看到与“大悦城”相关的自营网站时，可能认为该购物网站系由“大悦城”开设或与其有关。据此，在第一种情况下，该服务与第7209417号商标核定使用的“替他人推销”构成类似服务。

在第二种情况下，网络用户可能认为寺库商城系为销售商提供网络服务的第三方平台。因“替他人推销”服务指帮助“他人”销售商品的行为，其包括对销售者日常销售行为提供常规性服务的行为，而第三方网络销售平台的提供亦属于此类服务之一。因此，在第二种情况下，该服务与“替他人推销”构成同一种服务。

综上，被诉行为中使用的“大悦城”与第7209417号“大悦城”商标在“替他人推销”服务上注册构成同一种或类似服务上的相同商标，但与该商标在其他核定使用的服务上以及其他三个涉案商标均未构成使用在同一种或类似服务上的相同或近似商标。

（三）被诉行为中对于“大悦城”的使用是否会使相关公众将其与中粮集团第7209417号“大悦城”商标相混淆

《商标法》第五十七条规定：“有下列行为之一的，均属侵犯注册商标专用权：（一）未经商标注册人的许可，在同一种商品上使用与其注册商标相同的商标的；（二）未经商标注册人的许可，在同一种商品上使用与其注册商标近似的商标，或者在类似商品上使用与其注册商标相同或者近似的商标，容易导致混淆的……”

虽然“混淆”要件在第（一）项中并未涉及，但这并不意味着在此种情况下无需考虑混淆可能性。是否混淆可能性是判断被诉行为是否侵犯注册商标专用权的必要条件。如果被诉行为不会产生混淆后果，则意味着该注册商标专用权人利益不会受到影响，相应地，该行为亦不应被认定构成侵权。之所以在第（一）项中未明确规定混淆要件，原因在于在同一种服务上使用相同商标的行为，通常均会产生混淆的后果，因此，只要符合这一条件便可直接推定混淆结果的存在，而不必再另行规定混淆要件。但如果有证据证明此类行为并不具有混淆可能性，则仍不能认定该行为构成侵权行为。

混淆可能性依据其产生时间的不同，可大致分为售前混淆，售中混淆及售后混淆。本案中，因被诉行为系发生在用户进入寺库公司网站之前（亦即发生在寺库公司实际提供服务之前），而用户点击被诉内容后进入的寺库网站中并未使用“大悦城”，故虽然被诉行为会使部分相关公众误认为寺库商城为北京朝阳大悦城自行开设或与寺库共同开设的购物网站，从而具有混淆可能性，但该情形属于售前混淆，而对于售前混淆是否属于应被禁止情形，商标法中并未明确规定，故需对此予以分析。在考虑如下因素的情况下，对此持肯定态度。

首先，《商标法》第四十八条规定：“本法所称商标的使用，是指将商标用于商品、商品包装或者容器以及商品交易文书上，或者将商标用于广告宣传、展览以及其他商业活动中，用以识别商品来源的行为。”因该款所称的“使用”行为既可针对于商标权人的使用，亦可针对于侵权行为人的使用，而上述使用行为既包括将商品或服务提供给消费者之前的行为（如投入市场之前的广告宣传），亦包括将其提供给消费者过程之中的行为（如将商标用于商品、商品包装或者容器）。因此，上述规定意味着《商标法》中对于侵权行为混淆产生的时机并未限定。

其次，售前混淆同样会对商标权保护的利益造成的损害，该损害主要体现为两方面：一方面，该行为可能会使商标权人基于该商标而应获得的商业机会被剥夺。本案中，使用“大悦城”文字进行搜索的网络用户，其最初目的通常是访问与“大悦城”相关的网站或了解相关信息，这一商业机会系基于中粮集团及其被许可人对于“大悦城”商标的大量使用而产生。但寺库公司的行为却使一部分网络用户因被诉内容而误访问寺库公司的网站，虽然其在进入寺库公司网站后，能够意识到该网站并非与“大悦城”相关的网站，但这并不必然导致其离开寺库网站，仍会有部分用户在该网站上继续浏览，从而可能使原本属于中粮集团的用户转而使用寺库公司的服务，这种情形会造成中粮集团基于其“大悦城”商标所应得的商业机会的流失；另一方面，这种混淆会降低商标与商标权人之间的唯一对应关系。如果被诉行为被认为具有合法性，则不仅意味着寺库公司的这一行为不会被禁止，对于除该公司之外的他人使用“大悦城”作为关键词进行网络推广的行为，只要保证实际进入的网站中未使用“大悦城”商标，其行为亦会被认为具有合法性。但如允许上述情形存在，则必然会产生的后果是，用户用“大悦城”进行搜索进入的并非必然是大悦城或与大悦城相关的网站。虽然用户最终可能不会产生误认，但长此以往，则很可能导致用户在搜索结果中看到这一商标时，并不当然将其与商标注册人相对应，从而损害中粮集团已在消费者心目中所建立起的其与“大悦城”商标的唯一对应关系，而商标与商标权人之间所具有的这种唯一对应关系恰恰是商标权人利益的根本保障。

综上，寺库公司实施的被诉行为同时违反商标法第五十七条第（一）、（二）项的规定，已构成对中粮集团在“替他人推销”服务上注册的第7209417号“大悦城”注册商标专用权的侵犯。

二、被诉行为是否构成不正当竞争行为

因对同一行为不应同时适用《商标法》及《反不正当竞争法》调整，故在已认定被诉行为构成侵犯注册商标专用权行为的情况下，已不应再适用《反不正当竞争法》予以调整。

但鉴于前文中已指出，部分公众确实会将被诉内容中的“大悦城”理解为销售场所，而寺库公司亦以此为由主张被诉行为不会使相关公众产生混淆，从而不构成不正当竞争，且原审法院亦是在将其认定为销售场所的情况下，对其行为是否构成不正当竞争进行了认定。故仍有必要对以此情况下被诉行为是否构成不正当竞争行为予以分析，当然这一分析并不会对本案结论产生影响。

《反不正当竞争法》第二条第一、二款规定：“经营者在市场交易中，应当遵循自愿、平等、公平、诚实信用的原则，遵守公认的商业道德。本法所称的不正当竞争，是指经营者违反本法规定，损害其他经营者的合法权益，扰乱社会经济秩序的行为。”

该条款是《反不正当竞争法》的原则性条款，依据该规定，经营者在进行其经营活动时，应符合通常的商业道德，并遵守诚实信用原则。虽然《反不正当竞争法》中对于各类具体不正当竞争行为（如第五条、第十条等）的规定均是该原则的具体要求体现，但因实践中必然会存在上述不正当竞争行为样态之外的其他违反诚实信用原则的行为，而对其不予调整同样会较为严重地损害市场竞争秩序。因此，在无法适用《反不正当竞争法》其他具体条款调整的情况下，《反不正当竞争法》第二条作为兜底条款，具有适用的必要。

需要指出的是，兜底条款的适用不应泛化。虽然《反不正当竞争法》对于何为诚实信用原则、何为商业道德，未进行明确限定，但因《反不正当竞争法》中所规定的各种具体不正当竞争行为均是此类行为的具体体现，因此，适用《反不正当竞争法》第二条所调整的行为亦应与上述具体不正当竞争行

为具有相同的特性。北京市第一中级人民法院在（2014）一中民终字第3283号案件中，在对各具体条款进行分析的基础上指出，《反不正当竞争法》所禁止的行为可分为如下两类：一为不正当利用其他经营者经营利益的行为；一为破坏其他经营者正当经营活动的行为。基于此，本案中对于被诉行为是否违反《反不正当竞争法》第二条的判断亦从上述两个角度着手。

本案中，因被诉行为仅是在搜索引擎的搜索结果中使用了“大悦城”字样，寺库公司并未界入中粮集团的经营活动，因此，本案中并不存在破坏中粮集团正当经营活动的情形。鉴于此，只需考虑在相关公众将“大悦城”理解为销售场所的情况下，被诉行为是否不正当利用了中粮集团的经营利益。

由查明事实可知，中粮集团对“大悦城”使用主要集中于购物场所等服务上，其大量使用行为已使得“大悦城”作为购买场所等具有较高知名度。因此，实践中会有网络用户基于对该购物场所的认知而对其进行搜索，其目的在于获取与其相关的信息或进入大悦城网站。寺库公司将“大悦城”作为关键词进行网络推广并在搜索结果第一项予以显示，很可能使得本应访问“大悦城”相关网站的部分用户在看到被诉内容后访问寺库公司网站，从而使该网站获得更多的点击量，而寺库公司亦认可其使用“大悦城”作为关键词，目的在于获得点击量。在点击量与网站利益具有直接关系的情况下，这一情形无疑会为寺库公司带来利益。但寺库公司既未在北京朝阳大悦城内开设店铺，亦与大悦城无其他关联，在此情况下，即便相关公众会认为被诉内容中的“北京朝阳大悦城”系对购买场所的描述，寺库公司对“大悦城”关键词的使用亦难谓正当。同时，寺库公司在二审中明确认可为增加点击量，除“大悦城”外，其还购买了其他购物场所的名称作为关键词，这一情形可以进一步佐证寺库公司的主观恶意。综上，即便相关公众会将“大悦城”作为购物场所认知，被诉行为亦属于不正当利用中粮集团经营利益的行为，违反诚实信用原则，属于《反不正当竞争法》第二条所规定的不正当竞争行为。原审法院认为，北京朝阳大悦城的经营主体及产权人为弘泰基业公司，而非中粮集团，因此，被诉行为虽有不正当性，但并未损害中粮集团合法的民事权益。但是，判断被诉行为是否对于中粮集团民事权益的损害，需要考虑的是寺库公司所利用的经营利益是否可归属于中粮集团。本案中，寺库公司购买的关键词是“大悦城”，而非“北京朝阳大悦城”，这一购买过程说明其意在使得搜索“大悦城”的用户可以优先看到其网站，因此，其欲利用的是“大悦城”的知名度。在中粮集团是“大悦城”系列商标的权利人，且对其进行了大量使用情况下，“大悦城”知名度所带来的利益应属于中粮集团的合法利益。

虽然被诉内容中使用的是“北京朝阳大悦城”，而北京朝阳大悦城的经营者是弘泰基业公司。但需要指出的是，对于“替他人推销”这一服务而言，将商标作为其销售场所的名称是商标权人常规使用方式之一，而在此种使用方式下，购物场所的知名度同时意味着该商标的知名度，因此，经营场所的经营利益很难与商标利益分割。正因如此，弘泰基业公司在其经营场所对于“大悦城”的使用同样经过中粮集团的许可。在弘泰基业公司仅为“大悦城”系列商标的普通被许可使用人的情况下，即便相关公众将被诉内容理解为购物场所，中粮集团亦有权主张与该购物场所相关的经营利益。

寺库公司主张在相关公众将被诉内容理解为销售场所的情况下，不会产生混淆，故该行为不构成不正当竞争行为。但《反不正当竞争法》第二条强调的是经营者的经营行为是否有违诚实信用原则，至于是否会使得相关公众产生混淆误认，则并非该条款认定的必备要件。在被诉行为违反诚实信用原则的情况下，即便相关公众不会将其与中粮集团相混淆，该行为同样构成不正当竞争行为。

（**一审法院合议庭成员**　魏　嘉　邓旭明　陈　兵
二审法院合议庭成员　芮松艳　彭文毅　张晰昕
编写人　北京市知识产权法院　芮松艳
责任编辑　宋建宝
审稿人　王　闯）

行政及国家赔偿

方才女诉浙江省淳安县公安局治安行政处罚案

——规范性文件一并审查的范围

关键词：行政诉讼　行政处罚　规范性文件一并审查　审查范围

【裁判要旨】

原告有权请求人民法院一并审查的作为被诉行政行为依据的规范性文件不仅包括行政机关作出处理决定所明确援引的规范性文件，也包括行政机关取得职权、认定事实、选择程序、解释法律、进行裁量时实际上作为依据却未予以明确援引的规范性文件。确有必要时，人民法院可以对规范性文件是否合法进行全面审查。

【相关法条】

《中华人民共和国行政诉讼法》第五十三条　公民、法人或者其他组织认为行政行为所依据的国务院部门和地方人民政府及其部门制定的规范性文件不合法，在对行政行为提起诉讼时，可以一并请求对该规范性文件进行审查。

前款规定的规范性文件不含规章。

第六十四条　人民法院在审理行政案件中，经审查认为本法第五十三条规定的规范性文件不合法的，不作为认定行政行为合法的依据，并向制定机关提出处理建议。

【案件索引】

一审：浙江省杭州市淳安县人民法院（2015）杭淳行初字第18号（2015年5月20日）

二审：浙江省杭州市中级人民法院（2015）浙杭行终字第254号（2015年8月28日）

【基本案情】

原告方才女诉称：被告浙江省淳安县公安局对其作出的行政处罚决定违法，请求人民法院依法撤销淳公行罚决字［2015］第1－0001号《行政处罚决定书》（以下简称《行政处罚决定书》）。

被告淳安县公安局辩称：原告方才女的行为违反了《治安管理处罚法》第三十九条的规定，对其进行行政处罚的事实清楚、证据确实充分、适用法律正确、程序合法、处罚适当，请求驳回原告方才女的诉讼请求。

法院经审理查明：2015年1月，淳安县公安局城区派出所（以下简称城区派出所）和淳安县公安消防大队（以下简称淳安消防大队）曾多次对方才女经营的坐落于淳安县千岛湖镇龙门路的出租房进行消防检查。同年2月11日城区派出所和淳安消防大队再次对方才女的出租房进行消防检查。同年2月13日，城区派出所向方才女发出责令限期改正通知书，责令其改正下列消防安全违法行为：缺少室内消防栓、灭火器、疏散指示标志，应急照明未保持完好有效；四、五、六、七层缺少一部疏散楼梯；未按要求配置逃生用口罩、报警哨、手电筒、逃生绳等。同日，淳安消防大队也向方才女发出责令限期改正通知书，其中认定的消防安全违法行为与淳安县公安局认定的基本相同，并责令方才女于2015年3月11日前改正"未按要求配置逃生绳、手电筒、消防哨"的行为。3月13日，城区派出所和淳安消防大队民警对涉案出租房进行复查，发现方才女对《行政处罚决定书》中涉及的"四、五、六、七层缺少一部疏散楼梯，未按要求配置逃生用口罩、报警哨、手电筒、逃生绳等"违法行为未予改正。同年3月16日，城区派出所决定立案调查，并于当日对方才女实施传唤询问，并对部分承租户进行询问调查。同年3月17日，城区派出所民警向方才女告知拟处罚的事实、理由和依据。同日，淳安县公安局作出《行政处罚决定书》认定方才女的出租房不符合《浙江省居住出租房屋消防安全要求》，在指定期限内不能及时消除消防安全隐患，致使场所有发生安全事故危险，认定方才女的行为构成违反安全规定致使场所有发生安全事故危险的违法行为，根据《治安管理处罚法》第三十九条的规定，对其决定行政拘留3日，并送淳安县拘留所执行。

在诉讼中，被告淳安县公安局提供的作出被诉行政处罚决定的依据除《消防法》和《治安管理处罚法》外，还包括浙公通字（2011）154号《浙江省居住出租房屋消防安全要求》（以下简称《消防安全要求》）、浙公复（2014）67号《关于解决消防监督执法工作若干问题的批复》（以下简称《消防执法问题批复》）、杭公法（2015）2号《关于居住出租房屋消防安全整治中若干问题的法律适用意见（试行）》（以下简称《消防安全法律适用意见》）等3个规范性文件。原告申请人民法院对该3个规范性文件的合法性进行一并审查。

【裁判结果】

浙江省杭州市淳安县人民法院于2015年5月20日作出（2015）杭淳行初字第18号行政判决：驳回原告方才女要求撤销被告淳安县公安局所作《行政处罚决定书》的诉讼请求。一审宣判后，方才女向浙江省杭州市中级人民法院提起上诉。浙江省杭州市中级人民法院于2015年8月28日以同样的事实作出（2015）浙杭行终字第254号行政判决：驳回上诉，维持原判。

【裁判理由】

法院生效判决认为：经征求双方当事人的意见，本案所审查的规范性文件的范围是《消防安全要求》第七条、第十四条，《消防执法问题批复》第五条，《消防安全法律适用意见》第八条。关于《消防安全要求》第七条、第十四条的合法性。《浙江省消防条例》第十七条第一款规定："用于出租的居住房屋，应当符合消防安全要求。消防安全的具体要求由省公安机关会同有关部门制定，报省人民政府批准后施行。"根据该授权，浙江省公安厅制定了《消防安全要求》，并报经浙江省人民政府批准同意后施行。该第七条、第十四条是浙江省公安厅根据消防管理的基本要求，并结合浙江省出租房屋的特点和火灾防范工作的需要，对用于出租的房屋的消防设计、消防设施等作出的细化规定，该两条之内容符合上位法之授权，内容合法。《消防执法问题批复》第五条的合法性。从内容来看，该条是对居住的出租房屋能否视为《治安管理处罚法》第三十九条规定的“其他供社会公众活动的场所”的解释。由于“其他供社会公众活动的场所”为不确定法律概念，其内容与范围并不固定。居住的出租房物理上将毗邻的多幢、多间（套）房屋集中用于向不特定多数人出租，并且承租人具有较高的流动性，已与一般的居住房屋只关涉公民私人领域有质的区别，已经构成了与旅馆类似的具有一定开放性的公共活动场所。对于此类场所的经营管理人员，在出租牟利的同时理应承担更高的消防安全管理责任。因此，该第五条规定之内容与《治安管理处罚法》第三十九条规定并不抵触。《消防安全法律适用意见》第八条的合法性。该条内容系重复《消防执法问题批复》第五条之内容，对其合法性已作评判。根据对上述规范性文件的审查意见，淳安县公安局认定案涉居住出租房屋为《治安管理处罚法》第三十九条规定的“其他供社会公众活动的场所”，定性准确。方才女提供的证据以及询问笔录均显示其负责案涉出租房屋日常管理，系案涉出租房屋的经营管理人员，依法应对案涉出租经营的房屋消防安全承担责任。方才女在庭审中称其接到责令限期改正通知后，已在案涉房屋每层设置消防灭火器，张贴通告，告知三层以上的住户予以搬离，四楼以上房间已经腾空，不存在“拒不改正”的情形，但在淳安县公安局进行复查时，案涉房屋仍有租户，且未按照要求配置逃生用口罩、报警哨、手电筒等消防安全设施。因此，淳安县公安局认定方才女“拒不改正”具有事实依据。综上，被诉处罚决定认定事实清楚，适用法律正确，程序合法，量罚适当。方才女要求撤销被诉处罚决定的诉讼请求不能成立，依法应予驳回。

【案例注解】

2014年修订后的《行政诉讼法》确立了人民法院对部分规范性文件的一并审查制度，但由于相关法律规定过于原则和笼统，尤其在“要不要审查、审查哪些方面、审查到何种程度”等实体性问题上缺乏明确具体标准，导致司法实践中争议较大，裁判尺度亦不尽统一。本案中，法院将被诉行政处罚决定并未明确援引的规范性文件纳入一并审查范围，并从职权、程序、内容等方面对规范性文件合法性进行了全面的审查，有效发挥了规范性文件一并审查的制度功能，对准确理解与适用规范性文件一并审查制度具有较强指导意义。

一、如何确定审查对象

根据《行政诉讼法》第五十三条的规定，人民法院只能对被诉行政行为依据的规范性文件进行一并审查，但法律及司法解释均未明确规定何为行政行为的“依据”，对行政行为“依据”的认定往往成为能否启动一并审查程序的关键问题。

（一）“依据”不等于“引用”

尽管人们经常将诸如《行政处罚决定书》、房产证等静态的载体当作行政行为本身，且法院有时也以它们作为判决的直接对象（如判决撤销房屋所有权证而非判决撤销房屋登记行为等），但对二者显然不能等同视之。不论从应然还是实然的角度分析，行政行为都是一个动态的过程和有机的整体，包含职权取得、程序选择、事实认定、法律解释、处理结果等诸多方面和环节。在法治原则之下，行政行为的各个方面和环节均须接受法的支配，而这里的“法”在很多时候是以规范性文件的面目出现的。行政行为的任何方面或环节如果依据了不合法的规范性文件，对行政行为本身的合法性都会产生直接影响。相应地，在符合《行政诉讼法》规定的其他启动要件的情况下，法院应当将行政过程中依据的所有规范性文件纳入一并审查的范围，而不仅仅是记载于静态载体中的规范性文件。

其一，职权来源。在一些领域，行政机关的职权直接来源于规范性文件，常见的如“三定方案”等。同时，行政机关经常通过规范性文件对法律、法规、规章规定的行政职权进行细分，例如确定地域管辖和层级管辖规则等。此外，因行政机关分立、合并、撤销等原因导致行政职能调整时，规范性文件也往往成为确定行政职权归属的重要依据。

其二，事实认定。规范性文件同样影响行政机关收集证据和认定事实的范围。例如《关于国有土地上房屋征收与补偿中有关事项的通知》（京建法〔2012〕19号）规定，房屋征收范围内已按照房改政策出售的公房，尚未取得房屋所有权证的，建筑面积按照房改售房合同标明的建筑面积确定。实践中，该规定就成为房屋征收部门认定被征收房屋面积的依据。

其三，法律解释。行政机关经常通过规范性文件对法律、法规、规章中的不确定法律概念作出解释，这些解释往往是行政机关对行政相对人的行为进行定性或处理的重要依据。例如，工伤认定机关依据规范性文件中有关时速超过20km/h的电动自行车为机动车的解释，将驾驶电动自行车发生交通事故认定为2004年《工伤保险条例》第十四条第（六）项所规定的“在上下班途中，受到机动车事故伤害”的情形。

其四，行政程序。行政机关经常通过规范性文件对法律规范所规定的行政程序作出细化、补充规定，有时也作简化规定，这些规定经常成为行政机关实施行政行为的程序依据。

其五，考虑因素。行政机关应当考虑某因素但未考虑的，或者不该考虑某因素而予以考虑的，可能构成滥用职权。有时，规范性文件设定了作出行政行为前应当考虑的因素，法院在审查行政机关是否滥用职权时，离不开对规范性文件的审查。

其六，处理结果。行政机关经常通过裁量基准文件对法律规范所规定的处理幅度作出细化规定，这些规范性文件经常作为行政机关作出特定行政行为的依据，法院对行政行为是否明显不当的认定往往以对规范性文件合法性审查为前提。

不难看出，行政行为各个方面和环节都可能以规范性文件为依据，规范性文件是否合法直接关系到行政行为认定事实是否清楚、适用法律是否正确、程序是否合法、是否超越职权、是否滥用职权以及是否明显不当。因此，无论行政行为内容中是否引用了某一规范性文件，只要行政机关作出行政行为依据了将该规范性文件，该规范性文件就应属于一并审查的对象。

（二）规范性文件作为行政行为依据的表现样态

除了规范性文件被行政行为直接引用外，规范性文件作为行政行为依据的情形还包括以下几种：

其一，行政不作为的依据。行政作为与行政不作为均属行政诉讼法规定的行政行为。行政诉讼法规定原告可以请求对行政行为依据的规范性文件进行一并审查，根据同一术语在同一法律中具有相同含义的基本原理，适用于一并审查制度的被诉行政行为也应包括行政不作为。实践中，行政机关亦经常以规范性文件作为其不具有特定职责或履责条件尚未成就的依据。例如，原告请求确认被告不为其办理被征地农民基本养老保险的行为违法并责令被告为其办理，诉讼中被告依据《某县被征地农民养老保险办法（试行）补充细则》的规定认定原告不符合办理被征地农民基本养老保险的条件，原告请求对该规范性文件进行一并审查①。

其二，行政行为的间接依据。规范性文件既可以是行政行为的直接依

① 参见海南省海口市龙华区人民法院作出的（2015）龙行初字第61号行政判决。

据，也可以是间接依据。例如，行政行为所依据的规范性文件是依据另一规范性文件制定的，法院要一并审查前一规范性文件的合法性，往往也无法回避对后一规范性文件合法性的审查，此时亦应允许原告同时针对两个规范性文件提出一并审查请求。从我国规范性文件的状况看，常见的情形是行政机关通过规范性文件授权下级行政机关制定更加细化的规范性文件，或者行政机关在适用规范性文件过程中通过解释又形成新的规范性文件，行政规范的形成权始终在行政系统内部层层传递，法律规范可能被逐渐稀释、异化直至发生质变，行政规范割据的局面亦可能由此生成。如果法院仅能对行政行为直接依据的规范性文件进行一并审查，而不能向源头上溯，不仅无法审查行政行为直接依据的规范性文件的合法性，更无法阻断行政规范割据局面的形成。

其三，多阶段行政行为的依据。有时行政机关在一个完整的行政过程中先后作出多个相互关联的行政行为，前一行政行为构成后一行政行为的基础。原告在针对后一行政行为提起诉讼的情况下，也可能对前一行政行为所依据的规范性文件请求一并审查。例如，某市住房和城乡建设局依据《某市建设用地容积率管理规定》确认某建设项目的初始容积率为 1.0，而实际容积率为 3.18，该市国土环境资源局据此要求建设单位补交容积率调整后的土地差价款 800 余万元[①]。该案中，《某市建设用地容积率管理规定》是建设部门确定初始容积率的依据，而建设部门确定的初始容积率又对国土部门作出补交地价款通知行为的合法性直接相关，尽管本案被诉行为并非建设部门确定初始容积率的行为，但法院显然不能对这一行为的合法性置之不顾，而对该行为的审查又离不开对上述规范性文件的审查。因此，从过程论的视角看，该规范性文件实际上也是国土部门责令补交地价款行为的依据。

其四，行政机关与其他机关共同发布的规范性文件。从司法实践看，行政行为依据的规范性文件多由行政机关制定，但有时是由行政机关与非行政机关共同制定并发布。此时，由于该规范性文件影响被诉行政行为的合法性，进而影响原告的权利义务，因此，也应允许原告提出一并审查请求。

（三）合法性审查原则与诉辩平衡保护原则

有人主张，行政行为的依据应严格限定于行政行为内容中明确援引的依据，如果该依据不足以表明行政行为合法，则应认定行政行为违法，而不应允

① 参见海南省第一中级人民法院作出的（2015）海南一中行初字第 194 号行政判决。

许行政机关在诉讼中提出其他依据，也无须对诉讼中提出的规范性文件依据启动一并审查。

从督促行政机关切实履行说理义务、防止行政机关在诉讼中补充理由和依据的角度看，上述主张具有积极意义。然而，一概排斥行政行为未明确援引的依据显然不符合行政管理实际。行政管理既以公平为价值，也以效率为目标，低效的行政在很多时候难以真正实现公平正义。从行政惯例看，行政行为内容中通常只载明与处理结果相关的依据，并不载明涉及行政职权、事实认定、法律解释、行政程序、考虑因素等方面的依据。有些行政行为，例如颁发证书的行为，行政行为内容中可能连处理结果的依据也不予记载。如果要求行政机关将行政过程各个环节涉及的所有规范性文件全部载明于行政行为内容之中，不仅必要性值得怀疑，恐怕也不具有可行性。另一方面，一概排斥行政行为未明确援引的依据有时也会导致诉讼程序空转。在行政行为实际依据了规范性文件而只是行政行为内容中未载明的情形下，如果法院简单地以依据不足为由撤销行政行为，而对原告提出的一并审查请求不予考虑，行政机关可能在明确引用规范性文件的基础上重新作出事实、理由和结果均相同的行政行为，不仅行政争议未能得到实质性解决，反而延迟了对原告的司法救济和对可能存在违法情形的规范性文件的司法审查。因此，笔者认为，对于未被明确援引的规范性文件，如果有证据证明其对行政行为的作出确已起到支持作用，例如，行政机关在书面决定作出前通过口头告知、笔录记载或在书面决定附件中记载等方式表明其依据了该规范性文件，则应将它作为行政行为依据纳入一并审查范围。

既然规范性文件作为行政行为的依据可能随着诉讼程序的推进渐次呈现，法院显然不应要求原告只能在起诉时就提出一并审查请求，也不应一概驳回原告在庭审开始后才提出的一并审查请求。如果原告有正当理由，例如，行政机关在庭前阶段只提及所依据的规范性文件名称而未提交文本，或者虽提交文本但法院并未实际送达原告等，应当允许原告在庭审中提出一并审查请求。总之，不论规范性文件呈现于诉讼的哪一阶段，只要法院认可该规范性文件可以作为行政行为的依据，就应允许原告在合理期间内提出一并审查请求，以确保诉辩双方权利平等和“武器”对等。

（四）一并审查的具体范围

规范性文件往往包含着多个具体的行政规范，而行政行为依据的可能只是规范性文件的部分内容，因此法院需要审查的首先是这一部分内容，对与行政行为合法性无关的内容应不予审查。但需要注意以下几点：其一，制定权限和制定程序往往具有整体性，一并审查中不能只审查具体条款而忽略对制定权限和制定程序合法性的审查。其二，同一规范性文件的不同条款可能具有可分性，也可能存在紧密的联系而不可分，例如对某一行为的定性条款和处理条款之间就往往不可分，即使行政行为只引用了其中一个条款，也应将另一条款纳入一并审查范围。其三，如果行政行为内容中只载明规范性文件名称而未明确具体条款，法院应先行确定规范性文件的哪些内容与行政行为合法性有关，将相关的部分纳入一并审查范围，对无关的部分不予审查。

（五）对本案的评析

本案中，被诉行政处罚决定书直接援引的法律规范是《治安管理处罚法》第三十九条。该条规定：“旅馆、饭店、影剧院、娱乐场、运动场、展览馆或者其他供社会公众活动的场所的经营管理人员，违反安全规定，致使该场所有发生安全事故危险，经公安机关责令改正，拒不改正的，处五日以下拘留。”据此，方才女出租的房屋属于“供社会公众活动的场所”，是被诉处罚决定合法的必要条件。本案中，被告淳安县公安局直接依据《消防执法问题批复》第五条“居住出租房屋同时设置 10 个以上（含）出租床位用于出租，且租赁期限在 3 个月以内的，或者集中设置出租床位出租的，该居住出租房屋可以视为《治安管理处罚法》第三十九条规定的‘其他供社会公众活动的场所’，该房屋出租人（含转租人）可以视为第三十九条规定的‘供社会公众活动的场所的经营管理人员’”的规定和《消防安全法律适用意见》第八条的规定，将方才女出租的房屋认定为“其他供社会公众活动的场所”，将原告方才女认定为“其他供社会公众活动的场所的经营管理人员”。

方才女出租房屋“违反安全规定，致使该场所有发生安全事故危险”，是决定被诉处罚行为合法的又一条件。在此问题上，被告淳安县公安局同样依据了规范性文件的规定。《消防安全要求》第七条对出租房屋应当如何设置疏散楼梯作出具体规定，第十四条要求按每人一套的标准给出租房屋配备逃生用口罩、报警哨和手电筒等设施。本案中，因方才女出租房屋的“四、五、六、七层缺少一部疏散楼梯”以及“未按要求配置逃生用口罩、报警哨、手电筒、逃生绳等”，淳安县公安局认定属于《治安管理处罚法》第三十九条规定的“违反安全规定，致使该场所有发生安全事故危险”的情形。

可见，尽管上述 3 个规范性文件并非被诉处罚决定直接援引的依据，但在行政程序中已被淳安县公安局作出认定违法行为的依据，法院依原告请求对该 3 个规范性文件进行一并审查是正确的。

二、如何厘定审查标准

有人认为，在对规范性文件进行一并审查时，法院只应审查制定机关是否具有制定权限和规范性文件的具体条款是否与上位法抵触这两个方面。这一观点有失偏颇。

（一）规范性文件合法不限于内容合法

制定规范性文件的过程是一个典型的立法性过程，该过程的各个环节均须接受法的支配和约束。例如，行政机关制定规范性文件应在其法定职权范围内进行，并应符合有关制定权限的特别规定；应出于授权法允许的正当的目的，并应考虑授权法要求其考虑的因素；应根据授权法的指引收集相关资料、信息，并作出客观准确的分析判断；要对法律规范中的不确定概念作出准确解释；要遵循包括步骤、顺序、期限、形式等各个要素的法定程序；要确保规范性文件的内容与上位法的规定和原则不相抵触，等等。不难看出，规范性文件尽管表现为静态的文本，但反映出来的是动态的法律适用过程，该过程中的各个环节均须符合法律规范或上位行政规范的规定，任何一个环节违法都对规范性文件的合法性产生直接影响。

（二）对规范性文件应遵循全面审查原则

首先，从法律规定考察。《行政诉讼法》第六十四条规定，法院经审查认定规范性文件不合法的，不作为认定行政行为合法的依据。根据同一法律术语在同一法律中具有相同含义的基本原理，同时，鉴于《行政诉讼法》未作出差别性规定，因此，法院对行政行为和规范性文件的审查均属于合法性审查，合法性审查的具体范围和标准亦应相同。既然对被诉行政行为合法性的审查是全面审查，对规范性文件合法性的审查也应当是全面审查。从反面求证，如果法院审查认定行政行为明显不当，而行政行为又完全符合规范性文件的规定，此时如果不能对规范性文件的规定是否明显不当作出审查认定，就难免会无所适从。

其次，从规范性文件的属性考察。规范性文件制定过程虽带有明显的立法性特征，但规范性文件并不属于法的范畴，对法院不具有法律规范意义的拘束力。尽管规范性文件对于相应范围内的行政机关具有拘束力，对民众和法院也能产生某种实际效力，但行政行为同样具有公定力、确定力、执行力等效力，二者并无本质上的不同。因此，就行政权与司法权的关系而言，法院对待规范性文件应当具有与对待行政行为一样的完整审查权。

最后，从制度演进的历程考察。在《行政诉讼法》修改前，尽管缺乏正式的一并审查制度，但法院通过对法律规范的选择适用实际上享有对规范性文件的一并审查权，《最高人民法院关于审理行政案件适用法律规范问题的座谈会纪要》亦明确规定法院有权审查规范性文件的合法性、有效性、合理性、适当性并可以在裁判说理中作出评述。可见，《行政诉讼法》修改前，法院已可对规范性文件合法性进行全面审查。如果在《行政诉讼法》正式建立规范性文件一并审查制度后，反而将司法审查范围局限于制定机关是否具有制定权限和具体条款是否与上位法抵触这两个方面，实有大幅倒退之虞。

（三）对规范性文件的合法性审查标准

所谓“合法性”首先是指“合法律性”或形式合法性，但又不限于此。与被诉行政行为相比，制定规范性文件所蕴含的自由裁量权更大，如果仅仅进行形式合法性审查，司法审查可能流于形式。因此，对规范性文件的审查也要适当兼顾实质合法性审查。

1. 形式合法性审查。法院需要审查规范性文件的制定主体及权限是否合法，是否存在越权情形；审查规范性文件的制定程序和形式是否合法；审查规范性文件的内容和依据是否合法。司法实践中需要注意的是：

一是内设机构制定的规范性文件。行政机关内设机构制定的规范性文件通常只应用于内部指导，不具有外部效力，不应作为被诉行政行为的有效依据。例外在于，根据国务院《国家行政机关公文处理办法》的规定，政府及其部门的办公厅（室）可以对外正式行文，其发布的部分规范性文件可以作为依据。事实上，国务院及县级以上地方人民政府所属职能部门的机构设置、职能通常都是由国务院及县级以上地方人民政府办公厅（室）通过规范性文件设定的，行政诉讼中经常依据这些规范性文件认定行政机关的职责范围。

二是上级行政机关制定了本应由下级行政机关制定的规范性文件。基于上下级行政机关之间的行政隶属关系，有人可能认为这并非超越职权的违法行为。笔者认为对此不能一概而论。如果下级行政机关制定规范性文件的权力是上级行政机关授予的，上级行政机关制定了相应的规范性文件，而下级行政机关并未制定，此种情况下不宜认定上级行政机关越权，可视为上级行政机关事实上收回了对下级行政机关的授权。但如果下级行政机关已经根据上级行政机关的明确授权制定了规范性文件，或下级行政机关的制定权是由更高层级的行政机关或者立法机关授予的，则上级行政机关制定应由下级行政机关制定的规范性文件构成向下越权。

三是未经公布的规范性文件。一般而言，未经公布的规范性文件不具有外部效力，不能作为行政审判的依据。但规范性文件的情况又比较复杂，不能一概而论。行政机关常发布有关内设机构设置、执法资格条件、对不确定法律概念的解释、裁量基准的规范性文件。这些规范性文件往往在行政系统内部传达或下发，并不向社会公布。但它们往往会对行政执法活动具有约束力，并随着行政执法而发生外部效果。如果这些内部规范性文件不存在其他违法情形，不能仅仅由于未经公布就当然否定其合法性，而应区分对待。

2. 实质合法性审查。除了审查形式合法性，法院亦应借助“滥用职权”和“明显不当”两项审查标准，实现对规范性文件制定过程中行政裁量权的司法规制。

一是目的明显不当的规范性文件不具有合法性。例如，行政机关可出于资源保护等公共利益的需要提前收回采矿许可，但如果出于创收目的发布规范性文件，要求通过竞标方式重新确定被许可人，则为目的不适当。类似的例子还有仅仅为了展示城市的对外形象而限制低档轿车在特定街道上行驶，为了实现地区封锁而禁止外地商品销往本地等。

二是明显违反基本法律原则的规范性文件不具有合法性。例如，假设行政机关规定残疾人不允许报名参加国家司法考试，即违反了平等对待原则。需要注意的是，如果规范性文件将某类人作特殊化处理具有法律、法规或政策依据，或者是由相关事项的特点、属性所决定的，则不违反平等对待原则。例如国家司法考试对一些少数民族地区实行低于统一标准的合格线，因符合国家民族政策，不违反平等对待原则。又如有关飞行员资格的规范性文件将视力不佳者排除在外，因系飞行员职业特点所必须，也不违反平等对待原则。

三是完全不具有事实根据的规范性文件不具有合法性。规范性文件依据的事实往往是立法性事实，具有价值判断的浓厚色彩，法院需要高度尊重。例如，行政机关为了治理大气污染而对机动车采取限购、限行措施，尽管机动车尾气排放对大气污染的影响程度还存在争议，法院也不应轻易否定。但如果某地机动车保有量很低，却对包括电动机动车在内的所有机动车采取严格的限购或限行措施，则可能会因缺乏基本事实依据而违法。此外，如果规范性文件的相关内容完全不具有事实上的可行性，也不应认可其合法性。

（四）对本案的评析

本案中，从一、二审判决看，法院从职权、程序、内容等方面对规范性文件是否合法进行了较为全面的审查。经审查，法院认定涉案规范性文件具有合法性，应予适用。

三、如何选定审查强度

尽管法院对规范性文件的审查应当深入到实质合法性层面，一定程度上已干预到行政裁量权的行使，但这绝不意味着对司法审查没有限度。恰恰相反，司法过程有其内在的局限性，法院在一并审查规范性文件时，应当给予行政机关适度的尊重，避免不当干预。同时，在审查强度的具体拿捏上，应当考虑政策及专业色彩之浓淡、对相对人权益影响之深浅、稳定性之大小以及其他手段（如行政程序）控制作用之强弱以及主要涉及法律问题还是事实问题等因素。

（一）审查强度的基本框架

对照规范性文件一并审查的范围和标准，可以勾勒出审查强度的大致框架：

1. 对制定权限的审查。对制定权限的审查基本只涉及法律问题，专业性因素不明显，法院具有比较优势，且制定权限是否合法直接影响规范性文件其他方面的合法性，对行政相对人权益和行政秩序影响重大，故原则上应当进行深入审查。

2. 对所涉条款具体内容的审查。行政行为一般依据规范性文件中的创设性条款、解释性条款和裁量基准性条款。对于创设性条款，应主要根据涉及事项和对权益影响的不同而采取不同的审查强度。对于仅涉及内部程序、机构设置等事项的组织规则，应予以较高程度尊重。如果涉及外部相对人的合法权益，对于授益类规范应予以强尊重，对于侵益类规范应予以严格审查。对于解释性条款，由于主要涉及法院所擅长的法律问题，因此应当进行较深程度的审查。尤其当解释的对象属于经验性概念时，更应如此。例如，对《行政强制法》有关行政机关不得在夜间实施强制执行规定中的“夜间”的解释，即属此类。如果解释对象带有很强专业技术性或浓厚价值判断色彩，则应给予更强的尊重。对于裁量基准，由于本身就属于行政机关裁量范围内的事项，因此法院的审查不宜过深。尤其对于行政机关长期、广泛执行的稳定性强的裁量基准，应给予更大程度的尊重。

3. 对事实基础的审查。规范性文件制定中涉及的事实主要是立法性事实，具有三个方面的鲜明特点：一是证实或证伪的难度更大、成本更高。例如，行政机关认定机动车尾气排放是导致空气污染的主要原因，遂通过规范性文件对机动车交易和使用加以限制。要查明机动车尾气是否以及多大程度上导致空气污染，可采取的方式包括：分析机动车总量、尾气排放总量以及尾气成分与空气污染物成分的对比，通过停驶等试验方式进行反向证明，通过排除其他污染源来确定汽车尾气排放在导致空气污染中所起到的作用等。显然，该类事实证实或证伪的成本十分高昂。二是预测性和不确定性更强。例如，转基因食品对人体是否具有危害，人类行为是否会导致地球气候变化，诸如此类的问题都存在更高的预测性和不确定性，验证难度进一步加大，甚至在特定的历史时期无法证实或证伪。三是价值判断因素更多。例如法律授权行政机关基于公共利益对某一产业进行规制，行政机关首先要认定何为公共利益，然后才能认定规制是否有助于实现公共利益。但显然，对公共利益的认定不可避免地带有浓厚的价值判断色彩。对于立法性事实，行政机关通常被认为具有知识经验、资源、程序以及验证能力的诸多优势①，因此，法院应当避免进行过于深入的审查，应当给予行政机关尊重。

4. 对制定程序的审查。法院对行政程序的审查既涉及事实问题，又涉及法律问题。即一方面法院要认定法律对行政程序的步骤、顺序、时限、方式等有何要求；另一方面查明行政机关实际上遵循了哪些步骤、顺序、时限和方式；然后将二者进行对照，认定行政机关是否全部遵循了法定要求，如果没有完全遵循，接着再衡量程序违法的程度和后果。应当说，与行政程序相关的事实问题不涉及专业知识，并且是行政机关实际履行的具体情况，是一种裁决性事实，并非难以证实或证伪的立法性事实。同时，法律对程序的规定往往比较明确，即使需要进行法律解释，通常也不涉及专业技术性问题。因此，法院在程序问题上理应采取严格审查标准。不过，由于我国仅建立一并审查制度，规范性文件制定过程中的相关资料并不当然地需要提交给法院，法院审查存在缺乏案卷基础的困境。此种情况下，法院同样需要限缩审查的强度，也应立足于重大明显程序错误层面的审查。

（二）对本案的评析

本案中，法院对3个规范性文件的审查强度并不完全相同。对于《消防安全要求》第七条和第十四条，由于涉及消防安全的具体标准，具有较强的专业性和技术性，相较之下规范性文件的制定机关更具有专长，法院审查时给予了较大程度的尊重。对于《消防执法问题批复》和《消防安全法律适用意见》的相关规定，由于均涉及对《治安管理处罚法》第三十九条规定的“其他供社会公众活动的场所”的解释，而“其他供社会公众活动的场所”属于经验性而非专业技术性的不确定概念，法院对此类概念的解释能力并不弱于行

---

① Todd S. Aagaard, Factual Premises of Statutory Interpretation in Agency Review Cases, 77Geo. Wash. L. Rev. 366 (2009).

政机关，因此，法院审查时降低了尊重程度。实际上，法院是对出租房屋是否构成“其他供社会公众活动的场所”作出独立评判的基础上得出规范性文件合法的结论的，体现出更加严格的审查标准。

（**一审法院合议庭成员** 王贤云 黄河清 江涌贵
二审法院合议庭成员 吴宇龙 廖珍珠 蔡维专
编写人 北京市第四中级人民法院 陈良刚
责任编辑 胡昌明
审稿人 李广宇）

唐庆旺诉厦门市公安局思明分局交警大队公安交通管理行政处罚案

——交警部门根据机动车“单双号限行”政策作出行政处罚分析

关键词：单双号限行　行政处罚　合法性　合理性

【裁判要旨】

违反交警部门发布限行通告而被行政处罚，行政相对人有权提起行政诉讼，属于人民法院受案范围。根据限行通告属于非限行车辆，非因车主自己的原因，未能造册登记而被公安管理机关作出处罚的，该处罚决定应当撤销。

【相关法条】

《中华人民共和国行政诉讼法》第七十条第（六）项　行政行为有下列情形之一的，人民法院判决撤销或者部分撤销，并可以判决被告重新作出行政行为：

（六）明显不当的。

【案件索引】

一审：福建省厦门市思明区人民法院（2015）思行初字第65号（2015年6月1日）

【基本案情】

原告唐庆旺诉称：2015 年 2 月 20 日系正月初二，早上 7 时多，其驾驶车牌号为闽 D589 × ×小轿车，前往漳州游玩；下午 5 时左右开车回家，行至厦门大学白城车站附近时，发现限行通告，此时其继续前进，则势必违反限行规定；若把车停在路边，则影响整条道路的通行。因此，其立即拨打 110 和市交通指挥中心报案，请求帮助指示。其 2014 年 12 月才取得驾驶证，闽 D589 × ×小轿车系 2014 年 12 月 31 日购买，其之前没注意到报纸发布的限行通告，厦门大学白城车站附近是其回家的必经之路，按规定社区前期应摸底了解，但社区并没有摸底了解。因此，请求撤销被告作出的行政处罚决定书。

被告厦门市公安局思明分局交警大队辩称：被告作出涉诉行政处罚决定，事实清楚，证据确凿，适用法律正确，依法应予维持。

法院经审理查明：2015 年 2 月 12 日，厦门市公安交通管理局发布厦公交管通［2015］8 号《关于 2015 年春节旅游黄金周在思明区部分道路采取交通限制措施的通告》，决定于 2015 年 2 月 19 日至 22 日，对思明区部分路段采取道路交通限制措施。厦门大学白城公交车站所在路段，每日 9 时至 20 时，实施小型汽车单双号限制通行措施。2015 年 2 月 13 日，《厦门日报》刊登了《大年初一到初四，每日 9 时至 20 时，多个景区周边单双号限行》的文章，文章以图文方式，详细报道了限行的具体路段，限行的目的，还报道了“限行区域居民怎么办”的内容，指出：限行区域内的居民可“免责”，警方已委托各个社区进行摸底，只要在社区“登记录册”的车辆，就不受限行规定约束。如果出现居民车辆误被记录违法的情况，可向交警部门反映，警方核实后将撤销违法记录。2015 年 2 月 19 日上午 9 时前，被告在思明区限行路段前设置了限行交通标志。原告家庭住址在思明区大桥头某小区，属于通告决定的单双号限行区域。原告所有的闽 D589 × ×号小型轿车未在所在社区“登记录册”。

2015 年 2 月 20 日上午 7 时多，原告驾驶闽 D589 × ×号小型轿车离开家门，下午 17 时左右回家，行驶至厦门大学白城公交车站附近，发现了单双号限行标志，因系原告回家的必经路线，原告遂继续前行，被交通视频监控系统拍下违反单双号限行标志通行的行为。事后，原告向被告反映，其系单双号限行区域的居民，希望被告能撤销该起违法记录。但被告并未处理。2015 年 4

月2日，原告通过自助处理终端设备处理该起违法记录，缴纳150元罚款。自助服务机打印了3502031401809916号公安交通管理简易程序《处罚决定书》。同日，原告提起行政诉讼。

【裁判结果】

福建省厦门市思明区人民法院于2015年6月1日作出（2015）思行初字第65号行政判决：撤销被告厦门市公安局思明分局交警大队作出的3502031401809916号公安交通管理简易程序处罚决定。

一审宣判后，厦门市公安局思明分局交警大队不服判决，提出上诉，经协调，上诉人厦门市公安局思明分局交警大队与被上诉人唐庆旺达成和解，纠纷得到处理，上诉人于2015年7月22日申请撤回上诉。

【裁判理由】

法院生效裁判认为：被告作为公安机关交通管理部门，对违反道路交通安全法律、法规的行为，依法给予行政处罚，系被告的法定职责。根据《道路交通安全法》第二十五条的规定，厦门市公安交通管理局有权根据通行需要，增设、调换、更新道路交通信号。在春节黄金周期间，对游客集中、交通容易拥堵的某些路段，实施单双号限行措施，虽是权宜之计，但系必要的，也是目前行之有效的一种缓解交通压力的交通管理措施。对限行区域居民车辆实行“登记录册”的免责措施，充分考虑了限行区域居民出行的必要性和合法权益，体现了单双号限行措施的人性化和灵活性。

原告所有的闽D589××号小型轿车虽未在原告所在社区“登记录册”，但由于进行“登记录册”工作的具体细节规定不明确。因此，原告车辆未在所在社区“登记录册”，并非完全系由原告的过错或疏忽造成的，由此造成的不利后果不能由作为行政行为相对人的原告承担。况且，原告确系限行区域的居民，厦门大学白城公交车站亦系原告驾车回家的必经路线。事后，原告亦及时向被告如实陈情，从执法合理性的角度考量，被告在了解实际情况后，其作出的行政处罚决定应予撤销。

综上，原告系限行区域的居民，事发路段系原告驾车回家的必经之地，因此，原告车辆属于限行通告中可予免责的车辆。被告作出的公安交通管理简易程序处罚决定，缺乏合理性，依法应予撤销。

【案例注解】

随着社会进步和家庭轿车普及率的提高，城市交通拥堵和随之伴生的环境污染等问题日益严重，引发了巨大的社会治理综合成本，成为现代社会城市管理的一大顽疾。为了保证特定时间段的交通通行畅通，“单双号限行”等交通管制措施已成为各地行政交管部门在节假日与重大庆典活动等场合“治堵”的重要政策备选方案，甚至已俨然成为“盛会”的“标准动作”，得到日益广泛的采用。从范围和频度来看，“单双号限行”也呈现出从一线城市到二三线城市，从“节会”专享走向频繁限行和常态限行的趋势，对社会和公民的影响日益显著。

一、利益分析法视野下的“单双号限行”

交通限行政策的逻辑起点在于牺牲较小的正当利益以保证较大的公众利益。易言之，“单双号限行”客观上影响了市民出行，由于行政政策的普遍适用性而影响到了城市中不特定个人的切身利益和福祉。其政策逻辑起点在于通过限制部分公民的驾车出行权利，以保障特定时间段内特定区域的交通畅通。其成本与效益、临时性与常态化以及合法性与合理性等问题持续存在并成为公众舆论关注的热点和争论的焦点。

“单双号限行”措施涉及多个相关利益主体，即政府与公众，有车族与无车族，秩序导向的政府部门与效益导向的政府部门，以及汽车生产商、汽车服务商、公共交通运营商等等。意见纷争的表象背后实际上是利益关系的复杂交错。

行政法视域和利益分析法是“解剖”单双号限行措施合法性与合理性的语境和方法论。一方面，单双号限行措施是交通行政管理部门运用其职权（行政权）对特定地域内的机动车所有人所采取的限制其机动车使用权的行为，是一种交通行政管理行为亦即行政行为，这决定了在解读单双号限行措施时引入行政法维度的可行性和必要性；另一方面，运用利益分析的方法，拨开利益交织的表象可以发现，公共利益与个人利益间的博弈是单双号限行措施利益关系的主线。一定层次的公共利益与个人利益之间的对立统一关系构成了行政法适用的基础，单双号限行措施正是在行政法视域中具体考察“公共利益—个人利益”关系结构的典型样本。运用行政法学原理，从公共利益与个人利益互动关系的角度来解读单双号限行措施，其意义不仅在于更深刻地理解单双号限行中具体的措施安排和矛盾分歧，为改进措施和化解分歧提供出路，更在于可以由个案反思构建理想的行政法律关系利益结构。

具言之，单双号限行措施旨在削减机动车流量，减轻城市交通和环境的负荷，以缓解交通拥堵和环境污染，实现交通畅通、环境良好的政策目的。从2008年北京奥运会和2010年上海世博会、广州亚运会期间的单双号限行政策实施效果来看，三地的交通拥堵状况大为改观，市区主要道路的日均车流量显著下降，公交车速度和准点率大幅提升、空气质量明显好转。政策的实施，使得居民的出行变得便利、高效，身心更加健康和愉悦，交通成本和健康成本得以降低。同时，这种正面的效益惠及的对象是整个社会不特定的、绝大多数的成员，是社会成员共同的利益所在。所以，“单双号限行”措施所追求的实质上是一种公共利益。对公共利益的维护和追求，是“单双号限行”措施作为一种行政行为的题中应有之义，也是其合法性和正当性的根基所在。

与之相对应的，是作为行政相对人的单个的机动车主的个人利益。“交通管理就其本质是加之于驾驶员的自由（freedom）之上的一种限制，这些限制可以归结为路线限制、路权限制、停车限制和速度限制”。[①] 通过单双号限行措施，行政机关限制和禁止车主在相应的日期驾驶其车辆出行，实际上限制了车主原本可以随意使用车辆的自由，给车主的出行带来了或多或少的不便。这种不便，对车主来说就是“不利益”，即对其个人利益的损害。“权利是规定或隐含在法律规范中、实现与法律关系中的主体以相对自由的作为或不作为的方式获得利益的一种手段”[②]，单双号限行对车主个人利益的损害，表现为对车主权利的限制。对于车主在单双号限行中受限权利的属性，有机动车的“使用权”“受益权”“支配权”“通行权”诸说。实践中，应该区别“权利”与“权能”两个概念，“所有权的权能，是指所有权的内容或职能”[③]。所有权具有占有、使用、收益、处分的权能。车主对他的车辆拥有所有权，单双号限行措施所直接限制的是车主利用（即驾驶）车辆满足其出行需要的权能，即使用权能。也就是说，单双号限行措施限制的是车主机动车所有权中的使用权能。在《宪法》的层面上，单双号限行措施事实上是行政权对于公民私有财产权的一种限制。

从更深层次的利益分析角度入手，“权力—权利”关系结构实质上可以转换为“公共利益—个人利益”的利益结构。单双号限行措施的制定和实施，是基于对交通畅通和良好环境等公共利益的追求；而对机动车所有人的自由驾

---

① J. M. Thomson: “The Value of Traffic Management”, Journal of Transport Economics and Policy, Vol. 2, No. 1 (Jan, 1968), pp. 3－32.

② 张文显：《法学基本范畴研究》，中国政法大学出版社1993年版，第82页。

③ 马俊驹、余延满：《民法原论》，法律出版社2005年版，第326页。

车出行等个人利益的损害和限制，反过来也可理解为，被限行的车主将自己的这部分个人利益让渡给公共利益的代表者——政府，以促成交通、环境等公共利益的实现。"行政法是以一定层次的公共利益与个人利益关系为基础和调整对象的基本部门法。"① 从这个角度来说，单双号限行现象中所蕴含的公共利益与个人利益的关系结构，决定了单双号限行措施的行政法属性，这也正是我们从行政法视域对政府行政行为加以利益分析的出发点和归宿所在。

二、"单双号限行"的可诉性分析

本案中，交警部门发布限行通告，在春节期间对厦门市辖区内部分游客集中的区域采取交通限制措施的强制性规定，是其作为交通行政管理部门的法定职权。原告违反通告规定驾车经过限行路段，交警部门据此对原告做出行政处罚，针对对象是特定的，属于具体行政行为，具有可诉性。原告因此提起行政诉讼，属于人民法院受案范围。

传统上，人民法院行政诉讼主要对具体行政行为是否合法进行审查，对合法但并不合理的行政行为，人民法院只对显失公正的行政处罚行为和行政机关滥用职权的行为拥有合理性审查权。② 但根据行政法原理，合理性原则是现代社会行政法制发展的必然要求，是合法性原则的更高体现。由于政府的行政裁量行为较少受到法律的约束，行政主体在行使行政职权过程中滥用自由裁量权的现象在不少地区和部门广泛存在。自由裁量权的过度膨胀，客观上造成了对行政法制的破坏。随着社会民主与法制的健全与发展，对自由裁量行为应有所限制日益成为社会及公民对政府的共识和普遍要求。

令人欣慰的是，全国人大常委会2014年11月1日通过《关于修改〈中华人民共和国行政诉讼法〉的决定》，根据新法第六条③和第七十条④的相关规

① 叶必丰：《行政法学》，武汉大学出版社2003年版，第2页。

② 1990年《行政诉讼法》第五十四条第（四）项规定："行政处罚显失公正的，可以判决变更。"

③ 《行政诉讼法》（2014修正）第六条规定："人民法院审理行政案件，对行政行为是否合法进行审查。"

④ 《行政诉讼法》（2014修正）第七十条规定："行政行为有下列情形之一的，人民法院判决撤销或者部分撤销，并可以判决被告重新作出行政行为：

"（一）主要证据不足的；

"（二）适用法律、法规错误的；

"（三）违反法定程序的；

"（四）超越职权的；

"（五）滥用职权的；

"（六）明显不当的。"

定，在行政诉讼中，具体行政行为的合法性与合理性均属于人民法院的审查范围。易言之，人民法院对行政机关行政行为（如行政处罚行为、行政征收行为、行政裁决行为）的合法性和合理性拥有司法审查权及变更权。对这两类特性，结合案情特分析如下：

（一）合法性

考量行政行为的合法性，一般从主体、内容、程序等方面展开：从主体上讲，涉诉交通限行通告的颁布主体是厦门市公安交通管理局，是适格的行政主体。当然，基于驾车出行属于一部分公民的出行方式习惯，打破或改变这种出行习惯本质上会限制其出行自由，从这个角度上说，限行通告发布后造成实质上限制公民人身（出行）自由的效果，根据《立法法》第八条第（五）项的相关规定①，交警部门不具备颁布限制公民人身自由强制性规定的资格。从内容上讲，"限行通告"援引《道路交通安全法》第三十九条的规定，具备法定依据。从程序上讲，没有证据显示"限行通告"这一行政行为在作出的同时曾经告知行政相对人复议和诉讼的权利；也没有听取广大私家车主的陈述和申辩，更没有事先组织过听证会，程序上还有完善的空间。

（二）合理性

考量行政行为的合理性，要综合考虑三个方面因素：正当性、必要性、比例性。首先，正当性是指作出该行为的目的是正当的，是为了维护正当的利益（既包括国家利益、社会利益和公民利益）而进行的。在合法利益和非法利益之间作出取舍很容易，而在两种正当利益之间作出取舍却很不容易，即便站在多数利益的一边，也有可能违反"人人平等"的宪法原则。"缓解主要景区周边道路交通拥堵问题，确保交通安全、有序、畅通"和"私家车主驾车出行的需求"都是合法且正当的需求，二者不可避免存在现实的冲突，但这种冲突是否是不可调和则值得商榷，旅游经济和城市形象固然重要，但公民、特别是限行区域居民正常出行的自由同样不可侵犯。为了前者而牺牲后者的正当利益，正当性并不充分。其次，必要性是指作出该行为的措施是必要的，或者不存在其他替代性措施，或者采取其他措施付出的成本和收益不成比例。通过分析，改善交通拥挤和提升旅游品质及城市形象的途径有很多，并不限于交通限行。行政部门出台政策前，不仅缺乏对交通限行与否对车流量及人流量影响的精确测算和科学评估，也缺乏合乎情理的论证和说明。事实上，以奥运期间为

---

① 《立法法》第八条第（五）项规定："下列事项只能制定法律：……（五）对公民政治权利的剥夺、限制人身自由的强制措施和处罚；"

例，单双号限行并不能有效解决特定路段的交通拥挤问题，采取这样的限制措施必要性是可疑和不充分的。最后，比例性是指为达成正当的目的，采取的措施与达成的效果应该成一定比例关系。例如，存在多种措施时，选择对相对人损害最小的；不可避免的要损害相对人的合法利益时，要对相对人提供适当的补偿。涉诉限行路段为厦门主要景区，一方面，普通市民有携带外地亲友前往游览的刚性需求；另一方面，像原告这样居住在限行区域内的市民，限行区域系每日驾车回家的必经路线。上述人群的合法和正当权益客观上因为被告行政机关的行政行为而受到了损害，但在限行通告中，公共利益之于个人利益的补偿缺位。政府并未对前者驾车行经限行区域这种正当利益的损害提供适当的补偿，无法弥补市民因享受同等待遇（出租车）出行增加支出的损失。对后者的出行权益，虽有所考虑，但显然并未达到预期效果。

与之相反，在北京奥运、上海世博和广州亚运的单双号限行政府实施过程中，北京市政府交管部门对停驶的车辆相应减征了三个月的车船税和养路费，上海市政府向市民发放免费公交卡并赠送门票，广州市政府也推出了包括免费公共交通服务、赠送纪念品和增加放假等十大惠民项目在内的“亚运大礼包”。这些惠民措施，从利益分析的角度，是公共利益代表者——政府对为公益遭受损失个人主体的利益补偿，这种补偿是基于个人利益之于公共利益的让渡；从法律分析的角度，则属于行政补偿的范畴，这种补偿是基于行政主体对相对人实施的行政征用行为。具体来说，单双号限行措施属于一种广义的行政征用行为。“行政征用，是指行政主体为了公共利益的需要，依法强制取得行政相对人财产使用权并给予一定补偿的行为”。① 正如可以把行为划分为“作为”和“不作为”，使用也可以划分为“利用”和“不利用”。单双号限行措施是交管部门对车主使用机动车的限制，实质上可以理解为交管部门为了公共利益的需要，依法强制取得了车主的车辆在限行时段的使用权。只不过，交管部门是以停驶的方式来“使用”该车辆。“作为国家对所有权限制的最主要表现，各国几乎无一例外地将征收或征收效果的干预列为所有权人特别牺牲的情形，并规定相应的救济……这种救济的主要表现形式即为补偿。”② 从这个角度来说，行政主体在单双号限行中“征用”了相对人的机动车，所以应该给予相应的补偿。

---

① 周佑勇：《行政法原论》，中国方正出版社2005年版，第320页。

② 姚辉：《单双号限行中的所有权限制》，载《法学家》2008年第5期。

三、限行措施还应体现“比例原则”之行政法精神

行政法学中的“比例原则”是指行政权必须选择使相对人利益受限或受损最小的方式来行使，并且使其对相对人利益受到的损害与所追求的行政目的和公共利益相适应，从而达到既实现公共利益又保护公民合法权益的目的。一般认为，行政法意义上的比例原则具体包括必要性原则和合比例性原则。必要性原则，又称最小侵害原则、不可替代原则、最温和方式原则，是指行政权的行使应尽可能使对相对人的损害保持在最小的范围内。从另一方面来看也就意味着所采取的手段是为实现公共利益所绝对必要的，即对目的的实现来说，所采取的手段是绝对必要的，除此之外，别无他法。合比例性原则，又称相称性原则，是指行政主体对相对人合法权益的干预不得超过所追求的行政目的的价值，两者之间必须合比例或大小相称。①

比例原则要求行政机关在作出行政行为时，应全面衡量公共利益与个人利益之间的比例关系，实现手段与目的、私益与公益之间的相称性。这对控制和制约行政裁量权的行使、实现行政法治的实质正义，有着极为重要的意义。许多学者因此认为，比例原则是拘束行政权力违法最有效的原则，是行政法中之“帝王条款”。②

利益分析法同样可以从比例原则的分析视角切入。对于单双号限行措施，我们可以把深藏在表象背后的利益抽象为公共利益与个人利益，将之填入利益比例模型中的分子项和分母项，加以比较和权衡。具言之，必要性原则提供的比例模型是“手段：目的”，在单双号限行中这就表现为“单双号限制驾车出行的手段：所追求的公共利益目的”的比例关系。这意味着在比较过程中应当思考：单双号限制驾车出行的手段是否是对相对人权益侵害最小的、不可替代的、最为必要的或最温和的手段，或者说是否为实现公共利益所绝对必要。在许多情况下，尤其是日常生活中，答案显然是否定的，单一的单双号限行措施并不是唯一的、最优的方案。“刚柔相济”的多种手段的组合，既是对行政管理刚性的稀释，也是对相对人权益侵害最小的必然选择和必要性原则的应有之意。

合比例性原则的比例模型则是“个人利益：公共利益”，在单双号限行中具体表现为“单双号限行所限制的个人利益：单双号限行所实现的公共利益”

---

① 参见周佑勇：《行政法基本原则研究》，武汉大学出版社2005年版，第222～228页。

② 参见陈新民：《行政法总论》，台湾地区台北三民书局1997年版，第61～62页。

的比例关系。只有在两者实现了一定的相称性的时候，单双号限行措施才是合理的，才能为社会公众所广泛衷心认可和自愿配合。这也可以解释，奥运会期间超过九成的北京市民对单双号限行措施表示理解和支持，而奥运会之后则转为存在着巨大分歧。这是因为，如果把奥运会的顺利举办也视为公共利益的话，前后的公共利益与个人利益的比例关系已然发生了改变。所以，在奥运之后继续实行单双号限行措施，在利益比例关系上就存在着问题。公共利益与个人利益的比例关系发生的改变，决定了交通治理措施也应随之作出相应的修正，这正是北京在奥运后改用“每周限行一天”措施的深层原因。“每周限行一天”对有车族个人利益的限制显然要低于单双号限行措施，从而以一定的让步使得“个人利益：公共利益”的比例关系重新趋于平衡。

在利益分析模型的背后，比例原则强调的是对行政法治实质正义理念的追求。这启示着政府部门在制定和实施交通行政治理措施时，一定要全面衡量公共利益与个人利益之间的比例关系，以手段与目的、私益与公益之间的相称性为根本的追求。只有这样，政府部门作出的公共政策才能具有合理性和科学性，才能为最大多数的社会成员所认同，也才能取得良好的实施效果和社会效益。

在对单双号限行措施的评论中，有一种观点敏感地注意到了单双号限行中可能存在的“多数人暴力”问题。有人说：“这种语境中，如果让买不起房的人投票决定任志强的命运，任志强很可能被投入狮笼中；让大众投票决定富人的财产，富人的财产很可能就被分光。而在此次单双号限行中，从道路畅通到空气变清，多重利好多数人受益，又有官方舆论暧昧的暗示和支持，这对无车的大多数是一种诱惑。这时候如果提起单双号限行常态化的议程，很容易形成压倒性的意见。在多数人的支持中，少数人的正当权益很容易被剥夺，而且剥夺得冠冕堂皇。”① 这种“多数人暴力”，实际上就是“公共利益的暴力”。如果把公共利益简单地定位为多数人的利益，在此名义下通过简单和粗暴的方式任意侵蚀个人利益的空间，毫无疑问是缺乏必要的正当性基础的。

概言之，“交通限行”虽然有其必要性，但当前各地交通行政主管部门在限行规定的正当性、必要性和适当性上均不同程度地存在问题，不仅没有提供强有力的论证支持，相关程序救济和弥补措施也大都失之宽泛，无法满足依法治国的需要。“交通限行”的核心要义，在于政府应当尊重私权，在追求缓解

① 曹林：《单双号限行：多数抑制住了压倒少数的诱惑》，载《中国青年报》第2版。

交通压力、改善城市形象、实现经济效益等政策目标的同时，通过合法、合理与正当的法律程序，以法治思维和法治方式，切实保障公民出行权及路权，找到二者之间的平衡点。本案的处理和延伸思考对今后类似案件的处理具有现实的借鉴和参考意义。

（**一审法院合议庭成员**　王叶萍　魏　江　洪秋和
编写人　福建省厦门市思明区人民法院　王叶萍　林　鸿
责任编辑　胡昌明
审稿人　李广宇）

中国电信股份有限公司长乐分公司诉长乐市工商行政管理局工商行政处罚案

——法律规范冲突下的超越职权之违法认定

关键词：行政诉讼　行政处罚　法律规范冲突　超越职权

【裁判要旨】

对无照经营网吧逾期未终止或暂停接入服务，对互联网接入服务提供者具有监督管理处罚的职权属于电信管理机构，而非国家工商总局《关于互联网接入服务提供者为无照经营网吧提供互联网接入服务如何处罚问题的答复》中所规定的工商行政管理部门，工商行政管理部门不可以依据《无照经营查处取缔办法》第十五条规定作出行政处罚。

【相关法条】

《中华人民共和国行政诉讼法》第五十四条第（二）项[①] 人民法院经过审理，根据不同情况，分别作出以下判决：

（二）具体行政行为有下列情形之一的，判决撤销或者部分撤销，并可以判决被告重新作出具体行政行为：

1. 主要证据不足的；

2. 适用法律、法规错误的；

3. 违反法定程序的；

① 2014年11月1日，第十二届全国人民代表大会常务委员会第十一次会议通过的《全国人民代表大会常务委员会关于修改〈中华人民共和国行政诉讼法〉的决定》将第五十四条内容改为四条，作为第六十九条、第七十条、第七十二条，第七十七条的内容，本条内容主要体现在第七十条。

4. 超越职权的；
5. 滥用职权的。

【案件索引】

一审：福建省长乐市人民法院（2015）长行初字第1号（2015年4月15日）

二审：福建省福州市中级人民法院（2015）榕行终字第255号（2015年6月9日）

【基本案情】

原告中国电信股份有限公司长乐分公司（以下简称长乐市电信公司）诉称：被告长乐市工商行政管理局（以下简称长乐市工商局）依据《无照经营查处取缔办法》第十五条规定对原告作出行政处罚，其认定事实不清、适用法律错误，请求法院依法撤销被告于2014年6月27日作出的长工商行处字[2014]第312号《行政处罚决定书》。理由为：（1）原告为客户林文秀提供宽带服务时并不存在知道或者应当知道无证经营网吧的情形。林文秀于2008年6月以普通用户名义向原告提出办理宽带业务申请，原告不知道其申请宽带的具体用途。原告于2012年11月12日收到被告发出的《抄告函》后立即停止对林文秀的宽带接入服务。由于被告未告知停机时长及被告对林文秀的处罚结果，原告并不明知林文秀与无照经营网吧有关。林文秀向原告续费后，原告按照《电信条例》负有为其继续开通宽带业务的普遍服务义务。（2）被告于2014年3月向原告发出《抄告函》，要求原告停止对林文秀提供互联网接入服务，原告在收到该《抄告函》后已经立即停止接入服务，并对其进行拆机。综上，原告为客户林文秀提供宽带服务时并不存在知道或者应当知道其存在无照经营行为的情形，被告于2012年、2014年向原告发出《抄告函》后，原告均已立即停止对涉嫌无照经营网吧地点的互联网接入服务。

被告长乐市工商局辩称：（1）原告认为并不知道提供宽带服务时存在无证经营网吧情形的主张，与规定的管理职责责任不符，与该宽带产生超大流量用于涉嫌无照经营网吧的客观事实不符，原告诉讼理由不能成立；（2）被告作出被诉第312号《行政处罚决定书》具有法律依据，适用法律准确，程序合法，处罚并无不当。综上，原告诉讼请求缺乏事实和法律依据，不能成立，请求法院依法驳回原告的诉讼请求。

法院经审理查明：2008 年 6 月，原告长乐市电信公司与客户林文秀签订《电信 LAN 协议书》，原告为客户林文秀（林依玉之子）提供宽带通光纤接入服务（采用年缴使用费），服务地点：长乐市文武砂镇八站（广播站对面）。2012 年 11 月 12 日，被告长乐市工商局向原告长乐市电信公司送达《抄告函》，告知原告：该局对位于文武砂镇广播电视站对面民房无照经营网吧进行立案调查，要求停止对当事人（林文华、林依玉）提供互联网接入服务。2012 年 11 月 12 日，原告长乐市电信公司停止对林文秀互联网接入服务。2012 年 11 月 23 日，被告长乐市工商局对林文秀、林依玉无照经营网吧作出长工商行处字（2012）第 427 号《行政处罚决定书》（处罚内容为：1. 依法予以取缔；2. 没收从事违法经营活动的电脑主机 15 台和显示器 15 台；3. 并处 1 万元的罚款。），但未将该处罚决定书副本抄送原告。2013 年 6 月，客户林文秀通过网点续费后，原告宽带系统恢复对客户林文秀宽带接入服务。2014 年 2 月 28 日，被告长乐市工商局向原告送达《抄告函》，告知原告：该局对位于文武砂镇广播电视站对面民房林依玉（林文秀名义申请电信宽带）经营网吧进行检查，发现其未办理营业执照，现已立案调查，要求原告停止对其提供互联网接入服务。2014 年 3 月 3 日，原告对客户林文秀使用的宽带作出拆机处理。2014 年 3 月 18 日，被告长乐市工商局对林依玉无照经营网吧作出长工商行处字［2014］110 号行政处罚决定书，具体处罚内容（1）依法予以取缔；（2）没收暂扣的拼装电脑 26 套；（3）没收违法所得人民币 27677.30 元；（4）处以罚款人民币 472964.16 元，但被告亦未将该处罚决定书副本抄送原告。

2014 年 4 月 8 日，被告长乐市工商局对原告长乐市电信公司涉嫌为林依玉无照经营网吧提供互联网接入服务进行立案查处。2014 年 5 月 28 日，被告向原告发出《行政处罚听证告知书》。2014 年 6 月 19 日，被告应原告申请举行听证会。2014 年 6 月 27 日，被告对原告作出长工商行处字［2014］第 312 号《行政处罚决定书》，认定原告长乐市电信公司于 2013 年 6 月 28 日至 2014 年 3 月 2 日（共计 247 天），为林依玉无照经营网吧（位于文武砂校园周边附近）提供互联网接入服务，期间共收取"宽带网络费"4060.68 元，扣除对应税款 136.44 元，原告在本案中违法所得为 3924.24 元。原告作为互联网接入服务提供者，在接到工商行政管理部门以文书的形式通知切断无照经营网吧的互联网接入服务信号后，却仍然为无照经营网吧提供互联网接入服务，其行为属于《无照经营查处取缔办法》第十五条规定的违法经营行为。同时原告长乐市电信公司提供互联网接入服务的无证照网吧经相关职能部门认定，存在重大安全隐患和威胁公共安全。根据《无照经营查处取缔办法》第十五条和国家工商总局《关于互联网接入服务提供者为无照经营网吧提供互联网接入服务如何处罚问题的答复》之规定，对原告处以责令立即停止违法行为、没收违法所得3924.24元、罚款20万元（罚没款已缴纳）。原告不服，向福州市工商行政管理局申请复议，复议机关维持原行政处罚决定。原告仍不服，于2014年12月24日向法院提起行政诉讼。

【裁判结果】

福建省长乐市人民法院于2015年4月15日作出（2015）长行初字第1号行政判决：撤销被告长乐市工商局于2014年6月27日作出的长工商行处字［2014］第312号《行政处罚决定书》。

一审宣判后，长乐市工商局向福建省福州市中级人民法院提起上诉。福建省福州市中级人民法院于2015年6月9日以同样事实理由作出（2015）榕行终字第255号行政判决：驳回上诉，维持原判。

【裁判理由】

法院生效裁判认为：被告长乐市工商局作出的被诉长工商行处字［2014］第312号《行政处罚决定书》已涉及原告长乐市电信公司的财产权益等合法权益，原告长乐市电信公司不服，经行政复议后仍有权于法定期内向法院提起行政诉讼。

本案被告认定原告作为互联网接入服务提供者，在接到工商行政管理部门以文书的形式通知切断无照网吧的互联网接入服务信号后，却仍然为无照经营网吧提供互联网接入服务，其行为属于《无照经营查处取缔办法》第十五条规定的违法经营行为。法院认为，国务院办公厅转发文化部、工商总局等部门《关于开展网吧等互联网上网服务营业场所专项整治意见的通知》（国办发［2004］19号）第三条规定："……电信管理机构要根据文化、工商、公安部门提供的擅自设立的网吧及其互联网接入服务提供者名单，被吊销《网络文化经营许可证》或责令停业整顿的网吧及其互联网接入服务提供者名单，通知并监督互联网接入服务提供者立即终止或暂停接入服务，对逾期未终止或暂停接入服务的，由电信管理机构依据有关法律法规进行处罚。"由此可见，本案原告长乐市电信公司作为提供互联网接入服务的运营商，不是法律法规授权的组织，不具有行政管理职权，其若涉嫌向擅自设立的网吧（林文秀、林依玉设立的“黑网吧”）提供接入服务，应当由电信主管机构通知并监督其终止或暂停接入服务。法律法规、规章及规范性文件并未授权工商行政管理部门直接通知或监督运营商终止或暂停向客户提供互联网接入服务的职权。本案原告长乐市电信公司于2012年11月12日收到被告送达的《抄告函》，虽然抄告函中查处对象为林文华、林依玉，但原告即行停止对客户林文秀互联网接入服务，系原告对被告执法过程中的协助配合行为，被告不具对原告单方责令的行政命令之法定职权。

《行政处罚法》第十四条规定，除法律法规规章规定的除外，其他规范性文件不得设定行政处罚。《立法法》第八十条第二款规定：“部门规章规定的事项应当属于执行法律或者国务院的行政法规、决定、命令的事项。没有法律或者国务院的行政法规、决定、命令的依据，部门规章不得设定减损公民、法人和其他组织权利或者增加其义务的规范，不得增加本部门的权力或者减少本部门的法定职责。”被告长乐市工商局作出被诉第312号《行政处罚决定书》时，引用了国家工商总局《关于互联网接入服务提供者为无照经营网吧提供互联网接入服务如何处罚问题的答复》（以下简称《答复》）作为法定职权的依据。法院认为，该《答复》并非立法法规定的立法解释、司法解释、部门规章等，其法律效力位于国务院规范性文件之下。对于互联网接入服务提供者逾期未终止或暂停接入服务的，国务院规范性文件赋予了电信管理机构的监督管理和处罚权，本案被告将《答复》作为行政处罚法定职权的依据，其行政职权法律依据不足。该《答复》对工商部门具有单方责令职权的函复以及通知互联网接入服务企业停止接入服务的程序步骤，与国务院办公厅转发的部委规范性文件精神及规定不一致。本案被告采用《答复》中的程序步骤以及引用该《答复》作为处罚依据，系适用法律依据不当。

《无照经营查处取缔办法》第十五条并未明确规定，为无照经营行为提供互联网接入服务的，是否可由工商行政管理部门作出行政处罚。审理中，本案被告主张原告系属知道或应当知道是无证照经营场所而为其提供互联网接入服务的，可由工商部门按照《无照经营查处取缔办法》第十五条的规定予以查处。法院认为，被告先后两次对林依玉、林文秀无照经营网吧进行查处，且均作出相应行政处罚决定书。但是被告向原告送达《抄告函》后，均未向原告送达林依玉（林文秀）无照经营网吧行政处罚决定书副本，两份《抄告函》亦未明示林依玉（林文秀）确有无照经营网吧行为。故被告认定原告具有知道或者应当知道之情形，其事实不清，证据不足。本案原告在未明确知道客户林文秀无照经营网吧应受取缔之情形，且原告收到被告送达的《抄告函》亦即时停止互联网接入服务，原告为涉嫌无照经营网吧申请者提供继续接入服务的发生，与被告执法程序不当亦有客观上的关联性。本案被告对原告处以高额罚款，不符合行政处罚法规定的处罚与教育相结合原则以及公平公正原则，其行政职权及裁量亦存在滥用之情形。被告长乐市工商行政管理局作出的被诉［2014］第312号《行政处罚决定书》，认定事实不清，证据不足，适用法律不当。

【案例注解】

职权法定是现代行政法的基本原则，也是司法审查的核心要素之一。行政职权应当来源于特定形式的法律规范性文件，即国家立法体制所承认的正式立法。行政权力原则上应当来自法律，无法律无行政，但在我国实践中，除了法律、法规、规章这些正式立法，大量的规范性文件也可能成为行政职权的来源。面对这种行政执法现实，我国的职权法定原则是以法律保留和法律优先两大原则为补充的。在职权法定原则的贯彻实施中，法律授予行政职权的方式有明示授权与默示授权之区分。制定法对行政机关的授权多为明示的，但是，在某些情况下，虽然制定法没有明确规定，如果某种权力是行机关履行其法定职责所必须的，可以视为法律授予行政机关相应的权力。默示授权可能是立法技术的需要，也可能是立法时的疏漏。但默示授权应当以合法和必要为限，不能随意扩大。对默示授权的解释，不能违反法律保留和法律优先原则，不能超越立法的宗旨和意图。[①]

《无照经营查处取缔办法》第十五条规定："知道或者应当知道属于本办法规定的无照经营行为而为其提供生产经营场所、运输、保管、仓储等条件的，由工商行政管理部门责令立即停止违法行为，没收违法所得，并处2万元以下的罚款；为危害人体健康、存在重大安全隐患、威胁公共安全、破坏环境资源的无照经营行为提供生产经营场所、运输、保管、仓储等条件的，并处5万元以上50万元以下的罚款。"《无照经营查处取缔办法》系国务院颁布的行政法规，该《办法》第十五条并未明确规定，为无照经营行为提供互联网接入服务的，可由工商行政管理部门作出行政处罚。该法规并未明示授权工商行

① 何海波：《行政诉讼法》，法律出版社2011年版，第251页。

政部门对互联网接入服务者的行政处罚权。而该案被告工商局对该制定法作了默示授权的解释与理解，其依据是国家工商总局《关于互联网接入服务提供者为无照经营网吧提供互联网接入服务如何处罚问题的答复》。

我们认为，工商部门对该默示授权的解释违反了法律优先原则。国务院办公厅转发文化部、工商总局等部门《关于开展网吧等互联网上网服务营业场所专项整治意见的通知》（国办发［2004］19号）第三条规定：“……电信管理机构要根据文化、工商、公安部门提供的擅自设立的网吧及其互联网接入服务提供者名单，被吊销《网络文化经营许可证》或责令停业整顿的网吧及其互联网接入服务提供者名单，通知并监督互联网接入服务提供者立即终止或暂停接入服务，对逾期未终止或暂停接入服务的，由电信管理机构依据有关法律法规进行处罚”。由此可见，根据该国务院规范性文件，电信管理机构具有对互联网接入服务者具有监督管理处罚的职权。国家工商总局对吉林省工商行政管理局的请示答复中，即《关于互联网接入服务提供者为无照经营网吧提供互联网接入服务如何处罚问题的答复》（工商个函字［2004］第101号），称工商行政管理部门对互联网接入服务提供者为无照经营网吧提供互联网接入服务的，可以按照《无照经营查处取缔办法》第十五条的规定予以行政处罚。根据该部门规范性文件，工商行政部门似乎也具有对互联网接入服务者具有监督管理处罚的职权。我们认为，根据法律规范冲突的适用规则，调整同一对象的两个或两个以上的法律规范因规定不同的法律后果而产生冲突的，一般情况下，应当按照《立法法》规定的上位法优先于下位法等法律适用规则，判断和选择所适用的法律规范。对于互联网接入服务提供者逾期未终止或暂停接入服务的，《通知》作为国务院规范性文件，已赋予电信管理机构相应地监督管理和处罚权。

一些部门的行政机关受到利益驱动，时常发生“权力自我扩张”，越权行使其他行政部门的职权。若行政机关作出具体行政行为超出法定职权的范围，即构成“超越职权”。“超越职权”是一种实体上作为的违法行政行为，而不论其动机、目的是否正当。[①] 该案被告工商局在职权依据不足的情况下作出行政处罚决定，系“超越职权”，抑或“滥用职权”，法院裁判理由有斟酌之必要。行政职权包含管辖权、适用条件和处理权三个要素。行政管辖权是行政机关之间就某一行政事务的首次处置权所作出的权限划分。[②] 一个行政机关必须

① 蔡小雪、甘文：《行政诉讼实务指引》，人民法院出版社2014年版，第428页。
② 章剑生：《现代行政法基本理论》（下卷），法律出版社2014年版，第557页。

对某类事务具有主管的权力，才能作出处理的决定。《行政诉讼法》第七十条[①]判断行政行为违法所规定的“超越职权”和“滥用职权”两个用语法律含义不甚相同，行政机关“超越职权”，可能超越管辖权，也可能超越处理权。行政机关“滥用职权”，说明其有管辖权，系其滥用了处理权。行政管辖权原则上采取法定主义，以制定法的规定为限；而行政处理权的行使除了遵循制定法的规定，还应当遵循合理原则。[②]

一审法院在裁判理由中，既分析了超越管辖权问题，也分析了滥用处理权问题。不过，二审法院认为，法院认定被告超越管辖权就足以撤销被诉行政行为，无须对行政裁量合理性问题作出分析。我们认为，二审法院站在终审裁判的立场上，判断简约正确。被告超越管辖权也构成了《行政诉讼法》规定的“超越职权”，由于被告对该案处理没有行政管辖权，就构不成行政诉讼法所规定的“滥用职权”。一个行政行为因超越管辖权被撤销的，行政机关不存在重作的问题；而行政机关超越处理权被撤销的，而可以重新作出行政行为。该案被告违反了职权法定原则，在冲突法律规范选择中，适用法律不当，超越了行政管辖权作出行政行为，故该行政行为违法被法院撤销后，被告工商局就不存在重作的问题。

（**一审法院合议庭成员**　孙国富　陈天鹏　黄黎明
二审法院合议庭成员　谢红波　曾　莹　蔡陈飞
编写人　福建省长乐市人民法院　孙国富
责任编辑　胡昌明
审稿人　李广宇）

① 1990年《行政诉讼法》第五十四条。
② 何海波：《行政诉讼法》，法律出版社2011年版，第249页。

李海龙错误逮捕国家赔偿案

——因公民自己故意作虚伪供述导致国家不承担赔偿责任的适用条件

关键词：错误逮捕　故意作虚伪供述　国家免责

【裁判要旨】

国家赔偿免责的认定应当从严掌握，不可随意扩大范围。侦查、起诉阶段作过有罪供述，但在审判过程中予以否认，且最终因事实不清，证据不足而被认定为无罪的，不属于“公民自己故意作虚伪供述”，责任机关不能够免责。

【相关法条】

《中华人民共和国国家赔偿法》第十七条　行使侦查、检察、审判职权的机关以及看守所、监狱管理机关及其工作人员在行使职权时有下列侵犯人身权情形之一的，受害人有取得赔偿的权利：

（一）违反刑事诉讼法的规定对公民采取拘留措施的，或者依照刑事诉讼法规定的条件和程序对公民采取拘留措施，但是拘留时间超过刑事诉讼法规定的时限，其后决定撤销案件、不起诉或者判决宣告无罪终止追究刑事责任的；

（二）对公民采取逮捕措施后，决定撤销案件、不起诉或者判决宣告无罪终止追究刑事责任的；

（三）依照审判监督程序再审改判无罪，原判刑罚已经执行的；

（四）刑讯逼供或者以殴打、虐待等行为或者唆使、放纵他人以殴打、虐待等行为造成公民身体伤害或者死亡的；

（五）违法使用武器、警械造成公民身体伤害或者死亡的。

第十九条　属于下列情形之一的，国家不承担赔偿责任：

（一）因公民自己故意作虚伪供述，或者伪造其他有罪证据被羁押或者被判处刑罚的；

（二）依照刑法第十七条、第十八条规定不负刑事责任的人被羁押的；

（三）依照刑事诉讼法第十五条、第一百七十三条第二款、第二百七十三条第二款、第二百七十九条规定不追究刑事责任的人被羁押的；

（四）行使侦查、检察、审判职权的机关以及看守所、监狱管理机关的工作人员与行使职权无关的个人行为；

（五）因公民自伤、自残等故意行为致使损害发生的；

（六）法律规定的其他情形。

【案件索引】

一审：河北省张家口市中级人民法院赔偿委员会（2015）张法委赔字第01号（2015年5月29日）

二审：河北省高级人民法院赔偿委员会（2015）冀法委赔监字第30号（2015年9月25日）

【基本案情】

赔偿请求人李海龙申请赔偿提出：2011年6月22日，张家口市公安局高新分局因涉嫌放火罪将其刑事拘留，2011年6月30日，张家口市桥东区人民检察院批准逮捕，2013年11月6日被释放，同年12月19日作出不起诉决定。请求赔偿义务机关张家口市桥东区人民检察院支付869天的侵犯公民人身自由赔偿金及精神损害抚慰金，并消除影响，恢复名誉，赔礼道歉。

赔偿义务机关张家口市桥东区人民检察院认为：赔偿请求人李海龙在公安侦查和该院审查起诉阶段的有罪供述为故意作出的虚假供述，属于《国家赔偿法》第十九条第一项的规定，国家不承担赔偿责任。应驳回李海龙赔偿请求，不予赔偿。

河北省张家口市中级人民法院赔偿委员会审理查明：2011年6月16日23时至2011年6月17日凌晨4时，在张家口市高新区钻石南路、老鸭庄镇高后路一带连续发生砸损汽车玻璃并焚烧汽车案件，造成三辆面包车，一辆小解放货车，一辆奇瑞QQ轿车，一辆菲亚特轿车部分毁损。经张家口市物价局价格认定中心对部分车辆鉴定损失为45489元。期间位于高后路附近的“发源地”

理发店，门被踹开，理发馆内的现金2000元、音响及DVD机失窃及部分物品被焚烧，经张家口市物价局价格认定中心鉴定损失为3881元。张家口市高新区公安分局通过调查取证，认为李海龙在该起案件中有重大作案嫌疑。2011年6月22日，李海龙因涉嫌放火罪被张家口市高新区公安分局刑事拘留，同年6月30日经张家口市桥东区人民检察院批准逮捕，2011年11月17日提起公诉。张家口市桥东区人民法院审理期间，因桥东区检察院提出延期审理后超过法定补充侦查期限，按撤诉处理。后2012年8月20日张家口市桥东区人民检察院再次起诉，桥东法院审理期间该院再次要求撤回起诉，桥东法院予以准许。后2013年12月19日，张家口市桥东区人民检察院以李海龙涉嫌盗窃、放火罪事实不清，证据不足，根据《刑事诉讼法》第一百七十一条第四款的规定，对李海龙作出不起诉决定。张家口市桥东区人民检察院于2013年11月6日对李海龙撤销强制措施并释放，李海龙被羁押共计869天。

【裁判结果】

河北省张家口市中级人民法院赔偿委员会于2015年5月29日作出（2015）张法委赔字第01号国家赔偿决定：一、撤销张家口市桥东区人民检察院张东检赔决［2014］1号决定；二、支付李海龙侵犯公民人身自由的赔偿金（869天×219.72元）190936.68元；三、张家口市桥东区人民检察院支付李海龙精神损害抚慰金3万元；四、张家口市桥东区人民检察院在侵权行为影响的范围内，为李海龙消除影响，恢复名誉，赔礼道歉。后张家口市桥东区人民检察院不服，向河北省高级人民法院赔偿委员会提出申诉。河北省高级人民法院赔偿委员会于2015年9月25日作出（2015）冀法委赔监字第30号驳回申诉通知：驳回河北省张家口市桥东区人民检察院的申诉，维持（2015）张法委赔字第01号国家赔偿决定。

【裁判理由】

河北省张家口市中级人民法院赔偿委员会认为：张家口市桥东区人民检察院以李海龙涉嫌盗窃、放火罪事实不清，证据不足作出对李海龙不起诉的决定就是对自己错误逮捕的确认。李海龙在公安机关、检察机关侦查期间虽曾做过有罪供述，但不是因为故意虚伪供述有罪而被羁押的，其供述仅为桥东区人民检察院认定其犯罪的证据之一，桥东区检察院认为李海龙在公安侦查、批捕、起诉等过程中故意虚伪供述，才使其被公安刑拘、检察机关逮捕的理由不能成立。《国家赔偿法》第十九条第一项规定的"公民自己故意作虚伪供述"是指行为人故意欺骗、误导司法机关，或者有意替他人承担刑事责任而主动作出与事实不符的供述，具有主观故意和某种非法动机，是在自然状态下作出并排除任何外界压力和强制作用，虚伪供述与错误羁押有直接的因果关系。本案中，李海龙在公安机关、检察机关侦查前期作过有罪供述，但在人民法院审理中一直否认对其涉嫌放火罪的指控，其所作的有罪供述，也是前后矛盾。无法认定其主观故意性和具有某种非法动机。李海龙之所以被检察机关作出不予起诉，其根本原因是公安、检察机关不能提供确凿的能够证明李海龙犯罪的事实及相关证据。因此，张家口市桥东区人民检察院认定李海龙作虚伪供述的证据不足，理由不充分，不予支持。根据《国家赔偿法》第十七条第二项、第三十二条、第三十三条、第三十五条之规定，决定撤销张家口市桥东区人民检察院张东检赔决［2014］1号决定书；支付李海龙侵犯公民人身自由的赔偿金（869天×219.72元）190936.68元；张家口市桥东区人民检察院支付李海龙精神损害抚慰金3万元；张家口市桥东区人民检察院在侵权行为影响的范围内，为李海龙消除影响，恢复名誉，赔礼道歉。

张家口市桥东区人民检察院不服，主要以李海龙曾作过虚伪供述，属于《国家赔偿法》第十九条第（一）项规定的国家不承担赔偿责任的情形，因此应撤销原决定，驳回李海龙的国家赔偿申请为由，提出申诉。

河北省高级人民法院赔偿委员会（2015）冀法委赔监字第30号驳回申诉通知认为：本案赔偿请求人李海龙虽然在侦查、起诉阶段作过有罪供述，但在审判过程中予以否认，且最终因事实不清，证据不足，张家口市桥东区人民检察院决定对其不起诉。李海龙因此有依法申请国家赔偿的权利。李海龙到案属于被抓获而并非因虚伪供述被羁押，并不存在故意误导侦查、检察机关查明案件真相的非法动机；且侦查、检察机关提供的现有证据并不能证明李海龙有作虚伪供述的主观故意。因此，本案不属于《国家赔偿法》第十九条第（一）项规定的国家免责情形，作为错误逮捕的赔偿义务机关不能免除国家赔偿责任。张家口市中级人民法院赔偿委员会（2015）张法委赔字第01号国家赔偿决定，认定事实清楚、适用法律正确，应予维持。

【案例注解】

本案关键问题有两个：一是李海龙是否符合错误逮捕被羁押应予以赔偿的

情形；二是本案是否属于《国家赔偿法》第十九条第（一）项的规定，国家不承担赔偿责任。

首先，确定本案是否属于国家赔偿的范围。《国家赔偿法》第十七条第（二）项规定对公民采取逮捕措施后，决定撤销案件、不起诉或者判决宣告无罪终止追究刑事责任的，受害人有取得赔偿的权利。本案赔偿请求人李海龙因涉嫌犯放火罪被拘留后由张家口市桥东区人民检察院批准逮捕并提起公诉，但最终在退回补充侦查无果的情况下，该院以事实不清、证据不足为由决定对李海龙不起诉。不起诉决定书本身意味着终止追究李海龙的刑事诉讼程序，同时该决定明确李海龙涉嫌犯罪属于证据不足，不符合起诉条件，终止追究刑事责任，即不能认定犯罪行为成立。那么本案就符合上述国家赔偿法的规定，李海龙属于错误逮捕无罪被羁押应予国家赔偿的情形。

其次，看本案在进入国家赔偿的范围后，是否排除了国家免责的条件。《国家赔偿法》第十九条第一项规定因公民自己故意作虚伪供述，或者伪造其他有罪证据被羁押或者被判处刑罚的，国家不承担赔偿责任。我们认为应当理解为：一是对于适用该条款“故意作虚伪供述”三个构成要件即公民的陈述或口供及提供的其他证据不真实不客观；这样做的目的往往是伪造不利自己的证据，足够证明自己有罪；供述人明知所提供的供述不真实，会妨碍查明案件真相而故意为之。只有上述三个条件同时具备才可以认定涉案当事人属于“故意作虚伪供述”。二是这种情况下免除国家责任，是因为致害的原因为伪造证据的公民，不是国家工作人员职务行为的违法性造成。依据国家赔偿的原理只有国家工作人员的职务行为违法或存在过错导致的侵害才可以由国家赔偿，而本法条的规定国家免责的理论依据在于致害行为为被侦查的公民自身故意所导致损害发生，因此，国家对此不承担赔偿责任。再看本案，其一，案发后李海龙到案属于被抓获，并不存在故意误导侦查检察机关侦查方向的情况。其二，李海龙虽然在侦查、起诉阶段作过有罪供述，但是也是前后矛盾且在人民法院审理中一直否认对其涉嫌放火罪的指控，并未显示有意替他人承担刑事责任而主动作出与事实不符的供述的主观故意。同时，对此举证的责任在于赔偿义务机关，现有证据无法证明李海龙的供述与被错误羁押有直接的因果关系。因此，本案在符合错误逮捕国家赔偿条件的基础上又排除国家免责情形，对李海龙被错误逮捕的情形应依法予以赔偿。

最后，需要说明的是，《国家赔偿法》是一部修复公民、法人和其他组织受损权益，促进国家机关依法行使权力的法律。但是正如所有责任均存在例外规定一样，《国家赔偿法》在其法律条款中也明确规定了国家免于承担赔偿责任的几种情形，即2010年修订后的《国家赔偿法》第十九条国家赔偿免责条款的规定。其中第一项规定因公民自己故意作虚伪供述，或者伪造其他有罪证据被羁押或者被判处刑罚的，国家不承担赔偿责任。然而由于该条法律规定过于简单和笼统，产生了许多实践中的问题，在现阶段“两高”暂未对此类情形作出明确司法解释的情况下，如何正确掌握此种情形下的国家责任承担问题，形成了不同理解：有的观点认为只要犯罪嫌疑人、被告人在刑法诉讼过程中曾交代过有罪，即应视为故意作虚伪供述，司法机关的错误羁押或者错误判刑完全是由该公民故意诱导所致，司法机关完全没有过错。也有学者提出过失相抵理论，认为只要司法人员没有刑讯逼供也没有诱供，因当事人自愿做虚伪供述而造成的错捕、错判，当事人不如实回答侦查、检察、审判人员询问有关问题，适用过失相抵原则，国家不承担赔偿责任。还有的观点认为，因犯罪嫌疑人翻供而引起的错捕、错判，只要此前犯罪嫌疑人曾经作过一次有罪供述，而司法机关又无刑讯逼供和诱供，那么应视为犯罪嫌疑人故意做虚伪供述，国家不承担赔偿责任，在司法实践中，赔偿义务机关往往有意引用本条款规避赔偿义务，该条有时成了司法机关逃避责任“避风港”。

面对如此繁多的观点和争议，我们认为审理此类案件的要点主要有以下几点：

1. 理解故意作虚伪供述的要件。即主体只能限于作出虚伪供述的行为人本人，且必须是完全行为能力人，不存在精神疾病、意识不清等无法控制自己行为的情形；客观方面表现为向公安、检察、审判等司法机关作虚伪供述行为，明知犯罪行为不属其实施而出于某种目的虚假供述，欺骗司法人员，使其“自陷于罪”；主观方面只能是故意，明知自己的行为及会产生错押、错判的后果而为之；最后，虚伪供述与错押、错判之间有直接因果关系，后果完全由其导致。本案排除李海龙属于虚伪供述的理由正是基于其不符合上述要件，故不能由此免除赔偿义务机关对李海龙的国家赔偿责任。

2. 强调国家免责的认定应当从严掌握，不可随意扩大范围。侦查、起诉阶段作过有罪供述，但在审判过程中予以否认，且最终事实不清，证据不足，造成错误逮捕的，国家赔偿义务机关不能免除赔偿责任。《国家赔偿法》以保障人权为首要宗旨，而对国家责任的免除只是极少数的例外。这种排除赔偿请求人基本权利，免除义务机关责任的做法必须从严掌握，不可随意扩大解释。否则，必将造成《国家赔偿法》成为“国家不赔偿法”的尴尬局面，使得国家赔偿的立法宗旨无法准确实现。

3. 明确证明“虚伪供述”成立的举证责任在于赔偿义务机关一方，在审理国家赔偿案件过程中，想要适用该条款免除国家赔偿的责任，那么必须由赔偿义务机关提供证据证明赔偿请求人具有“虚伪供述”情形即其完全在没有受到司法机关压力或者强制的情况下自愿作出，完全不存在逼供、诱供、骗供的情形，如果赔偿义务机关无法举证对此予以证明，将不能适用该免责条款。

本案之所以具有典型意义，正如河北省高级人民法院赔偿委员会（2015）冀法委赔监字第30号驳回申诉通知中认为：赔偿请求人李海龙虽然在侦查、起诉阶段作过有罪供述，但在审判过程中予以否认，且最终因事实不清，证据不足，张家口市桥东区人民检察院决定对其不起诉。李海龙因此有依法申请国家赔偿的权利。李海龙到案属于被抓获而并非因虚伪供述被羁押，并不存在故意误导侦查、检察机关查明案件真相的非法动机；且侦查、检察机关提供的现有证据并不能证明李海龙有作虚伪供述的主观故意。因此，本案不属于《国家赔偿法》第十九条第（一）项规定的国家免责情形，作为错误逮捕的赔偿义务机关不能免除国家赔偿责任。

本案的处理严格适用国家免责条款，正确理解了“故意虚伪供述”的含义，明确了证明虚伪供述的举证责任这三大关键点。从而为今后河北省国家赔偿案件司法实践中理解该条法律规定，正确处理国家赔偿请求，提供了可供指导的依据。

（编写人　河北省高级人民法院　刘晨光
责任编辑　胡昌明
审稿人　李广宇）

六、域外撷英

编者按　域外撷英专栏选择国外及港澳台地区法院的少量名判进行评析或作简要介绍，以期开阔读者视野，汲取域外裁判精华。

澳门特别行政区终审法院合议庭裁判统一司法见解的非常上诉

第128/2014号案件

【摘要】

辅助人不具有针对所科处之刑罚的种类和幅度提出上诉的正当性，除非他能够证明自己在具体个案中对于提出相关质疑具有切身的利益。

上诉人：朱植豪

被上诉人：检察院

【案情】

朱植豪针对中级法院于2014年9月25日在第160/2014号刑事上诉案中所作的合议庭裁判向终审法院提起统一司法见解的非常上诉，理由是该裁判与终审法院于2014年7月23日在第43/2014号刑事上诉案中在同一法律范围内就同一法律问题所作的合议庭裁判相对立。

上述已于2014年10月9日转为确定的中级法院合议庭裁判裁定针对该院在同一案卷内于2014年7月31日所作的合议庭裁判提出的无效争辩理由不成立，而2014年7月31日的合议庭裁判裁定被告朱植豪提起的上诉败诉以及辅助人提起的上诉部分胜诉，撤销了第一审法院所作的缓期执行被告被科处之徒刑的决定。

透过2015年1月28日的合议庭裁判，终审法院命令本统一司法见解的上诉程序继续进行，因为已满足终审法院作出统一司法见解之裁判的所有前提。

上诉人以下列结论结束其理由陈述：

"应裁定本上诉胜诉，并继而：

"1. 根据《刑事诉讼法典》第427条第1款的规定统一司法见解如下：除非辅助人能够证明自己在具体个案中对于提出相关质疑具有切身的利益，否则不得针对刑罚的选择和量刑提出上诉。

"2. 根据《刑事诉讼法典》第427条第2款的规定撤销被上诉的合议庭裁判，并作出新的裁判宣告2014年7月31日的合议庭裁判由于辅助人缺乏提起上诉的正当性和利益以及检察院没有根据《刑事诉讼法典》第106条b项的规定促进诉讼程序而无效，恢复第一审法院对上诉人的刑事判罪，即判处一年徒刑，缓期两年执行。"

【理由】

2.1 在中级法院第160/2014号案件中，辅助人对第一审裁判的民事和刑事部分皆不服，向中级法院提起上诉。就裁判的刑事部分提起的上诉所针对的只是被告被科处的具体刑罚，辅助人主张加重刑罚，或者至少应该对刑罚予以立即执行。

要考虑的是，在案件中已适当成为辅助人，其是否具有以不同意刑罚的选择权利及量刑为由针对有罪判决提起上诉的正当性及利益。

在2014年7月23日第43/2014号案的合议庭裁判中，终审法院作出如下决定：

——除非辅助人证明自己在具体个案中对于提出相关质疑具有切身的利益，例如，之前曾经提出控诉、附议检察院的控诉或者主张缓刑应以支付赔偿为条件等等，否则，不得针对刑罚的选择和量刑提出上诉。

而在现被上诉的合议庭裁判中，中级法院则作出了相反的决定：

——既然辅助人认为原审庭对嫌犯所判处的徒刑刑罚实属过轻、且原审庭亦不应准许嫌犯暂缓执行徒刑，原审庭在此方面的判决依法当然便属助人不利之裁判、属会影响到辅助人本人之裁判，辅助人因而就量刑和缓刑问题具上诉正当性、也具有上诉利益。辅助人就嫌犯的量刑和缓刑问题的上诉正当性和上诉利益，并不取决于辅助人在之前的诉讼阶段是否对嫌犯提出过刑事控诉、或是否表示附和检察院针对嫌犯而提出的公诉决定，因为凡此种种前提并未有列明于《刑事诉讼法典》第391条第1款b项和第2款的行文内。

也就是说，这两份合议庭裁判就同一法律问题给出了不同的解决办法。

上诉人主张采纳作为理据的合议庭裁判中的观点。

2.2 根据《刑事诉讼法典》第391条第1款b项的规定，辅助人有正当性就对其不利的裁判提出上诉。

而在没有上诉利益的情况下，任何人都不得提起上诉（《刑事诉讼法典》第391条第2款）。

有关辅助人，《刑事诉讼法典》第58条有如下规定：

第58条

（辅助人之诉讼地位及职责）

一、辅助人具有作为检察院协助人之地位，其在诉讼程序中之参与须从属于检察院之活动，但法律规定之例外情况除外。

二、辅助人特别有下列权限：

a）参与侦查或预审，并提供证据及申请采取视为必需之措施；

b）提出独立于检察院控诉之控诉；如属非经自诉不得进行刑事程序之情况，则即使检察院不提出控诉，辅助人亦得独立提出控诉；

c）对影响其本人之裁判提起上诉，即使检察院无提起上诉。

由此可知，在刑事诉讼程序中，辅助人是检察院的协助者，他在诉讼中的参与须从属于该司法机关的活动。

然而，在某些例外情况下，法律也给予了诉讼主体之一的辅助人一些自身的特别权力，例如就检察院未控诉的事实提起控诉或提起自诉的权力（《刑事诉讼法典》第68条第2款b项、第266条及第267条），根据法律规定申请预审的权力（《刑事诉讼法典》第269条及第270条）等等。

此外根据《刑事诉讼法典》第58条第2款c项的规定，辅助人还尤其有权“对影响其本人之裁判提起上诉1即使检察院无提起上诉”。

而若想能够提起上诉，辅助人必须具有上诉正当性及利益，后者指的是使用这种争议方式维护及实现上诉人的一项权利的必要性。

2.3 涉案的问题在葡萄牙的高等级法院内曾经引发争议，并最终导致统一了司法见解；而在澳门法院，这个问题也一直被讨论。

可以参考的有葡萄牙最高司法法院1997年10月30日的合议庭裁判，该裁判建立了如下统一的司法见解：“辅助人不具备脱离检察院单独就所科处之刑罚的种类及幅度提出上诉的正当性，除非他能够显示出对于提起上诉具有具体及切身的利益。”①

而澳门特别行政区终审法院也曾数次需要就这个法律问题发表意见，并且先后于2013年9月18日在第45/2013号案的合议庭裁判和上诉人用来作为统一司法见解之理据的2014年7月23日第43/2014号案的合议庭裁判中发表过如下看法：

检察院有权限实行刑事诉讼（《司法组织纲要法》第56条第1款和第2款第三项）；在这范畴中，法律清楚说明检察院有特别权限接收检举及告诉，以及就是否继续处理检举及告诉作出审查；领导侦查；提出控诉，并在预审及审判中确实支持该控诉；提起上诉，即使专为辩方之利益以及促进刑罚及保安处分之执行（《刑事诉讼法典》第42条第2款，以下所有未指明出处的条文均指该法典）。

刑事诉讼法允许某些人在诉讼程序中成为辅助人，他属于私人的控诉方，以检察院之协助人的身份参与诉讼，须从属于检察院之活动，但法律规定之例外情况除外（第58条）。

有三种人可以在刑事诉讼程序中成为辅助人（第57条）：

一被害人（若被害人死亡，该权利由其继承人行使；如被害人无能力，则由其代理人行使）；

一非经其告诉或自诉不得进行刑事程序之人；

一任何人，只要属刑事程序不取决于告诉及自诉之犯罪，且无人可依据以上各项之规定成为辅助人（在此没有必要对这一概念展开讨论）。

如非经告诉不得进行刑事程序，即如属准公罪的情况，则为使检察院能促进诉讼程序，具有正当性提出告诉之人将事实告知检察院系属必需（第38条第1款）。

如非经自诉不得进行刑事程序，即如属私罪，则具有正当性提出自诉之人提出告诉、成为辅助人及提出自诉系属必需（第39条第1款）。

而在有被害人的公罪中，如本案的情况，只有被害人才能成为辅助人。

《刑事诉讼法典》中的被害人采纳了狭义的概念，指的是具有法律借着订定罪状特别拟保护之利益之人（第57条第1款a项），这个被害人的概念早在之前的法律，即1945年10月13日第35007号法令的第4条当中便已经如此

① 参见葡萄牙《司法部公报》第470期，第39页。

规定[1]。

第58条第2款规定了辅助人所拥有的特别权力，包括：

a）参与侦查或预审，并提供证据及申请采取视为必需之措施；

b）提出独立于检察院控诉之控诉；如属非经自诉不得进行刑事程序之情况，则即使检察院不提出控诉，辅助人亦得独立提出控诉；

c）对影响其本人之裁判提起上诉，即使检察院无提起上诉。

在案件的侦查阶段，辅助人的参与完全从属于检察院，他可以提供证据以便要求采取必要的措施，但不能查阅卷宗，因为案件处于司法保密状态（第76条）。

在案件中，辅助人尤其可以申请采取强制措施或财产担保措施，申请搜索住所或其他地方以及扣押包括信函在内的物品（第250条第2款申请对证人作出供未来备忘用的声明并在现场听其作供，而且可以要求法官提出问题（第253条）。

在公罪和准公罪中，辅助人可以独立于检察院之控诉，以检察院控诉之事实或该等事实之某部分提出控诉，又或以其他对检察院控诉之事实不构成实质变更之事实提出控诉（第58条第2款及第266条）。

在私罪中，即便检察院不提出控诉，辅助人也可以独立为之（第58条第2款及第267条）。

辅助人可以申请展开预审，不论检察院提起控诉（在这种情况下辅助人可以就检察院未控诉且对检察院所作之控诉构成实质变更的事实申请展开预审）还是将案件归档（第269条及第270条），并介入其中，参与预审辩论（第284条）。

现在让我们来看辅助人在上诉方面有哪些权力。

如前文所述，法律规定辅助人有权对影响其本人之裁判提起上诉，却使检察院并未提起上诉。

标题为“提起上诉之正当性及利益”的第391条在其第1款b项规定，辅助人有就对其不利之裁判提起上诉的正当性，并在第2款中补充说明，凡无上诉利益之人，均不得提起上诉。

至于应该如何理解“影响其本人之裁判”和“对其不利之裁判”，学术界

---

① M. CAVALEIRO DE FERREIRA：《Curso de Processo Pend》，第一卷，里斯本，1955年，第130页，以及JORGE DE FIGUEIREDO DIAS：《DireitoProcessud Penal》，科英布拉出版社，第一卷，1974年，第505页及后续各页。

历来都存在一些争议，尤其在有关辅助人是否有针对量刑提起上诉的正当性及利益的问题上。

在上诉方面，基本没有争议的是，辅助人可以针对宣告被告无罪的裁判提出上诉，其原因在于，既然辅助人已经就某罪行使了告诉权或控诉权，那么宣告被告无罪的裁判便对其构成影响。① 辅助人的利益就在于让被告被判刑。

基于同样的理由，学术界历来也一致认为辅助人可以针对不起诉决定提出上诉。

同样，应该认为辅助人可以针对裁定被告触犯的罪名与其被指控的罪名不相同的裁判提出上诉。② 这也属于影响上诉人的裁判。

在量刑方面。

绝大部分司法裁判和理论学说都认为，如果检察院不提起上诉的话，那么辅助人不可以没有任何前提地针对量刑提出上诉。

通常而言，具体的量刑并不影响辅助人，因为这属于国家惩处权的内容（处罚利益），而维护这个利益的应该是检察院，不是个人。而且，如果允许辅助人以加重刑罚为目的提出上诉的话，那就等于又回到了借助私人力量实现正义的年代。

当然，在有些情况下，辅助人在刑罚的选择及量刑方面是有上诉利益的。例如，当他主张缓刑只能被作为在一定时间内向被害人支付赔偿的条件的时候。

MAIA GONQALVES③ 便持这种观点，他指出："辅助人是否有就量刑提出上诉的正当性的问题历来都是有争议的，司法裁判对此也是莫衷一是。我们认为，对于这个问题不能给予一般性的答案，而应该具体个案具体分析。如果辅助人在个案中有具体及切身的上诉利益，因为他能够从量刑中获得益处，例如避免时效的完成，那么他便可以针对量刑提出上诉。否则，不能允许其提出上诉。司法见解已经确定了这样的方向。"

GERMANO MARQUES DA SILVA④ 也发表了相同的意见：

---

①② GERMANO MARQUES DA SILVA：《Curso de Process，Penol》，里斯本/圣保罗，Verbo 出版社 2000 年第二版，第三卷，第 332 页。

③ MAIA GONQALVES：《Cddgo de Processo PenoMnotado》，科英布拉，Aimedina 出版社 2005 年第十五版，第 800 页。

④ GERMANO MARQUES DA SILVA：《Curso de Process，Penol》，里斯本/圣保罗，Verbo 出版社 2000 年第二版，第三卷，第 332 页。

"然而，法律只允许针对影响其本人的裁判提出上诉……这是一个实质限制，而之所以如此规定有可能是为了避免辅助人颠覆其作为司法协助者的角色定位，利用诉讼程序实现报复的目的。

"处罚的目的必然会通过刑罚的种类和程度得以体现，它并不是为了让被害人满意，至少这不是其直接目的，因此，不能认为刑罚的种类和程度会对被害人构成影响。"

而J. DAMlAO DA CUNHA① 则认为，辅助人在上诉方面上是有上诉利益的，他可以"仅针对量刑的问题提出上诉，只要之前在审判听证的过程中他曾经就这个问题提出过任何的主张，而这个主张在最终的裁判中又未获得支持即可。很明显，这个'主张'必须被提出——显然既可以在所谓的初端陈述中提出，也可以在总结陈词时提出。因此，只有必须首先针对上诉是否可被接纳发表意见的法院——即原审法院——才有权审查辅助人是否满足上诉之利益这一前提"。

然而，已有反对意见颇有道理地指出，在庭审中，不论是初端陈述，还是总结陈词，都不会被记录下来，因此，这个理论不具可操作性。更何况，是否有上诉之利益应该独立及客观地予以分析，而不能透过庭审过程中所发表的意见来进行判定。

总而言之，我们认为，除非辅助人能够像上面所举的例子那样证明自己在具体个案中对于提出相关质疑具有切身的利益，否则不得针对刑罚的选择和量刑提出上诉，这一观点的理由是充分的。

没有任何理由变更终审法院所持的上述观点。需要重申的是，处罚的权力归国家所有，刑罚的选择和具体幅度的确定是国家惩处权的组成部分，由检察院负责维护，其永远有正当性和利益对任何司法裁判提起上诉，即便是专门为了维护被告的利益（《刑事诉讼法典》第391条第1款a项）。因此，一般而言，裁判中有关刑罚的种类和幅度的部分并不影响辅助人，他不能仅仅为了加重刑罚或者仅为了使刑罚立即得到执行而上诉。

2.4 在本案中，初级法院裁定被告触犯了三项《刑法典》第191条第2款a项所规定及处罚的不法摄录罪，每项判处六个月徒刑；数罪并罚，被告被判处一年徒刑的单一刑罚，缓期两年执行，条件是在裁判转为确定后的三个月内向辅助人支付10万澳门元的赔偿。

---

① J. DAMIAO DA CUNHA：《A partidpa》，载于《Revista Portuguesa de ciencia Crimind》1第8期，第四分册，第647~648页。

辅助人和被告均提出上诉，中级法院透过2014年7月31日的合议庭裁判裁定被告提出的上诉败诉，辅助人的上诉部分胜诉，撤销了初级法院所宣告的缓期执行刑罚的决定。

被告以辅助人不具提起上诉的正当性为由，针对该合议庭裁判提出了无效争辩，声称裁判存在《刑事诉讼法典》第106条b项规定的无效。该争辩被裁定理由不成立。姑且不讨论该裁判正确与否，因为我们认为所提出的问题并不能导致司法裁判的无效。

检察院并没有针对第一审所作的判罚提出上诉，而辅助人则在上诉中提出了三个请求：加重被告被科处的刑罚，不给予缓刑以及提高赔偿金额。

从案卷中我们看不到辅助人有显示出任何能够成为其针对第一审裁判的刑事部分就量刑和是否给予缓刑的问题向中级法院提出上诉之理由的具体切身利益，她只是单纯地提出了民事赔偿请求，既没有提出控诉，也没有附议检察院的控诉。

而刑罚的缓期执行也是以支付所订定的赔偿为条件的。

在向中级法院提起的上诉中，辅助人所提出的请求反映出她只是想加重被告的刑罚并希望刑罚立即得到执行。

因此，我们的结论是，该辅助人不能向中级法院提起上诉。

基于这个原因，本上诉理由成立，应撤销被上诉的合议庭裁判中被质疑的部分，而这将必然导致对辅助人就刑事部分所提起之上诉作出了审理的中级法院2014年7月31日的合议庭裁判部分亦被撤销。

【决定】

综上所述：

1. 合议庭裁定上诉胜诉，撤销被上诉的合议庭裁判中被质疑的部分，继而撤销中级法院于2014年7月31日所作的对辅助人就刑事部分提出的上诉作出了审理的合议庭裁判部分，而这将必然导致第一审裁判中的这部分被维持。

2. 根据《刑事诉讼法典》第四百二十七条的规定，订定如下对澳门法院具强制性的司法见解：

“辅助人不具有针对所科处之刑罚的种类和幅度提出上诉的正当性，除非他能够证明自己在具体个案中对于提出相关质疑具有切身的利益。”

3. 命令执行《刑事诉讼法典》第四百二十六条的规定。

无需缴纳诉讼费用。

澳门，2015 年 4 月 15 日

法官

宋敏莉（裁判书制作法官）

岑浩辉

利　马

赖健雄(基于被上诉裁判所主张的理由，本人不赞同本合议庭裁判的理由及主文，故本人表决落败。)

蔡武彬（附表决声明）

表决声明

本人因在本统一司法见解的上诉案中不同意获合议庭多数票支持的裁判而落败，具体理由如下：

获合议庭多数票支持的裁判的主要理由是：量刑权是国家惩处权的内容（处罚利益），维护这个利益的应该是检察院，不是个人，但认同在一些例外的情况下，当辅助人在程序中（尤其是在审判听证的过程中）曾经就这个问题提出过任何主张——显然这个主张既可在初端陈述中提出，也可在总结陈词中提出——但却未获最终裁判支持时，辅助人可以获得该利益。

依照这种理解，那些只有检察院才能拥有的有关具体量刑方面的处罚利益（显然是公共利益）居然可以在辅助人表明上述“主张”时改变其性质，成为辅助人可以拥有的私人利益。

诚然，一如《刑事诉讼法典》第 58 条第 1 款所规定的，辅助人具有检察院协助人的地位，他在诉讼程序中的参与须从属于检察院的活动，但法律规定的例外情况除外。正如该第 1 款的最后部分所作的保留一样，这个有关辅助人在程序中的法律地位的一般原则在程序各个阶段的规定中受到很大程度的限制。例如，在同一条的第 2 款中，就规定了辅助人有权提出独立于检察院控诉的控诉，如非经自诉不得进行刑事程序，则即使检察院不提出控诉，辅助人也可以独立提出控诉，以及即使检察院没有提起上诉，辅助人也可以对影响其本人的裁判提起上诉等情况。

有关上诉的正当性及利益的规定载于第391条：检察院具有针对任何裁判提起上诉的正当性；嫌犯及辅助人可以就对其不利的裁判提起上诉，等等。

然而，若不具备上诉利益，便不能提起上诉。

姑且认为量刑自始至终都属于公共处罚利益，但该利益便绝不能因具有私人利益的辅助人在审判阶段明确提出上述“主张”而改变其性质。

事实上，成为辅助人的被害人不能不被认为是具有法律借着订定罪状所特别拟保护的利益（刑法利益）① 的人。

当私人以辅助人的身份参与案件刑事问题的审理时，他只能是狭义上的被害人（ofendido）。② 同样，在自诉方面，如果承认在控诉权的行使上存在某项利益的话，那么任何对于处罚主张的直接利益都是不合法的。不论是检察院所提起的刑事诉讼，还是通过自诉提起的刑事诉讼，都是一项公共权利，都是公共刑事诉讼。公诉和自诉的区别并不在于刑事诉讼的性质，而在于提起刑事诉讼的机关的性质。

辅助人所拥有的刑事权力应该是一项不取决于是否提出控诉、申请预审、参与审判及提起上诉的权利，法律自然需要给予他们在相关的诉讼阶段实现该权利的必要权力，并赋予他们处置诉讼标的的最大可能性。③

这样，辅助人单纯具有刑事方面的利益，直接与受刑法保护的法律标的以及罪状所保护的法益相关连，故其在诉讼程序中所作的参与仅涉及刑事事宜，在刑事司法方面具有作为法院协助人之地位，以保障其在“具体个案中的权利”。因此，身为被害人的私人可以以两个截然相反的目的参与刑事诉讼：要么是单纯的民事目的，以便获得赔偿；要么是刑事目的，协助国家追究刑事责任。

因此，必须承认辅助人在上诉中具有自主性，不能从辅助人的制度中排除其正当性，辅助人作为公共利益的参与者、国家的协助者与纯粹作出私人行为的民事当事人不同，拥有法律赋予其许多的权力。正是由于这个原因，辅助人获赋予对最后决定提起上诉的权利，即便检察院无提起上诉，而上诉的标的亦

---

① RGUEIREDO DIAS：《Direito ProCessual Pend》，第一卷，第505页。按照该作者的观点，这是一个狭义上的、直接的或典型的被害人的概念，不包括民事受害人，即所有那些根据民法的规定受法律保护的利益遭到侵害的人。

② 上述著作，第509页。

③ 上述著作，第535~536页。

局限于刑罚的种类或刑幅亦然。

另一方面，是否具有上诉正当性的问题不能以是否具有上诉利益来解决（《刑事诉讼法典》第 391 条第 2 款），因为属于诉讼行为的两个不同前提。“上诉利益”亦即“诉讼利益”或“法律保护的需要”指的是使用诉讼程序的利益。换句话说，即借助司法诉讼、利用程序、提起及推动诉讼的合理客观需要。然而，合议庭多数票的决定仅着眼于辅助人只有在对刑幅的问题曾提出“主张”的情况下才具有诉讼利益，而没有对在行使赋予辅助人的刑事法律上权力时的客观利益进行解释。

实际上，辅助人提起上诉的正当性是基于他作为主要诉讼主体的身份，当他因为法院没有作出对他所拥有的法律借着订定罪状所拟保护的利益较为有利（较为公正）的判决，以致其落败，受到裁判的影响时便获得该正当性，至于他有否提出控诉或只是附议检察院提出的控诉则并不重要，因为，不论何时，辅助人在诉讼程序中对于涉案法益的保护都具有特定的地位。

科处刑罚及保安处分旨在保护法益和让行为人重新纳入社会，刑罚不得超逾罪过之程度。事实上，当辅助人因不同意法院所订定的刑罚而提起上诉时，也同样是为了这样的目的，特别是保护法益，因为对他而言，具体的刑罚并未有达致该等目的。

只要辅助人根据其价值判断认为他自己因为刑事决定不符合具体个案的公正而受到影响时，其便具有提起上诉的正当性，同时不能够质疑他的“上诉利益”“诉讼利益”、诉讼或上诉的需要，因为，辅助人的主张只能通过刑事诉讼程序（本个案中通过上诉）得以实现。

辅助人对刑幅决定提起的上诉所拟达到的目的必须通过司法机关（检察院或法院）来实现，绝不能得出（若容许辅助人提起上诉）“那就等于又回到了借助私人力量实现正义的年代”的结论（合议庭裁判第 11 页最后一段）。

结论是：只要辅助人认为刑罚的种类和幅度不足以实现具体个案中的公正，辅助人即可提起上诉，尤其是请求重新对刑罚的种类和幅度作出审理，即使检察院无提起上诉。

澳门，2015 年 4 月 15 日。

（**翻译人** 蔡武彬

责任编辑 包献荣）

《人民法院案例选》通讯编辑

北京市高级人民法院　刘书星　刘晓虹　赵　彤
天津市高级人民法院　王　婧
河北省高级人民法院　王　佳
山西省高级人民法院　马云跃
内蒙古自治区高级人民法院　塔　娜
辽宁省高级人民法院　邢　丹
吉林省高级人民法院　李慧玲
黑龙江省高级人民法院　张艳琪
上海市高级人民法院　陆　齐　索　欣
江苏省高级人民法院　董蕾蕾　沙永梅
浙江省高级人民法院　杨　治
安徽省高级人民法院　赵晓利
福建省高级人民法院　李春敏
江西省高级人民法院　胡　媛
山东省高级人民法院　徐清霜　芦　强
河南省高级人民法院　马　磊
湖北省高级人民法院　夏　勇
湖南省高级人民法院　唐　艳
广东省高级人民法院　李文亮
广西壮族自治区高级人民法院　郝　荣
海南省高级人民法院　李周伟
重庆市高级人民法院　吴雨亭

四川省高级人民法院　魏庆锋
贵州省高级人民法院　尤　媛
云南省高级人民法院　陈　薇
西藏自治区高级人民法院　杨庭轶
陕西省高级人民法院　马小莉
甘肃省高级人民法院　辛增路
青海省高级人民法院　孙启英
宁夏回族自治区高级人民法院　吴培渊
新疆维吾尔自治区高级人民法院　维尼热
解放军军事法院　徐占峰
新疆维吾尔自治区高级人民法院生产建设兵团分院　王　琼
石家庄市中级人民法院　王红岩
太原市中级人民法院　张玉森
沈阳市中级人民法院　田　震
大连市中级人民法院　侯德强
长春市中级人民法院　赵　璐
哈尔滨市中级人民法院　周　磊
南京市中级人民法院　王　静
南通市中级人民法院　沈　扬
无锡市中级人民法院　周耀明
徐州市中级人民法院　葛　文
杭州市中级人民法院　邓兴广
宁波市中级人民法院　袁玮玮
合肥市中级人民法院　张小春
福州市中级人民法院　陈学凯
厦门市中级人民法院　徐建伟
南昌市中级人民法院　陈　健
济南市中级人民法院　赵　雯
青岛市中级人民法院　傅庆涛
东营市中级人民法院　延　颜
郑州市中级人民法院　朱世鹏
武汉市中级人民法院　柯昌洁

宜昌市中级人民法院　黄金波
长沙市中级人民法院　胡冬华
广州市中级人民法院　林璐璐
深圳市中级人民法院　丁业强
南宁市中级人民法院　周传明
海口市中级人民法院　崔玉坤
成都市中级人民法院　郝廷婷
泸州市中级人民法院　胡　艳
贵阳市中级人民法院　施辉法
昆明市中级人民法院　冯丽萍
拉萨市中级人民法院　王　静
西安市中级人民法院　高　伟
兰州市中级人民法院　鲁千晓
西宁市中级人民法院　潘　伟
银川市中级人民法院　周志胜
天津海事法院　董丽娟
上海海事法院　英振坤
广州海事法院　付俊洋
宁波海事法院　史红萍
青岛海事法院　张　静
厦门海事法院　吴海燕
武汉海事法院　王建新
大连海事法院　刘铁男
北海海事法院　邱德平
海口海事法院　刘本荣

（各法院通讯编辑若有变动，请及时告知中国应用法学研究所，电话：010－67555922　次晓宇　邮箱：rmfyalx@126.com）